Pinta mi Mundo
Poemas

Historias, cuentos, narraciones, leyendas,
pesadillas y sueños hechos poemas.

Por Félix Cantú Ortiz
Diciembre 13 de 2021

Para realizar pedidos de este libro, contacte con:
Palibrio
1663 Liberty Drive, Suite 200
Bloomington, IN 47403
Gratis desde EE. UU. al 877.407.5847
Gratis desde México al 01.800.288.2243
Gratis desde España al 900.866.949
Desde otro país al +1.812.671.9757
Fax: 01.812.355.1576
ventas@palibrio.com
836520

Félix Cantú Ortiz y su esposa Rosalinda.

Dedicado a toda mi familia, especialmente para mis nietos, que representan nuestro cercano futuro familiar. Y obviamente, especial mención para mis dos nietecitas cuyas fotos aparecen en la portada de este libro: Emma y María Renée.

4

Advertencia

Esta es una colección de poemas que he escrito en
diferentes etapas de mi vida, desde la adolescencia
hasta el momento en que escribo estas líneas.

No tienen mucha relación directamente con mi vida particular, sino
simplemente son un conjunto de pensamientos y la inspiración que
Dios me ha regalado, que aunque poca, he querido compartirla con
ustedes como un agradecimiento propio por lo que Él ya me dio.

Ustedes, mis lectores, representan lo más cercano, lo
más apreciado, lo más amado por mi persona.

Varios poemas ya fueron usados en algunos de los libros que yo
mismo he escrito, así que consideren este poemario como una pequeña
antología de poemas surgidos desde lo más profundo de mí.

Son pequeñas historias, cuentos, narraciones, leyendas,
sueños y hasta algunas pesadillas, hechos poemas.

Algunas de esas historias pueden haber sido
realidades, otras son simples fantasías, sacadas de una
imaginación muy inquieta, como es la mía.

Espero que todo esto les sea de su agrado.

Otoño de 2021.

El Autor.

Pinta mi Mundo

Dios nos regala un mundo de colores,
Pintado sutilmente en mil matices,
Se reflejan en nuestro interno corazón
Para llenarlo de alegría, júbilo y amor.
Cuidado que pueden ser pretensiones.
Hay quienes no distinguen colores,
Los confunde su alma con visiones,
Con quimeras, mentiras, obsesiones.
Cuando la tristeza invade la aurora,
Cuando las penas no te dejan respirar,
Cuando la angustia oculta el alma,
Cuando la esperanza se desvanece...
Los colores se confunden con negruras,
Los matices no son más que amarguras,
Que anidados en tu mente y corazón
Ciegan el pensamiento y la buena intención.
Quisiera volver a ser como un niño,
Que olvidando la realidad y las penas
El mundo y los sueños los ve de colores,
La felicidad la ajusta a sus ilusiones.
¡Ven niño, ven niña, y Pinta mi Mundo!

El Autor

6

Índice

Aborto

Estoy aquí, anidando en tus entrañas,
Mi cuerpo vive aquí, y aquí se reconforta,
Me alimento de ti, respiro y me formo de ti,
Día tras día con más fuerza me soportas.

Sabes Mamita, por estar en tu seno,
Estoy muy contento y yo me consiento,
Me muevo de aquí para allá, brinco y salto,
En calma, hasta puedo apreciar tu canto.

No hay nadie más que nosotros: tú y yo,
Dios que nos envuelve con su presencia,
Él, su Santa Esencia sobre mí depositó,
Cuando su semilla en ti, mi padre aportó.

Yo no sé en qué momento esto sucedió,
Sólo recuerdo el momento en que aparecí,
Desde entonces me siento vivir a tu lado,
Desde que Papi tu óvulo hubo fecundado.

Yo no sé de qué remembranzas me lleno,
Pues siempre estoy sonriendo, alegre y pleno,
No sé todavía qué es la vida y qué me espera,
Pero debe ser bella, como estar en tu seno.

Mi alma no conoce otra cosa más que Dios,
Estoy viviendo con Él, en contacto pleno,
Nadie puede alejarme de Su santa presencia,
Porque Él aquí me alojó y de Él provengo.

Vivo interiormente, mas, un día veré la luz,
Y conoceré las formas, y todos los colores,
Escucharé sonidos, y me cantarás canciones,
Disfrutaré alimentos y suaves sensaciones.

¿Serán serenas como las que siento ahora,

Serán cálidas y suaves como el aura tuya,
Que me acoge, acaricia, ampara y protege?
¿Estaré siempre bajo tu cálido plumaje?

No dices nada, y en cambio, siento opresión,
No sé qué siento, un malestar, desesperación,
Algo en tu sangre alimenta a mi congestión.
Escúchame Mamita, no tengo conciliación…

Me arde mi cuerpecito, y mi cabeza se revienta,
No creo que esto sea la vida que me prometiste,
No creo que esto se ajuste a la voluntad de Dios,
Siento que estallo, siento que me parto en dos…

No puedo soportar este dolor que me destroza,
Intento gritarte, hablarte, pero no me escuchas,
"Mamacita, sálvame de esta siniestra destrucción,
Dame calma, dame mi paz, quítame el dolor".

El médico por fin terminó su trabajo habitual,
Recogió los pedazos en que el cuerpecito quedó…
De tanto que lo hacía, para él era cosa normal,
Y en una bolsa negra a la paciente se los entregó.

Nadie dijo nada, el silencio oscureció su mirada,
Su mente sólo recordaba algo que creyó escuchar,
Cuando a su hijito lo empezaron a despedazar…
Era la muda súplica de una voz conocida.

Sin poder caminar, se adentraba a un precipicio
Tan oscuro, como su alma en ese momento estaba,
Sólo la muda voz escuchaba, pero ya muy atenuada,
Que aún le suplicaba que lo salvara…

Entonces comenzó a llorar…
Ya más nadie la pudo consolar…

Acusado

En verdad ha querido sobrepasarse,
Lo que dices vos, bien claro lo es,
Mas si vos hoy pensáis en acusarle,
Más que ofensa, es en vuestra defensa.

Poned pues en rienda al tal ofensor,
A ver si así se le quita lo matrero,
Pues muy osado ha sido el majadero,
Siendo vuestra merced la única sufrida.

Haced pues justicia al justo reclamo,
Mas nunca olvidéis que en el corazón,
Vuestra cara, pelo y vuestro cuerpo,
Lo enloquecen y ofuscan por entero.

Perdonadle pues, si en un momento
El pobre inocente haya sido huraño,
Y haya osado a vos pedirle en secreto,
Lo que una mujer sólo da enamorada.

Se le acusa al indigente, de enamorado
De la mujer que frente a él lo acusa
Por ello, y por haberla tanto amado,
Al verse negado, a fuerzas la ha violado.

Adiós juventud amada

El día de ayer, ya ha pasado,
Y qué decir del de anteayer...

Mirad que lloré cuando nací...
Mirad que luego lloré cuando crecí,

Mas siendo niño me defendí,
De mis amigos desconsiderados
De mis deformidades evidentes,
Pero seguía sin hacer caso a las gentes.

Luego siendo joven volví a llorar,
Mi adolescencia pasó inadvertida.
¿Quién de entre todos querrá quererme?
A todos yo ansioso preguntaba...
Mas a nadie le interesaba, ni contestaba,
Alguien detrás de una barda me veía.

Mientras yo sentía que me observaban.
Alguien dijo "Yo", para mi sorpresa.
Y con esa amistad mi vida se pasaba...
Crecí y reprobé con cincuenta la prueba,
Luego lloré por mi decadencia, y me dije:
Un poco más y habré llegado a la meta.

Pero los días siempre se nublaban,
Lo que yo buscaba otro lo ganaba,
Lo que yo obtenía otro lo hurtaba...

¿Dónde estará aquél que me buscaba?
¿Se le habrá perdido la contraseña?
¿Se habrá ido con la corriente del río?
Llovió, y al parecer la cosecha se perdió.
Continué a oscuras buscando la luz...

En mi alma la inocencia archivando,
Un día la perdí, conmigo mismo jugando,
A solas le dije adiós, y ya más no volvió.
El tiempo me hizo cargos de conciencia.

Una puerta se cerró y no me avisó,
Otra se abrió cuando menos lo esperaba,
Pero todo fue lo mismo, nada cambió...

¿A dónde se fue todo lo que quedó?
¿Se quedaría en las raíces de aquel árbol,
De aquel triste árbol que pronto se secó?

Miré hacia adelante y sin dudarlo,
Estiré mis manos hacia esas manos,
Aquéllas que prometían identidad,
Que sin fuerza… No me soportaron…

La noche completamente se oscureció,
La luna, si salía no volteaba a verme,
Aunque mil veces volví a intentarlo,
Pero terminaba escondido en un rincón.

En otros momentos volví a preguntar,
¿Es posible que para mí no haya amor?
Mas sólo encontré mi asustada mocedad,
Disuelta en un charco de aguas negras,
Gritando: ¡Sálvame!, a los cuatro vientos.

¿Cómo disfrutar el olor de aquella flor,
Si la negra noche despedazó mi pudor?
Hace falta mucho para llegar, lo sé…
Hoy de repente desperté sin allá estar.

Pero el gusano no está en su capullo,
Sus alas crecieron y el vuelo levantó.
Decidió irse a buscar otros rumbos,
Por allá su aletear al fin refugió…

¿Qué no viste la luz de aquella estrella,
Que ayer brillaba, y hoy ya no brilla?
Es porque ahora hay otra más bella…

Ayer quemaba el sol como anteayer,
Yo aseguro que volverá a quemar,
Para todos hay un nuevo amanecer.

¿Dime si esta realidad, es realidad?

¿Dime si esta angustia me perseguirá?
¿Cuándo, dime cuándo todo acabará?

¿Es el alma triste y solitaria en realidad?
¿Dime, Esperanza, dónde te has metido?
¿Dime, Ilusión, por qué no habrás venido?
Sólo el eco de esas voces había quedado,
Porque parece que ya se han esfumado...

¿Serían muchos los que por aquí pasaron?
Seguro es que ellos ni siquiera lo notaron.
¿Será esto que me tenga que preocupar?
¿Por qué me tuviste qué atormentar?

De pronto te fuiste para nunca volver,
Volteo a ver, y veo una nueva alborada...
Sólo las cenizas quedaron de aquel ayer...
¡Adiós para siempre... Juventud Amada!

A la salida de la escuela

A la salida de la escuela,
Ya a punto del mediodía,
A todos los vendedores se les veía,
Que estaban en impaciente secuela.

Ya pronto los niños saldrían,
Y los carritos abordarían,
Haciendo filas y formando colas,
Para comprar lo que ellos ofrecían.

Miren la verbena de los sabores,
Contenida en aquellas botellas,
Que con sus bonitos colores,
Embellecían las calles y las aceras.

Yukis de vainilla y tamarindo,
De fresa, de piña y de limón,
Bañando los raspaditos de hielo,
Que vendían de a uno por tostón.

Don Cristóbal y sus tostaditas,
Con chile, gruesas y coloraditas,
Había de quiote las rebanadas
De limón, chilito y sal rociadas.

Tengo en mi mente muy grabados
Los años de la Escuela Primaria,
Los gritos de todos los muchachos
Corriendo y gritando a desbandada.

Al tocar la última campanada
Que marcaba la hora de la salida.
Pobre del que el aseo hacer le tocaba,
Pues no participaba de tal huida.

Vámonos corriendo para afuera,
Vámonos a comprar las barajitas,
Había que acabar lo que sobraba,
Del dinero que Mamá nos daba.

Veías grupitos en las esquinas,
Jugando a apostar al tapadito,
Para ganarse esas raras barajitas,
Que luego pegabas en cartulinas.

Luego de comprar tanta sustancia,
Que vorazmente te echabas a la panza,
El hambre pronto se te quitaba.
De llegar a la casa no te acordabas.

Pero al ver que todos se iban,
Tenías que tomar una determinación,
Premeditando en lo que Mamá te diría,
Se te iba acabando la emoción.

Un plato grande de sopa te esperaba,
Pero por la panza tan llena como estaba,
Decías que hambre hoy no tenías…

Pero Mamá entendiendo la situación,
Sin decir nada, ni darte explicación,
Unos varazos en las nalgas te daba…

Por haber gastado todo lo que te daba,
También por haberte comido toda esa,
Sarta de babosadas…

Al cuidado del Príncipe

En las montañas de quien sabe dónde,
Cerca de un país por allá escondido,
Había un reinado de paz y colorido,
De un rey, una reina y un principado
Que por todos los pobladores eran amados.
Pero por su hermano, el rey era asediado.
Lo odiaba porque a la reina amaba,
Así su odio creció, hasta que de repente,
Al rey asesinó el día menos pensado.
La reina llena de angustia y desamor,
Loca se volvió, y a los bosques huyó,
Sin que nadie la pudiera encontrar.

Un sacerdote que la capilla atendía,
Con el príncipe siempre se entretenía,
Le tenía cariño, respeto, y lo quería.
Desde que nació en sus brazos lo tuvo,
Con esa solvencia siempre se mantuvo,
Y al quedar el príncipe desamparado,

Tutela le dio, y como padre ha actuado.
Pobre del príncipe Carlitos tan triste,
Cambió desde que la reina desapareció:
Serio, cabizbajo y apesadumbrado,
Pero a nadie dice nada de su estado.
Seguido y tardado se iba a los bosques,
En busca de no sé qué tantas cosas,
Antes iba a jugar con animales y ositos,
Ahora no se sabe qué hay en su mente.
El padrecito vive en angustia tremenda,
Porque el jovencito seguido se le pierde.

Muchachito, príncipe, caballerito,
Hijo mío y de mi vida la inversión,
Os quiero como mío, de mi protección...
Cuando creí terminada mi faena
Haciéndola de anfitrión y cicerón
Ahora leo a futuro vuestra escena.
Mas no debéis de preocuparos,
Que sois de buenas voluntades,
En vuestro itinerario he de ayudaros.
Mas sabed que poco bueno lo creo,
Pues cada vez que el rostro volteo,
Intentáis nueva y peligrosa enmienda.
Acampáis entre osos en los bosques,
Pese a que juráis mantenedme alerta,
Te ocultáis dejando a mi vista desierta.
Avisadme pues, dónde habréis de estar,
No sea que tenga que volver a utilizar,
Herramientas con que os he de castigar.
Veamos, pillo, decidme pues,
¿Qué habéis hecho en estos días?
No mintáis, que tengo esbirros soplones
Que me informan de todo lo sucedido,
Mas, prefiero que vos seáis sincero,

Siempre por vuestro verbo me informéis.

He de contaros lo que ha sucedido,
En estos días ausente, no he dormido,
Buscando a mi madre que ha desaparecido.
Siento una pena, y tan es muy grande,
Que oprime a mi pobre corazón,
He llorado mucho, y después es peor.
Me he escondido en los Bosques de Sur,
Por si verla pasar un día pudiera,
Por si en alguna cueva se ocultara,
Pero no, no he podido ver su mirada...
Parece que se la comió la tierra,
O sabrá Dios qué bestia salvaje.
Desde que ese pensar en mi cabeza traje,
Ya no he de buscar osos ni otros animales,
Para jugar ni para divertirme,
Sólo sufro y va mi alma compungiendo.
Ahora, tened fusta en mano, aquí estoy,
A la primera de cambio dadme castigo,
Si deseareis ser más severo conmigo...

Perdonad, mi Príncipe, el mal concepto,
Con el que a vos hube calificado,
Sin saber que pasáis por triste estado.
Razonad pues, pensad y considerad
Que de mí, padre y madre obtenéis.
No más lloréis la pena que os aqueja.
Aceptad mi abrazo y mi protección,
Confiad en vuestro futuro alentador,
Pensad en que hoy un Príncipe sois,
Ya mañana un nuevo Rey seréis.

La reina nunca jamás apareció,
El príncipe bajo tutela del padrecito,

Creció y mucho consejo del mismo recibió,
El pueblo lo quería y siempre lo apoyó,
Al cabo, en un justo rey se convirtió.
A su tío, asesino de su padre, lo desterró,
De todas sus posesiones se apoderó.
Sobre su hija, una bellísima jovencita,
Que tenía rostro de sol resplandeciente,
En muy poco tiempo de ella se enamoró.
Se casaron y muchos hijos tuvieron,
Para siempre en paz y felices vivieron…

Al final la encontré

Llegué a los tiempos en que vivo
De mis recuerdos y mis soledades,
Ya pues, ¿ya qué remedio me queda?,
Si mi mente solita se empeñaba,
En pensar patrañas y barbaridades,
Pero una cosa me quedaba por hacer,
Quitar lo que me quería corromper.
Ahora, que me veo a mí mismo,
Ay Diosito, por las que yo pasé…
Veía oscura mi mente y corazón.
Iba al Padrecito y me daba solución,
Diciendo: no hay mejor que la Oración.
Empecé a hacerlo y he llegado lejos,
Pero a medida que avanzo un poco,
Mayor negrura se me mete al coco…
Al saber que en este corazón loco,
Ha de luchar contra la propia razón,
Como que me da mucha comezón,
Me distrae y desmotiva a mi mente,

Todo aquello que digo que me atrae,
Siempre acaba por desobedecerme.
Mas buscaba cómo quitar el mugrero
Que me traía como pendenciero…

Mi historia es la de un hombre tripón,
Cuya vida ha sido y corrido sin razón,
Pero con razón buscando una felicidad,
Que desde niño creía que encontraría,
Mas al no encontrar la dichosa fortuna,
Pensé que la encontraría al casarme,
Por lo que busqué de mujer hacerme,
Encontré la que mejor eso podía darme,
Mas de repente, ella a mejor vida pasó,
Ni el tiempo necesario realmente duró
Para saber si yo encontré o no encontré
Lo que en el matrimonio esperé.
De nuevo al Padrecito voy a consultarle
Que ¿dónde la felicidad puedo encontrar?,
Sin obtener respuesta a mi afrenta.
Luego, busco en mil libros la razón,
De esa sinrazón de mi existencia,
Y encuentro que al fin de la cuenta,
La felicidad se encuentra donde nadie
Ha de preocuparse por encontrarla,
Es por eso, al no saber encontrarla,
Nadie intenta ni siquiera buscarla,
Que es muy adentro de sí mismos.
De lo cual no entendí ni un comino,
Así que decido seguir mi camino,
Intentando nuevas formas de vivir,
Para luego volver a intentar,
Lo que siempre me logró persuadir.
Verá Usted que de pronto decido,

Ser el noble amante de mil mujeres,
Que al pasar del tiempo no las pido,
Sino que solitas ellas vienen y buscan,
La manera de conmigo enredarse,
Pero como yo ya no pienso en casarme,
Pues fui casado sin encontrar lo buscado,
A un arreglo con todas ellas llegaba:
Huella de hombre en su seno no dejaría,
Pues de hacerlo, encargo me encubriría,
Cierto que la felicidad que yo buscaba
No era cosa de regresar a donde no estaba.
Por eso buscaba nuevas formas de hallarla.
Total si la felicidad habría que buscar,
A echarle el entusiasmo y a disfrutar.
Y así la vida se me pasó insistiendo,
En nuevas maneras de encontrarla,
Si no la hallaba, otra forma intentaba.
Al fin llegué a los tiempos en que vivo
De mis recuerdos y mis soledades.
Sí, pues ya que remedio me queda,
Si mi mente solita se había perdido
En pensar patrañas y barbaridades,
Cuando en realidad la felicidad buscada,
Es tan simple y tan sencilla de hallar,
Que en todo la puedes disfrutar,
Cada momento vivido será especial,
Irrepetible y a manera de en él obtener
Un mundo que tu interior ha de saciar.
Si con tan sólo una flor observar,
Si a los cielos y nubes has de mirar,
Con tan sólo un vaso de agua tomar,
Y a Dios en cada cosa agradecer,
Para que sus santos beneficios Él te dé.
Así fue como realmente la encontré...

Desde hace algún tiempo para acá
He sido más feliz que en todo mi vivir,
Pues me pasé buscando lo que de repente
Hallé, y me colmó, y mi vida transformó.
No puedo decir que: "Ya para qué…"
Porque lo poquito que tengo y disfruto
Vale más que todo lo que en vano viví…

Alma prisionera

"Tengo dinero y no necesito más".

Unos dicen con mucha claridad
Que es más fácil dar que recibir,
Para poder que alguien sea feliz…
Otros dicen que no es tan fácil dar.

El dinero es un señor poderoso,
Que pone a los hombres a prueba,
Para forjar su capacidad espiritual,
Tanto de piedad como de caridad.

La misericordia es un divino don,
Que sólo se gana con la oración,
Pidiendo desde el fondo del alma,
Con todas las fuerzas del corazón.

Pero para poder pedir esta gracia,
El corazón deberá estar sin cadenas,
Mas el encadenamiento lo adquiere,
Al obedecer a ese "dios" que no es Dios.

El dinero y las posesiones apresan
Las almas de los cándidos hombres,
Pues ni ser felices, ni libres los dejan,

Ni les permiten volar a los pobres.

Cuando sus almas están prisioneras,
En vida son entidades ya muertas,
Enredadas en sus propias cadenas,
Y sin poder volar a otras alturas.

No piden a Dios por sí mismas…
¿Para qué?, su dios les da ganancias,
Olvidándose del Dios verdadero,
Que ofrece las ganancias del Cielo.

No creo que Dios piense dos veces,
Cuando le pide un hombre piadoso
Con toda el alma, hacerse misericordioso,
Porque de su piedad, su hambre crece.

Por eso es que, en la Biblia se dice,
"Un camello pasa más fácilmente,
Por el diminuto ojo de una aguja,
Que entrar al Cielo, un rico arrogante".

De los hombres que dinero tienen,
Dios los escoge en su gran mayoría,
Dada sus cualidades y experiencias,
Para convertirse en Ángeles un día.

Él les ve infinidad de facultades
Para repartir aquí entre los hombres.
Mas, antes de convertirlos en Ángeles,
Los pone bajo una máxima prueba…

Ésta, es la prueba que difícilmente,
Cualquier humano pudiera no pasar:
Del orgullo de tener dinero y poder,
Y por ello oprimir a la demás gente.

Porque el hombre, al dueño sentirse,
Del gran poder que Dios le otorga,

De inmediato de eso se esclaviza,
Haciendo dios, al que no es su Dios.

Lucifer sucumbió ante tal prueba.
También casi todo hombre sucumbe,
En lugar de en Ángel convertirse,
Al infierno va, después de morirse.

Cuando actúan como Dios lo espera,
Tendrán en los Cielos una puerta,
Que Dios les abre, sin darse cuenta,
Por haber pasado felizmente la prueba.

He aquí, que un alma prisionera,
Es aquélla, que con su oro ella espera,
Que la Virgen le mande sus perlas,
Para acumularlas en su billetera.

Amargura del corazón

Mira que éste, mi ingrato corazón
Escucha apenas de la alondra el canto,
Ya más no para de llorar y de sufrir
Mirando al cielo, suplicando morir.

Las penas lo han hecho sucumbir
Encerrado en su obscura caparazón
Se ha olvidado que es un corazón,
Muriendo, sin escuchar su palpitar.

¿Qué hay que duela más a tu alma,
Sino esas condenas que te consumen
Que se llevaron tus ansias e ideales
Al vacío, allá, lleno de confusiones?

¿Dónde acabaron tus risas y tus cantos,
Dónde de tus encantos, las finas emociones?
Una vida transformada en mar de llanto
Oscureció por siempre mis dulces ilusiones.

No sé si esto tuviera una solución...
Sin duda que el Sol nace para todos.
Busco agobiado una luz para ofrecerte,
Para que olvides tu delirio agonizante.

Algún calmante que alivie tu tormento
Para que tu latir sea otra vez escuchado,
Con música que de nuevo con delicadeza,
Pudiera sacar lo infernal de tu corteza.

Que no hay oscuridad más grande
Que una noche envuelta en nubarrones,
Cuando la luna plateada y hermosa
Lamenta sus desventuras y tribulaciones.

Me has heredado ausencias y carencias,
Me has regalado desprecios y complejos.
Hoy son ellos mis más allegados amigos,
Al cerrar tus puertas a mis querencias.

Nadie más que tú, insensato corazón,
Obstinado en no escaparte de tu gruta,
Yo lo intento, sin poder abrir el telón,
Pero al intentarlo entramos en disputa.

Quiero ser libre y volver a la calma...
Ya deja de sufrir, ya deja de llorar,
Que el tiempo se pasa y la vida se va...
Entiende Corazón, capullo de mi alma,

Que Ella... ¡Ella ya jamás volverá...!

Amor macabro

En este rincón hoy me encuentro
Sediento de tu cariño y de tu calor,
Mira en mi mano, esta copa de licor…

He entrado de nuevo en este sopor
Que me mete al sueño interminable,
Que me hace salir de mi condición.

Situación que me quema el alma
Me martiriza mi entristecido corazón,
Por no poder obtener tu perdón.

Juro que vivo sin poder en mí vivir,
Quiero dormir, pero no lo puedo lograr,
Sólo con el alcohol me someto a estupor.

Estoy arrepentido, lloro en tu presencia.
En el arrepentimiento juro que muero,
No disfruto más que esta penitencia.

Quiero estar de nuevo contento, gozarte,
Poder disfrutarte, como lo hacía antes,
Protegerme en ti mientras me duermo.

Como un niño ingenuo y despreocupado
Que se entrega al juego, así yo deseo,
Poder entregarme sólo a ti de nuevo.

Que este sueño me haga olvidar,
El dolor inmenso que ahora siento,
Por no poder ya más contigo estar.

En mi letargo ya me has perdonado,
En sueños soy tu eterno enamorado:
Te amo como nunca te he amado.

Somos uno y tus sentimientos funden
Los míos en amor tan noble y puro
Que nada ni nadie, puede disuadir;

Nada ni nadie, puede romper la cadena
Que en sueños nos une, no como castigo,
Sino como premio a nuestro amor.

Aquí me entrego a ti en cuerpo y alma,
Deseando cada instante que seas mía,
Que me ames y me vuelvas a pertenecer.

Sólo temo, más allá del temor íntimo,
Que no logre deleitarte como mereces.
Pero aquí estoy, siempre a tu lado,

Deseando de nuevo pertenecerte,
Sentirte mía, más allá de lo físico,
Mía, y sólo mía… Eternamente…

Cinco días al parecer habían pasado
Desde que ella dejó de existir,
Él aún en su pecho estaba recostado.

El alcohol no lo dejaba ya pensar,
Lo mantenía bajo el sopor que él creía,
Soñando que ella lo volvería a amar.

Muchas veces besaba al cadáver,
Pensando él que ella estaba dormida,
Y que en su aislamiento ella lo castigaba.

Él quería que ella lo perdonara,
De sabrá Dios cuántas y tantas culpas,
Mas ella, tendida, nunca contestaba.

El olor nauseabundo no se hizo esperar,
En el barrio se reveló el macabro secreto
Del hombre enamorado del esqueleto.

Las autoridades llegaron y encontraron

Al hombre muerto en el pecho de la difunta,
Como pidiéndole protección a la muerta.

El fuego que en él ahogaba su pasión,
Fue el mismo con que buscaba su perdón,
El mismo que al fin le dio una solución...

Aquí se termina la historia macabra
De aquél que a su mujer mucho amó,
Mas de tanto que la quiso, la mató...

Muchos decían que fueron sus celos,
Otros que habían sido sus borracheras,
Pero a los dos, los mandó a la sepultura.

Haya sido la cosa que haya sido,
El olor nauseabundo y a podrido
Siempre trajo recuerdos de lo sucedido.

Así es la vida

¿Que por qué yo soy como soy?
Porque soy lo que soy por lo que fui.
De sólo lo que fui puedo hablar de mí.
Mi juventud consumió mi mocedad,
No sé si la mentira o la verdad viví
Que guardó mis secretos del pasado,
Sin poder echarla de mi realidad,
Así me dejó para siempre marcado.

Yo era el que era, y sin embargo,
Por ser como era, mi vida cambió.

Yo era un niño normal, como todos,
Noble, callado, ordenado y manejable,

Muy al tanto de caerle bien a la gente,
Hacer la voluntad de otros que la mía,
Procuraba hacer la voluntad de mi padre,
A quien mucho amaba y quería,
Acompañaba a todos lados y obedecía,
Con él sufría, lloraba y también reía.

Él me hizo ser el que ahora soy…
Para ser el que no quería yo ser.

Con él iba al peluquero y a la cantina,
A la pastura, a la siembra y a la vendimia,
A visitar a la abuela y a sus familias,
Sin perder oportunidad de socializar
Yendo a reuniones para compartir,
Cerveza o vino en toda oportunidad,
Para agasajar y poder la mano levantar,
En todo motivo con afán de brindar.

Y para lograr ser el que quieres ser,
Siempre el molde debes de tener.

En una ocasión, con tanta brindadera,
Celebraban de un amigo la despedida,
Por casarse decía adiós a su vida soltera.
No podían faltar los vinos, los licores,
Las cervezas, que consumían los señores,
Frente a una pira que ya de nochecita,
Iluminaba las caras de los tomadores,
Cuyas voces cantaban gozosas y alegres.

En ese molde que quisiste escoger
Es el molde en que te habrás de formar.

Destellaban cierta jovialidad oculta,
Detrás de un vasito de vino en su auxilio.
La verdad era que ojalá aquellas lozanías
Se hubieran ya ido junto con sus condenas.

Pero aquí, cuáles angustias y cuáles penas,
Del gusto, con el vino olvidaban sus faenas,
Con vino daban vuelo al derroche y al contento,
Sus mundos los arreglaban en un momento.

Mi padre era el molde de mi ilusión,
Yo siempre quise ser como él era.

Cuando bien entrada la nochecita estaba,
Casi a oscuras, la pira apenas alumbraba,
Pobremente veían sus rostros los celebrantes.
Trajeron los señores unas jóvenes danzantes,
Muchachas de ésas, de la vida galante,
Que habían rentado para divertir y solazar
Para de alguna manera para agasajar
Los momentos del que esa noche celebraban.

Pero el día llegó en que mi pensar cambió.
Mi vida cambió y mi razonamiento la rechazó.

Los hombres embrutecidos y alocados
Por tanto alcohol que a sus panzas llenaba,
Sus sentidos perdidos no sabían qué pasaba
Ni lo que hacían, ni cómo actuaban.
Yo, que a mis quince años no probaba licor
De esto, cuenta me daba, y me avergonzaba,
Nunca había visto cómo se comportaban,
Menos que papá de este bullicio disfrutara.

Si quieres a tu vida le das tus abrazos,
Mas si no quieres, sólo le das coletazos.

Las ninfas bailando alrededor de la pira,
Alrededor también los diablillos bailarines,
Danzando y quitándose prenda por prenda,
Cada vez que una de ellas lo ordenaba.
Morbosamente los señores entusiasmados,

A ellas más aún al pasar las calentaban,
Al calor de la lumbre que al centro estaba,
Hacían más audaz y vulgar el momento.

En la vida, la combinación es perfecta,
Poco de esto y de lo otro, y también de aquello.

Una nalgadita, un pellizquito permitido,
Un aventoncito adecuado y el besito simulado
Seducían los danzantes mientras el júbilo crecía,
Pasaban muy cerca de ellas, y al pasar,
Una prenda de vestir les quitaban sin pensar.
Ellas sin darse por ofendidas ni deshonradas,
Otra prenda más ellas mismas se quitaban,
Casi desnudas reían, y bailando continuaban.

El resultado es un triángulo equilátero.
Al cual, nuestro destino queremos ajustar.

Vergüenza y calor invadieron mi cabeza,
Al ver a mi padre detrás de aquellas sirenas,
Desnudo, en pos de conseguir una caricia,
Ridículamente, y rechazado por ellas...
Como a mí me parecía no razonable,
Detrás de mi padre corría para retirarlo
Del grupo de enloquecidos, pero él se resistía
Empujándome, al tiempo que se reía...

Resulta que a todos nos dan la oportunidad,
Pero nunca nos gustan los resultados.

Sin poder que en mi empeño yo desistiera,
Encabronado y borracho como andaba,
Me lanzó una embrutecida mirada,
Me arrojó a los brazos de las mujeres.
Les dijo a todos los borrachos señores,
Que como pudieran me desnudaran.
A ellas dijo que caricias me prodigaran,

"Pa'que le hagan sentir como todo un hombre".

Resulta que el resultado de la vida,
Es lo que cada quién eligió y escogió.

Ellas exponiendo "mi parte" a todos los demás,
Yo forcejeando para que me dejaran en paz,
Mi padre levantando el brazo con una cerveza,
La turba sacándole al momento la diversión.
Mis gritos ya nadie escuchaba, ni mis ruegos.
Me quitaron todo, inclusive los zapatos.
Ellas me tocaban ansiosas de encontrar,
Lo que mi cuerpo se resistía a dar.

Luego cuando no obtuve lo que quería…
¿Tengo derecho de reclamarle a la vida?

Las risas y carcajadas de los desquiciados,
Que por el alcohol que tomaron no pensaban,
Se confundían con mi llanto desesperado,
Y mis ansiosos gritos de angustia y vergüenza…
"¿Qué usté no es hombre, chingao?" Me gritaba,
Mientras un alarido de carcajadas se escuchaba.
Yo me acurrucaba y con mis brazos intentaba
Tapar lo que las venus buscaban destapar.

Era muy de esperarse que no tuviera reacción,
No porque no fuera el hombre que esperaban,
Sino porque la despiadada e insensata decisión
De mi padre sobre el destino de mi cuerpo,
Me trajo como consecuencia involuntaria
Una desconocida e imprevista amargura,
Que me había robado todo el sentimiento
Al igual que mi voluntad, por añadidura…

A un acto vergonzoso me habían sometido,
Tal que nunca jamás habría yo de olvidar;

A una violencia psicológica y angustiosa
Que marcaría para siempre la intimidad
De mis reacciones frente a las mujeres,
Y más, frente a la autoridad de mi padre,
Que representaba el vivo ejemplo a seguir...
Todo para mí, así tuvo qué acabar...

Hundido en la oscuridad de mis sentidos
En un letargo inmenso e indescriptible,
Sin poder echar fuera eso que definiría,
En tanto mi juicio masculino como hombre...
Empecé a tenerles miedo a las mujeres,
Sin perderles el deseo que por ellas yo sentía,
Sin faltarme el imperio viril para cumplir,
Con la necesidad de poseerlas y complacer.

Mas el desencadenamiento de esta huella
Me volvió para siempre medroso y callado,
En mis propios pensamientos inmerso,
Arisco, pero también un poco impetuoso.
Pasó el tiempo y la edad sobre mi espalda,
Con la imagen de mi padre siempre a cuestas,
De aquél que me dejara esta herencia
Hundida en la semilla que él había anidado.

Nido que oscureció mi mente infantil,
Semilla que no permitió ser quien yo deseaba,
A pesar de sentir al mismo tiempo el deseo
Del fuego inmenso y febril de mi juventud,
Dentro de mi tierno y creciente corazón...
Pero también dentro, muy dentro de mí,
Ese miedo inmenso de sacar a la luz
Deseos que me quemaban sin poder satisfacer.

Sólo una mujer podía comprenderme,
Era ella la única que podía echar fuera
El manantial viril de bravura frenética

Que mi alma en toda mi juventud sentía,
Todo el furor de mi juventud reprimida
Era para ella, y solamente a ella respondería
Como verdadero hombre, como un ser humano,
Como amante y como su más fiel esclavo...

    Yo era el que era, y sin embargo,
    Por ser como era, mi vida cambió...

Mi mirada en su belleza por fin se clavó,
Mi deseo enloquecido al fin se encendió,
Y mi alma en la suya por fin descansó...
Ya estás en mi corazón, ya tomaste posesión,
Desde que la pasión me envolvió, no vivo sin ti,
No pienso más que en ti, y no veo más que a ti.
María, eres mi verso, mi poema, mi canción,
Eres el compás del ritmo de mi corazón.

    Ella me hizo ser el que ahora soy...
    Ella me hizo ser el que yo quería ser.

    ¿Que por qué yo soy como soy?
    Porque soy lo que soy, por lo que fui,
    De sólo lo que fui puedo hablar de mí...

Mas el que cuenta de mí lo que hay aquí,
No soy yo, sino el poeta que escribe
Esta historia de lo que a mí me pasó,
Que guardó mis secretos del pasado,
Que me dejó para siempre marcado...

    ¡Sí...!

¡Me dejó para siempre marcado...!

A un árbol caído

A ti, mi árbol amado:
Te dedico estas breves líneas
En honor del bien que me diste,
El tiempo que estuviste plantado.

¡Cuántos años habrán pasado…!
¡Cuántos años habrás vivido…!
¡A cuánta gente le habrás servido…!
¡Cuántos de ellos te habrán amado…!

¿Recuerdas la pila y la noria
Que estaban bajo tu enramada?
Las vacas se acercaban al agua
Que tu sombra fresca mantenía.

Durante años tú fuiste mi refugio,
Mi escondite y el escape de mis travesuras,
Arriba de ti trepaba y allí me quedaba,
Para salvarme del castigo que evadía.

¿Te acuerdas que me sostenías,
Me cuidabas y me protegías?
Parecías mi ángel guardián,
Nunca revelaste mi escondite…

Tus ramas eran fuertes brazos,
Que me sostenían como un padre,
Al parecer mucho gusto a ti te daba,
De que yo contigo me quedara…

Al pardear desde muy temprano,
Cientos de palomas te acechaban,
Llegaban a tus ramas y se acurrucaban,
Para reposar la noche que ya llegaba.

Las gallinas también trepaban

Hasta tus ramas donde se protegían
De los coyotes que en la madrugada
A una o dos a veces se llevaban.

Llegaban las primaveras,
Las golondrinas te saludaban,
Hasta la siguiente estación
Nuevamente de ti se despedían.

Recuerdo que mi mamá nos decía:
"De niña, cuando agua de la noria sacaba,
Entonces ése ya era un señor árbol,
Sabrá Dios cuántos años tendría…"

Durante el día tus hojas brillaban
Por la luz del sol que te iluminaba;
Por la noche con la luna plateada
De plata tus hojas se tornaban.

En las madrugadas la brisa caía
Sobre tus sedientas hojitas necesitadas,
De esa humedad se alimentaban,
Que tus profundas raíces no absorbían.

El tiempo pasaba y pasaba,
Las vacas en otro establo habitaron,
Los abuelos uno a uno murieron,
Mis padres también desaparecieron.

Te quedaste muy triste y muy solo,
Tus angustias esperar no se hicieron.
Cuando se fueron todos los tuyos
Tu apariencia vino a desmejorar…

Un día también yo me fui lejos,
Años pasaron para que regresara.
Al volver fui a verte para abrazarte,
Pero ya no eras el que antes eras…

Tus ramas se habían desaparecido,
Tu tronco había sido derrumbado.
Allí estaba como piedra yaciente
En el patio tendido, recostado…

¡Cuánta tristeza en mi alma…!
¡Cuánto pesar en mi corazón!
¡Cuánta angustia desesperante
Por volver a verte tal como eras!

Mi árbol, mi mezquite adorado,
Heme aquí, leyéndote estas líneas
Para que sepas cuánto te he amado,
Para que sepas que no te he abandonado.

Si me escuchas y todavía sientes,
Dame una señal de que vives,
Haz que retoñe una ramita,
Haz que reviva tu simiente…

Sabes, tu inercia capturó a mi alma,
Tu tristeza me la transmitiste…
¡Resurge, revive, retoña…!
No me dejes con esta carga…

Entonces un día, mientras todo dormía,
Mientras el viento abanicaba sus restos,
A mis oídos otro viento me hablaba,
Era su voz que murmuraba…

"Hoy ha venido mi hijo amado,
Aquí en mi tronco lloró de pena,
Me dijo: "Te quiero" en un poema.
Agradecido, respondí a su llamado".

Semanas después, quizá un mes,
Vi en su costado cerca del suelo
Un retoño verde apuntando al cielo,
Me acerqué, lo toqué y lo besé…

Me recosté sobre su viejo tronco,
Esa noche de alegría con él lloré…
¡Ay, mi querido y viejo árbol!
¡Ay, mi mezquite amado…!

Barquitos y soldaditos

Yo tenía allá en el patio,
Un ejércitos de soldaditos,
Los embarcaba a cada uno,
En su correspondiente barquito.

Ellos eran muy ordenaditos,
Yo a todos los empujaba,
En sus pequeños barquitos,
Que en el agua navegaban.

Sin anclas ni tripulación,
Sólo yo capitaneaba,
Calladas órdenes les daba
Para que todos juntos navegaran.

Era un río rudo y caudaloso,
Muy inmenso y peligroso,
Que se formaba con el agua,
Que Mamá a las plantas echaba.

Entre los árboles se formaba,
Una acequia al conectarlos,
Para que el agua su curso recorriera,
Para terminar de alimentarlos.

Allí los barquitos navegaban,
Desde temprano en las mañanas,
Sólo yo los seguía y los seguía,

Hasta que se desbarataban.

Ésa era mi diaria encomienda,
Seguirlos para auxilio darles
A todos los soldaditos
Que podían en el agua ahogarse.

En un carrito yo los recogía,
A todo aquél que auxilio pedía,
Luego los ponía en el solecito,
Para que pronto se secaran.

En un rato el tiempo se llegaba,
De volver a embarcar al soldadito,
En un nuevo barquito,
Que yo muy rápido elaboraba.

Barquito mío, hermoso baluarte,
Por ti me convertí en artesano,
Con destreza de mis dos manos,
Podía fácilmente fabricarte.

Entre tantas pequeñeces,
Fuiste un barco sin timonel,
Nacido de muchos dobleces,
De una cartulina de papel.

Juntos jugamos tantas horas,
Mis soldaditos y mis barquitos,
Fueron mis amigos y lo son ahora…

Cuando estoy solo algunas veces…
Mi alma triste los añora…

Caballeros de mi reino

Benditos sean mis días de sol,

Benditas sean mis noches,
Que siendo de plenilunio,
Acaban pronto con mi infortunio.

Bendito oficio el de Caballero,
De mi presente y de mi futuro,
Que noche y día yo disfruto,
Con ese verbo conjugado.

En un éxtasis de oraciones
Con peticiones entrelazadas,
Que rezándolas trago y bebo,
Gasto, hurto y me embriago.

Con el cáliz de tal brebaje,
Que al roce de mi alma,
Me transforma en criatura
Devota y a la vez terrena,
Como amante y seductor...

Pues bien...

Que por tales cartas poseer,
Consigo por fin apaciguar,
Mi pecho transformado en volcán
De la emoción que revive,
La flama de mi afición por amar,
A Dios y tenerlo en el corazón,
Que es quien siempre provoca,
El motivo de ésta, mi canción...

Caballeros de antaño,
Mantened la entereza,
Que sois el alma de esta fiesta...
Celebrar con vos el día postrero
Será siempre mi deseo más certero,
Por ello, os ruego Caballeros,

No me apesadumbréis,
Que quiero veros felices.

Siempre preparaos, que por ahora,
Os toca vuestras armas velar…

Caballito de palo

Caballito de palo o de madera,
Dulce recuerdo de mi infancia,
De escoba o de trapeador,
Me hacías la vida placentera.

Las escobas aún persisten,
Pero los niños de ahora,
Con caballitos ya no las visten,
Así mi alma se entristece y llora.

Mi inspiración por él se esmera
Por eso estos versos aquí le traigo,
Porque aunque era de madera
También era mi mejor caballo.

Ay, mi caballito de palo,
Cuántas veces fuiste quebrado,
En mi espalda adolorida,
Por haberme mal yo comportado.

Pobrecita de mi madre,
Dios la tenga en el Cielo,
Que para corregirme no batallaba,
El caballito me arrebataba,
Justo en la espalda me lo quebraba…

A veces no era ella, era mi padre,
Pues él mismo siempre me decía:

"Recibe la tunda aunque no te cuadre".
A ver si así me componía...

Al parecer nunca fue que me compuse.
Cientos de caballitos descompuse,
En mi espalda y nalgas los rompían,
Sin embargo, más caballitos conseguía.

Cuando no iba con una, iba con otra tía
O con la vecina que tanto me quería.
Ella misma siempre me lo decía:
"Otro caballo para ser por ti vestido,
Uno más para ser en tu espalda quebrado".

¿Pero cómo podría dejar de montarlo
Si con él recorría todos los caminos,
Si arriba de él a todos los indios mataba,
Si encima de él mi niñez se pasaba?

Qué tiene que la espalda me molieran,
Si las horas que montado me pasaba,
Era el general de mis ejércitos, donde yo,
El mundo entero armaba y desarmaba.

Ya ahora que me encuentro viejo...
A veces, cuando me duele la espalda,
Te recuerdo, mi antiguo y fiel compañero,
Caballito de palo, que ahora tanto extraño.

Hoy te regalo estos versos...
Por todo lo feliz que me hiciste,
En honor de la grata niñez que me diste...
Por el dolor que a mi espalda heredaste...

Cafecito de mis confidencias

Todas juntas en este pequeño albergue,
Comienzan nuestras alegrías a aflorar,
El júbilo parece que no puede esconderse.

Nuestras caras revelan complacencia,
La nostalgia se derrama al conversar,
Ay, cafecito mío, causante de todo mi dulzor.

¡Saca de mi alma todos los resentimientos!
¡Aflora de una vez lo que tengo guardado!
¡Que ha estado escondido por muchos años!

Ay cafecito encantado, recóndito, misterioso,
Dime qué tienes en tu sabor que enamoras,
¿Qué tienes en tu amargura que esclavizas?

¿Por qué al tenerte en mi taza y aspirarte,
Luego de paladearte, me sujetas suavemente,
Esclavizándome, sometiéndome, paralizándome?

Quieres que todo te diga, que todo te cuente,
Quieres que hable y descubra todo mi manuscrito,
No son mis secretos ocultos, no son mis arcanos.

Te contaré lo que tenga qué contarte y decirte,
Son mis alegrías, son mis júbilos y regocijos,
Los que siento cuando con mis amigos estoy.

Esto es como una fiesta que parece empezar,
Una fiesta que sin ti, se traduce en una nada,
Fiesta placentera que da calor y da confianza.

Es por eso, cafecito consentido, que tú me mimas.
Te quiero porque me halagas y me das la felicidad,
Te quiero porque tu sabor me lleva a otro mundo.

Café de ambiente de fiestas

La noche de Navidad nunca se olvida,
Tampoco la continuación al día siguiente.
El ambiente huele a aromas de café,
Que indiscutiblemente llena los pechos,
Entremezclado con los olores de tamales
Recalentados, que invaden los rincones.
Con todo encerrado por el frío de afuera,
Se agudiza el espíritu de esta época.
Mas si por casualidad en otras ocasiones,
Vuelves a sentir este ambiente especial,
Dices sin que te quede ninguna duda,
Huele a días de fiesta y de Navidad,
Huele a días de posadas y colaciones,
A las emociones, de saber que Él vendrá.
El pecho vuelve a doler por esa emoción,
Se siente inflamado e igualmente vacío,
Un hormigueo se vuelve a sentir en la piel,
Por la inquietud de ver al Dios nacido.
Y aunque no lo quieras, por un rato,
Vuelves a cerrar tus ojos y soñar...
¿Acaso me invadirán nuevos sueños
Al recordar en silencio ese Misterio?
¿A dónde irá a parar mi pensamiento?
Por más que pienso y me hago a la idea:
"No es Navidad, es sólo el ambiente..."
De todas formas me entra la nostalgia,
Vuelvo a cerrar los ojos para continuar,
"Quisiera poder alcanzar las estrellas,
Aquéllas, que más brillan en el cielo,
Para adornar a la Virgen con ellas,
Y al niño cubrir con su radiante velo".

El Cielo mis ojos han de contemplar,
En la carita rosada de mi Redentor,
Cuya luz es más brillante que el sol,
Ese sol, que de Él obtiene el resplandor.
Amado Niñito, dime qué quieres que haga,
Dímelo, lo haré, Precioso, sin condición,
Para poder estar siempre a tu lado,
Que a tu lado, todo mal en mí se apaga.
Haz que yo goce con tus promesas,
Haz que me llene de tus alegrías,
Que no me falte tu grata presencia,
Que tus enseñanzas sean mis guías.
Que nunca acabe mi amor por Ti,
Que mi sentimiento no sea vaciedad,
Para no cambiarte en mi credibilidad,
Por un rojo traje, teñido de falsedad.
Quiero caminar durante todo el año,
En la búsqueda de tu Estrella de Paz,
En la búsqueda de tu Noche de Amor,
Y mientras las busco, no dejarte de amar.
Ay Niñito Jesús, mírame con buenos ojos,
Quita la maldad de mi pensamiento,
Lléname de piedad y de misericordia,
Que quiero recibirte con recogimiento.
Sólo quiero tu amor, y tus bendiciones,
Poder por igual a mis semejantes amar.
Me había quedado bien dormido...
Al despertar me dije: "No es Navidad",
Sólo confundí los aromas ambientales,
Pero lo que soñé, quisiera volverlo a soñar,
Siempre, no nada más en esta circunstancia.
Me fui a la mesa de la cocina y tomé café,
Ya estaban en el comal tres tamalitos tostados,
Antes de que alguien viniera, me los comí...

Luego me serví un poquito más de café.
Para rematar, me comí un par de hojarascas.
Mientras el café, no supe a qué horas se acabó.

Cáncer

Intento cerrar con temor mis pestañas,
Por no saber si volveré a separarlas,
Pues estos dolores que me destrozan,
Corroen mi alma y mis entrañas.

El diagnóstico del médico no falló:
"Seis meses más para que todo termine".
¡Ni qué decir…! Ya para qué llorar,
Sólo enfrentar a la cruda realidad…

Me cansé de quejarme y de implorar,
Un remedio que me pudiera curar,
Una cura para mi incesante sufrir;
Intentaba aligerar mi enfermedad…

El tiempo parecía pasar tan lento…
Los martirios pareciera que eran eternos,
¿Cómo pude yo haber llegado a esto?
¿Cómo sucedió, cómo atacó con ferocidad?

¿Cómo escapar de este tormento,
Si es un constante morir, sin morir?
¿Cómo poder salir de esta pesadilla,
Que se personaliza en mi realidad?

Es la espina que ya formó cavidad,
Puesta en mi cuerpo muy anticipada,
Que pues, ni me acaba, ni me asesina
Sólo me acongoja y mi voluntad humilla.

¿Dios, qué es esto que en vida me mata?
¿Qué es lo que me hiere y me lacera,
En este infierno que me atormenta?
Es la actividad de mil demonios sobre mí.

Yo, que siempre tan fuerte y sano vivía,
Yo, que tan orgulloso siempre me sentía,
Ahora, me rindo ante este sufrimiento,
Me doblego, me humillo, ante esta verdad.

No puedo más... Ya no puedo pensar,
No puedo dormir, ni siquiera llorar,
No puedo ni sentado, ni acostado estar,
¿Cuánto más soportaré esta adversidad?

Maldito gen degradante de la naturaleza;
Maldito cáncer; maldito tumor incurable;
Maldito padecimiento humano, indeseable,
Tú, lo santo y lo sano, lo haces vaciedad.

¡Líbrame Señor del puñal que me asesina,
Sácame de esta oscura cámara de torturas,
Déjame gozar unos momentos sin dolor,
Concédeme un instante de tranquilidad!

¡Quítame el cáncer que ahoga mi aliento,
Señor, aligera mi carga, llévate ya mi alma;
No puedo humillarme más, ya besé el suelo,
Concédeme morir, para no sufrir ya tanto...!

Siento mis ojos cerrarse por última vez,
Creo que ya nunca más se volverán a abrir,
Siento que los demonios ya se han ido,
Ya hay paz, al fin termina la tempestad...

Canción

Una canción es un cantar de gesta
Rimado para aceptar música al hablar.
El que sigue es el que yo os vengo a rimar:
Dotado de vastas maneras en lides de amar,
En batallas siempre resultando vencedor,
Mas no se diga en la cama y en el bastidor,
Tan sólo arremete en el juego justo de jugar,
Hasta el linaje se juega con eso del laurel,
Mientras Ella, siempre en el ocaso lo espera,
Hasta que daga se sepulta sin peros poner.
He aquí que Caballero leal y Dama honrada
Por amor se unieron, y para siempre flechados,
Pues en fiera batalla un día Ella le viera,
En aquella agresión funesta y tal embestida,
Toda la noche con la espada en mano lidiando,
Mas al despertar aurora de nuevo día vestida
Ambos dos en el campo de batalla quedaron,
Uno encima del otro bajo el rocío yaciendo.
Despertar extasiados por no sé qué magia,
Sus caras de frente de improviso miraron,
Con el deseo ferviente de un beso postrero.
La magia, el hechizo o no sé qué diablura,
Hizo que al momento de tanta desventura,
Ella le quita armadura y lo abraza con soltura,
Al momento de sentir muy severo su cuadril,
Siente sus largas piernas a las de él entrelazar,
Al tanto que daga se clava bajo su cintura.
Y en mucho menos que el gallo cantara
Una con la estaca hundida hasta el proceder,
El otro bufando como toro bravo al amanecer,
Despeñan tirados, desvanecidos, sin fuerza,

Sus rosadas caras mirando y sus ojos brillando,
Mientras en un beso unidos, su amor jurando...
Desde entonces Caballero y Dama enamorados
Por un sortilegio de no sé qué suertes o hechizos
Sin separarse, uno del otro siempre viven atados.
Que os reconforte como a mí esa afable poesía,
Que mi alma como la vuestra habrán de guardar,
Pues si en combate soy bárbaro y fiero caballero,
Hoy me rindo ante gran dulzor manso y postrero.
Que sin palabras me habéis dejado, mi estimado,
En mis aposentos revestido frente a vuestro lado
Con este son, que es el efecto de vuestra canción;
Con este cafecito que a bien a mí has ofrecido,
Repara mi potencia, para ensayar nueva entonación,
De rebelde caballero, muy gallardo y aprehensor.

Carta a Diosito

"Por las prisas, estas líneas,
No sabía cómo escribírtelas.
Lo único que encontré fue,
Esta pluma y papel arrugado.

"Me desesperaba por decirte,
Lo que en este momento sentía,
Pues su recuerdo me ha matado,
Desde que al Cielo te la llevaste.

"En este trozo de viejo papel,
Y con esta pluma prestada,
Te escribe esta pequeña alma,
Que se muere de pena y de dolor.

"Mi amor parecía tan pequeño,

Como un barquito en un océano,
Formado por todas mis lágrimas,
De todo este dolor sobrehumano.

"Y si por ser mi amigo siempre,
Te pidiera que me contestaras,
Mi corazón se regocijaría, si Tú,
A mi mamita me la regresaras.

"Diosito: aquí te traigo mi carta,
Yo ya regresé la pluma prestada,
Ya más ya no pude escribirte,
Pues mis manos congelándose estaban".

En un rinconcito, al otro día,
Bajo la nieve que aún caía,
A las puertas de una iglesia,
Un pordioserito congelado estaba.

Con sus manitas ensangrentadas,
Con que parece que había intentado,
Las puertas de la iglesia abrir,
Sin haber tenido buen resultado.

Entre sus manitas había un papel,
Que con fuerza parece que protegía,
Era esa carta que no fue entregada,
Porque la iglesia no se pudo abrir.

Castillos en el aire

Nuestros sueños envuelven la conciencia,
Las ilusiones desacomodan la realidad,
Tus deseos y tus necesidades te abruman,
Este entorno ficticio se ajusta a tus sueños,

Creando tú mismo tus mundos de fantasías.
Sin darte cuenta, sin pensarlo, ni percibirlo,
Al momento menos pensado quedas inmerso,
Construyendo un perfecto castillo de naipes,
Que según tus sueños, crees y casi aseveras,
Que no hay nada más bello ni más hermoso;
No hay nada que te pueda hacer más feliz.

Te aferras a tu débil, pero muy tuyo castillo,
Plantándote enfrente para cuidarlo y protegerlo.
Aunque no del todo consciente, pero en el fondo,
Sabes bien que es muy frágil, muy poco sólido,
Cualquier débil viento amenaza con derribarlo.
El problema es que, sin casi tú darte cuenta,
Puedes pasar años deteniendo en el tiempo,
Al acecho, nervioso, preocupado, sin moverte,
Cuidando que tu espejismo no sea derrumbado.
Estás obsesionado con tu gran tesoro soñado,
Pero dentro de ti sabes lo frágil y débil que es.

Sin embargo Dios y la vida son tan sabios,
Bondadosos, compasivos, y en el momento justo,
Te mandan una sacudida con toda su potencia,
Con tal fuerza, que en segundos destruye todo.
Destruye tu frágil castillo, y con ello tu fantasía,
Tirando, dispersando los naipes por todos lados,
Sacudiendo con gran furor tus fibras íntimas,
Así como también tus pensamientos: tu conciencia.
Cuánto dolor y cuánto llanto habrás derramado,
Seguro llorarás su pérdida hasta que te canses,
Pero aprenderás que tus lágrimas te limpiaron.

¿Cuánto tiempo estuviste engañado y obsesionado?
¿Cuánto tiempo tus ojos estuvieron tan cegados,
Que tu visión no llegaba a más que tu interior?
Pero ya sin ataduras, eres libre de ponerte en pie,

Que se ha roto un yugo para seguir avanzando,
Ya verás que entre tus lágrimas nace una sonrisa,
Una chispa de felicidad que todo lo apacigua,
Una carga menos a tus espaldas: nueva coyuntura
Para reforzar tu conciencia y aprender a vivir,
Dentro de tu realidad, para aceptarla y encararla,
Para avanzar con pasos firmes y sin miedo…

Como mi esposa

Un cafecito asienta un buen recuerdo
O quizás lo pueda borrar de la mente,
Depende de la intención del corazón,
Pero los amigos siempre alegran la situación.

¡Ay café…Cómo alegras los corazones!
¡Ay café…Cómo no alabar a quien te creó!
¿Y si el que te creó lo hizo como licor?
Entonces, sírvanme una taza de negro licor.

Caliente y aromático, que me haga delirar,
Para externar todos mis añejos problemas,
Escribir con su negra tinta todas mis penas,
Para que mi pluma las haga poemas.

El café es como la esposa que yo tengo:
Enséñame pues a tomarte una y otra vez,
No me importa cuántas veces te he insultado,
Ni cuántas te he adorado, igual te he amado.

Pero mi vida, tomándote se ha consumido,
Vamos al Café y disolvamos los efectos,
Ajustemos en la plática nuestros defectos,
Gozaremos del momento y sus encantos.

Confesión

Padrecito,
Usted sabe lo tonto e inútil que soy,
Tan poco cauto, no soy capaz de saber
Dónde está de mi nariz la punta,
Cuando apenas sé que la tengo enfrente,
Mas lo elemental que tengo en la mente
No lo puedo sacar, así soy yo de lento,
Pero de una cosa siempre estoy seguro:
Perdí la felicidad que había encontrado,
Ya más no la puedo volver a encontrar.
Pero al saber lo que yo me supongo,
De lo que está pasando en este mundo,
Que todos buscan como yo, lo mismo,
Además por las cuestiones del destino,
Será por las buenas o será por las malas,
Que seguro alguien de los que la buscan,
Me la está ganando, así como también,
Me ganaron la inteligencia que a su tiempo
Diosito entre todas sus gentes repartiera.
Eso sí, un cuerpo burdo y pesado me diera,
Además un poco torpe, y es por eso,
Que llegué ya muy tarde en la repartida.
De inteligencia, razón, maceta y seso,
Muy poquito me tocó, apenas una lambida,
Por eso pienso que el secreto de la vida,
Que es buscar alegría, felicidad o el júbilo,
Creo que hay alguien que ya se me adelantó.
Como siempre, seguro que sin nada me dejó,
Porque durante mucho tiempo ya he buscado,
En ningún lado nada haya yo encontrado.
Pero pos no le aunque, me puedo conformar

Con lo que los otros no lograron agarrar...
Sé que hay algo más todavía en este pajar.

¿Hijo, y qué has hecho para encontrarla?

Pos Padrecito he hecho lo que he podido...
Pues como de cabeza estoy un poco reducido,
Intento buscar la respuesta en los libros
Para tratar de descubrir todas esas cosas
Que por estar tan hueco no tengo adentro.
Sólo me encuentro con que nada encuentro,
Sólo dicen que en la cabeza, y muy adentro
Es donde está esto que yo ando buscando,
¿Pero cómo hacerle para abrirse uno la testa
Pa'sacar eso que me están recomendando,
Si batallar con las batallas de la vida diaria,
Del vivir a diario, ya es bastante batalla?

No, m'hijo, se refiere al pensamiento...
Lo asociado con lo que no se ve ni se toca.

Pero, si el pensamiento no se me enfoca,
Estoy arruinado, ni siquiera he intentado,
Porque tal parece que no tengo mente.
Todos me dicen que soy un macetón,
Bien burro, y un sonso y buen machetón
Porque las cosas las hago sin pensar...
Pero le juro Padrecito, que las más cosas
Sólo las hago porque sé que las hago,
Pos cuando las hago, nomás las hago, y ya,
Aunque salgo con dedos a medio machacar
Cuando una herramienta me pongo usar,
O si decido las cebollas o las papas cortar,
Pedazos de dedos al cortar me he de llevar.
Cuando he de cocinar, me he de quemar,
Cuando me toca bañar, me muero de frío,

Luego me resfrío, y cuando en algún río
Voy a nadar, pa'luego me ando ahogando,
No nado porque quiera decidido bañarme,
Sino porque se haya de cruzar p'al otro lado.
¿Será porque no me pongo a pensar
En la mejor manera de trabajar y obrar?
Ha de ser verdad lo que de mí dice la gente,
De que a pesar de ser de tan ausente mente,
En otras cosas tengo muy buena suerte.

Consejos de guerra

En toda lucha uno queda maltrecho,
Mas, si Mi Señor tan dulce y generoso,
Me tranquiliza y duerme en su regazo,
Además con su dulce brazo me abraza,
Me cuida, me mima y me da calor,
Qué importa que las penas duelan,
Qué importa si el corazón se parte,
Qué si me mata o me remata,
Que me regañe y me maltrate...

Si querencia tan sutil así me ama,
Como una oveja de su manada,
Pues qué importa si dentro de mí,
La bestia que me acosa, brama...

Pues repito que si así me ama,
Yo así me he de dejar querer...

Si el querer es como lo que me hace,
De abrazarme, comprenderme,
Aconsejarme y dirigirme,
Pues así quiero ser, y así ha de ser,

En tanto que regalo semejante,
No he conocido de ningún ente,
Como del que aquí está presente...

Que así será mientras ustedes quieran,
Que los tomo y domo por su voluntad,
Que así el juego es como se enmienda,
Entre las almas que a Dios demandan,
Que se dejan llevar hasta el atrio,
Más alto de su íntimo altar,
Donde se guarda el tesoro más preciado:

Que es el bendito sentimiento de amar...

Sea pues así mi propuesta,
Que si se trata de esta afrenta,
Dejen en mis manos su voluntad,
Para llevarla por caminos inusitados,
Donde los conflictos y los estorbos,
Serán la comida necesaria del día a día...

Que siempre así es y será esta filosofía...

Les repaso la imaginación y su expresión,
También de la magia de la oración,
Plasmadas para su deleite continuado.

Elijan el arma que al despuntar el alba,
Con su primer rayo acariciando la tez,
En el trasluz empapado de rocío,
Te espera Dios con todo este deseo,
Con arma lista para clavarle al alma
Para llegar hasta el más profundo rincón,
Lugar de la sacrosanta devoción,
A fin de dar justo placer justiciero...

Ahora, al final, con esto les digo,
Como sólo una guía en este asunto

He de reivindicar mi paternidad,
Pues a ustedes he de poder aconsejar
En este juego de todos los placeres,
De las almas en el complicado rodeo
De encontrar a Dios en todo este jaleo.

Pero díganme, si no me equivoco:
¿Si no es más cierto que la pura verdad,
Que donde se trabaja bien la lanza,
Aunque sea por ser ordenanza
Alguna vez se pierde la templanza...?

He aquí que la solución buscada
Se obtiene donde menos es esperada:
Arma desenvainada habrán de mantener,
Cual mástil en tiempos de tempestad,
Con la que se ha de afrontar,
Primeramente todo deseo carnal...

Al igual que se haya de combatir
Contra toda marea y viento turbulento
Que acosa los más fuertes cimientos
De toda moral y todo acogimiento...

Al enérgico huracán que arranca,
Que hace añicos sombras escurridizas
De almas de pretendientes anónimos,
Que en lo más bello del silencio,
A oscuras se agachan a recoger trozos,
Con gesto señoril y mirando al oeste,
Mientras aquél a su antojo despedaza.

Desenvainar, que con devoción han de dar
Tanto cuanto deseen y aguanten,
Que no es norma escrita ni manifiesta,
Pero las mejores cosas de la vida,
Que si bien medidas y bien servidas,
Siempre serán las mejores comidas...

Quedo pues como vuestro valedor
Que en esta orilla me mantengo,
Ved que en pos de una mejor ocasión,
Siempre habrá una mejor solución.

Ya sabrán que "per secula seculorum",
Que lo que hagan por ustedes "ab initio",
Para ustedes será "ad aeterno".
Mas no lo hagan como obligación,
Háganlo como juego y diversión,
Que cuando es obligación o dedicación
Más trabajo cuesta la realización.

Entonces, cuando hayan realizado,
Todo esto que les digo, seguro volverán,
Y con buenos resultados me dirán,
Lo que salió de esta conversación.

Pero si de casualidad lo que buscan
Es un cierto tipo de felicidad...

Es muy seguro que en este afán,
La felicidad completa han de encontrar...

Coplas del abuelo Altamirano

Año de 1800,
42 que pasaba,
José Ignacio y Don Gilberto,
Iban a un baile de gala...

Eran amigos desde antes,
La gente los respetaba,
Como hermanos juntos andaban,
En las buenas y en las malas.

Ya Don Gilberto en el baile,
Fue a sacar una muchacha,
El creía que era del pueblo,
Que la verdad, le cuadraba...

El marido de la Dama,
Pronto sintiose ofendido,
Y pa'aliviar su vergüenza,
A Don Gilberto golpeaba...

Yo te defiendo Compadre...
Le dijo Don José Ignacio,
Pero todos los Arreola,
Comenzaron el quebranto...

Fueron corridos del baile,
Los Arreola muy ofendidos,
Les juraron su venganza
Porque estaban muy heridos.

En una esquina de barrio,
A José Ignacio pescaron,
Le dieron tres cuchilladas,
Creyeron que lo mataron.

José Ignacio muy mal herido,
No bien curado quedó,
Y a sus manos arrisqueadas
No les dieron solución...

A pesar de sus dolencias,
Sanjuanita así lo aceptó...
Se casaron muy pronto,
En los patios del patrón...

Año del 69,
Después del mil ochocientos,
Fue cuando fue la tragedia,
De aquel buen hombre cabal.

Tenía una mula rejega,
Que se salió de un corral,
José Ignacio al mirarla,
Pronto la quiso atrapar...

Nunca lo juera intentado,
Porque la mula era fuerte;
Él con sus manos tan malas,
Pronto vería la muerte...

El mecate de la bestia,
Que en su brazo él amarrara,
Pa'detener a la mula,
Era lo que lo desangraba...

Ya no pudieron salvarlo,
Ni en hospitales ni en nada...
Así fue la rauda despedida
Del abuelo José Ignacio.

Pobre de Don José Ignacio,
Nunca pensó que su vida,
Acabaría tan pronto,
Por culpa de una bailada...

Entre tanto los agresores,
Siguen buscando venganza,
Pues no quedaron contentos,
Andan buscando matanza...

Mientras tanto Sanjuanita,
Todo lo había olvidado...
Sólo quería salvarlo,
Para tenerlo a su lado...

Ya con esta me despido,
Ya me voy desconsolado,
Al acabar con las coplas

Del abuelo Altamirano.

Coplas de los revolucionarios

Dicen que ya andan diciendo
Que los pelones se acercan,
Vayan guardándolo todo
Porque los tales todo se llevan...

Una mañana de octubre,
Presente lo tengo yo...
Tres regimientos llegaron,
Y pronto la paz se acabó...

Con un clarín por las calles,
Daban el toque de queda,
Pero pos ni gentes ni coches
Todo vacío en las noches...

A las muchachas del pueblo,
Sin remedio las usaban,
Para que hicieran los tacos,
Pa'los hambrientos soldados...

Las cosas se complicaban,
Cuando la gente valiente,
Con su pistola en las manos,
Mataban unos soldados...

Los federales inquietos,
A todos les preguntaban,
Quién mataría a estos hombres
Pa'darles fusilamiento...

Nadie echaba las culpas,
Aunque todos ya lo sabían,

Que los soldados no eran,
En el pueblo bienvenidos...

La hora tenía que llegarse,
Cuando por fin se marcharan,
Pero llevaban a cuestas,
Todo lo que ellos pescaron...

Varias muchachas se iban,
Madres lloraban su ausencia,
A los muchachos se llevaban,
Pa'que en las guerras pelearan...

El pueblo triste quedaba,
Con todo ese desquebranto,
Pero pasados los días,
Pronto volvía el encanto...

Las noches se embellecían,
Con estrellas y con luna,
Que la gente aprovechaba,
Viviendo despreocupada...

Del merendero a la casa,
De la casa a la Placita,
Uno que otro en las cantinas,
Otros más haciendo una cita.

Esta es la última estrofa,
De lo que vengo cantando,
Pero que quede bien claro,
Que todo así se fue dando...

Coplas de una Tragedia

Aquí van las coplas siguientes,
Quiero contarlo y no quiero,
Porque la piel se me arrisca,
Se me destiemplan los dientes…

Tres bodas se celebraban,
En el corral de la Casa,
Donde todita las gentes,
De todas partes llegaban…

Don Marquitos y Justina,
Se declaraban amores,
También María Altamirano,
Con Nicolás el de Lalo…

La otra pareja famosa,
Eran Faustino y Amelia,
Que desde que eran chamacos,
Por ai bien andaba la cosa…

Altamiranos y Arreolas,
Todos habían venido,
Sin pensar que el destino,
La trampa ya había tendido…

El hijo de Manuelito,
José Ignacio se llamaba,
Como el papá de su padre,
Que murió a causa de un baile…

Doña Florinda era Arreola,
Y también su hija Susana,
Que desde meses pasados,
A José Ignacio ella amaba…

Sus hermanos la celaban,

Como si fuera un objeto,
Nunca jamás le permitían,
Que un hombre la cortejara…

Pronto el destino sinuoso
En esta fiesta dispuso
Empujar a José Ignacio,
Hacia un amor presuroso…

Él ya no pudo zafarse,
De la miel que ella brindaba,
Ambos lo sellaron con besos,
Donde nadie los miraba…

Bailaban como dos novios,
Cuando un hermano encelado,
Aparta a Susy del joven,
Con odio desenfrenado…

Un primo de José Ignacio,
Federico era su nombre,
Fue y se metió en su defensa,
Porque lo estaban ahorcando…

Con el puñal que llevaba,
Pronto dio muerte a Ramiro,
Mientras que Julio a un lado,
Viera lo que había pasado…

Federico estaba muy quieto,
Entumecido del miedo,
Julio se saca una daga,
Que a Federico le clava…

Sus ojos rojos de espanto,
Con su pensamiento turbado.
Pronto se hace a la huida,
Pues no había otra salida…

José Ignacio embrutecido,
Ya con la cara endiablada,
Saca la daga que el primo,
Tenía en el pecho clavada...

Tras las pisadas de Julio,
Enrabiado lo alcanzaba,
Con la daga que éste llevaba,
En el cuello se le ensartaba:...

Uno, dos y tres, los muertitos,
Ya los llevan al panteón,
De dos familias distintas,
Que nunca se dieron perdón...

Los que causaron la ofensa,
De tanta trama y venganza,
Fueron los niños más chicos,
De las familias peleadas...

José Ignacio y Susanita,
Que en el amor se inspiraban,
Quedaron como herederos,
De las tragedias pasadas...

Ya me voy, ya me despido,
Ya me entró la de llorar,
Por lo que dicen las coplas,
Ya no me quiero ni acordar.

Ay Padrecito de mi alma,
Tú que te encuentras Arriba,
Dales la paz a estos hombres,
Que ya se fueron de'esta vida.

Corazón de roca

Creo que ya todo pasó,
¿Y ya pasaría en verdad?
Al menos eso pienso…

Siento penas en el alma,
Todo fue tan repentino,
Ni siquiera sé cómo pasó.

Creí que los frutos serían
Tan suculentos y cuantiosos,
Pero me di cuenta que no.

No coseché lo que esperaba.
En realidad, ni eran para mí.
Ay, pobrecita de mi alma…

Mira cuántos sufrimientos.
¿Por qué todo fue como fue?
Todos me lo reclamaban…

Cada quién exigiéndome,
Lo que nunca les pude dar,
Sólo lo que cada uno merecía.

Para todos hubo cabida…
No, nunca lo podría negar,
No podría mostrar mi espaldar.

Pero ahora estoy abrumado,
Me siento agobiado y cansado,
¡Juro que ya no puedo más…!

Son demasiados todos ustedes,
Por piedad déjenme en paz,
Quiero estar sin su necedad.

Quiero acostarme y descansar,
Sobre mi propio lomo,
Para cerrar los ojos y soñar…

Mi cara frente a las estrellas,
Que me miran desde arriba,
Me cobijan con su manto celestial.

Con los ojos cerrados poder ver
Aquel infinito desde donde
Mis amigas estrellas cuelgan.

Quiero viajar al Más Allá,
A donde no llegue un suspiro
Ni quejas, ni todos esos llantos.

Ya estoy cansado de verlos,
De ver cómo ustedes se tratan,
De ver cómo se desarrollan…

De su maldad, odio y rencor,
De sus envidias y maldiciones
De sus propias desgracias…

De ver que actúan igual,
Mas cínicamente piden los frutos
De la semilla que no sembraron.

Estoy cansado de insistirles,
De cómo deben hacer las cosas,
Pero nadie se digna a hacer caso.

Todos esperan hasta el final,
Cuando ya tienen que irse,
Me piden que les suministre.

Que les dé lo mejor que tengo,
Justo lo que no es de ustedes…
Lo que nunca sembraron…

¡Ya he sufrido mucho…!

Porque así siempre serán todos,
Nunca podrán cambiar.

Sólo sus maneras de vestir,
O sus maneras de divertirse,
Quizás su manera de amar.

Pero sus intrincadas acciones
Y sus verdaderas intenciones,
Quizás nunca vayan a cambiar.

Desde que intenté adornarlos
Con lo mejor que yo podía darles,
Pero poco a poco me inquieté…

A pesar de todos mis esfuerzos,
Las cosas seguirían iguales,
De generaciones a generaciones.

¡Quisiera ser libre…!

Casi no puedo respirar,
Pero después de mucho deliberar,
Ahora lo comprendo todo…

Todos sus gritos lastimeros
Que en mi seno se escuchaban
Se transformaron en un solo grito.

Era el palpitar de una queja,
El recordatorio de lo que es mío,
De un palpitar que me enloquece.

Por tanto tiempo de escucharlo,
Ya estoy cansado de escucharlo,
Pero irremediable aún lo escucho.

Yo aquí vivo donde siempre,
Yaciente, de frente a los cielos,
Procurando escuchar el silencio.

Pero aún escucho ese latido,
Ya no hay nada a mi alrededor,
Sólo la oscuridad de las tinieblas.

Intento ver al más allá,
Me sigo perdiendo en la nada,
Aún allá, sigo escuchando el latido.

¿Qué es pues ese grito,
Que sigo escuchando aún,
Estando más allá del Más Allá…?

Luego me di cuenta que fui un tonto.
No había entendido el hecho que
Cada persona que por mí pasaba,

Dejaban su germen en mi seno,
Poco a poco fueron dándole forma,
Al corazón que creció en mi interior.

Se engendró lo que nunca imaginé,
Aquí en lo más profundo de mi ser
Engendraron mi propio corazón.

Esos gritos lastimeros de mis hijos,
Que nunca se terminaron de gritar,
Le dieron forma a este palpitar.

Un palpitar diferente a mi palpitar,
Se dio la diferencia de corazones
Entre el de ustedes y el mío.

De allí que nunca les importé,
Me dieron la forma que quisieron
Me envolvieron en sus sentimientos.

Me obligaron a desvelarme por ustedes,
Me acostumbraron a que los amara,
A que me preocupara por ustedes…

Al final todos me daban la espalda.

Ustedes aprendieron a medir
El tiempo que se les había prestado.

Porque se pasarían con él…
Y a mí me dejarían solo.
Así fue como formé mi corazón.

Al cabo de un tiempo
Me enseñé yo mismo a escucharlo,
En lo más profundo de la nada…

A través de mí, sucedía todo,
A través de mí, pasaban todos
A través de mí, el tiempo pasaba.

Yo los poseía a ustedes,
Mas el tiempo me poseía a mí…
Sin mí ustedes no hubieran pasado.

Él me pedía el paso, yo se lo daba,
Él me pedía la mano, yo se la daba,
Me llevaba a otros lugares y me traía.

Desde el inicio así fue que jugamos
Ese juego que era interminable…
Allí surgió una amistad arraigada.

Convertida luego en cierto amorío,
Que nos envolvió en un idilio sin final…
Y ustedes, en medio de nosotros.

Yo soy la hija del Tiempo,
Soy la Tierra un día creada,
La que puede ver en ustedes…

Cada una de sus pisadas…

Cuéntame acerca del dragón

Si les preguntara qué era un dragón,
La primera respuesta que me darían
Coincidiría con lo que todos dijeran.

Dirían que era un animal gigantesco,
Con cabeza de serpiente y alas tan grandes
Que sostenía su gran cuerpo y podía volar.

Por el hocico aventaba fuego ardiente,
Para quemar lo que pudiera encontrar,
Mas él mismo no se podía quemar.

Tenía un cuerpo cubierto de escamas,
Tan gruesas que aguantaban la lava,
Así como su fuego y el fuego de los demás.

Dragones había de una cabeza,
Los había de dos, de tres y hasta de siete.
Para matarlos las siete habrías de cortar.

Lo más seguro es que tú o el que más,
Se atreva a pensar que esos animales,
Existieron en la historia de verdad...

Que eran blanco perfecto para caballeros
Bien versados en las lides del guerrear,
Como blanco perfecto para combatir...

Después de muchos intentos de pelear,
Sin ellos sucumbir, los pudieran matar,
Y para siempre a su pueblo liberar.

Mas la respuesta a la pregunta que hice,
Es que los dragones nunca existieron,
Nunca formaron parte de la realidad.

Los dragones eran un simple concepto,

Leyenda o símbolo religioso circunstancial,
Que representaba al enemigo individual...

A un poderoso enemigo de verdad,
El más fuerte, el más ferviente y vehemente,
El enemigo más difícil de vencer...

El demonio más poderoso de los infiernos,
Aquél que hablaba con su portentoso aliento
A los oídos de un caballero en silencio...

Sin que nadie se enterara, para convencerle
Le sugería cometer pecados latentes,
Cual era la forma de hacerlo pronto caer...

Siendo invisible, por no ser realidad,
Contra él, fuertemente se habría de luchar,
En violenta lucha, el ímpetu redoblar.

A veces no sólo contra uno habría de luchar,
Dependiendo de las cabezas que aquél tuviera,
Mismas contra las que se habría de pelear.

Esas cabezas representaban en sí mismo,
Todas las voces sugerentes de su interior,
Pecados que a las almas tenían cautivas.

Un caballero debía vencerse a sí mismo,
Al principio de todo recorrido espiritual,
Ser tan fuerte para poder llegar al final.

Las siete cabezas se habrían de someter,
Que representaban al poderoso demonio
Con todas sus legiones del infierno...

Los demonios doblegaban a un caballero
Al más devoto y ferviente, al más adelantado
En esa vida de santidad, al más dedicado.

Entre más puro fuera, más santo y más fiel,

Mayores las catervas infernales serían,
En tamaño y cuantía para atacarlo...

Al igual que a los frailes y los monjes,
Que contra sus pecados a diario luchaban,
Si en cada una de estas batallas vencían,

En su vida santa más adelantaban,
De manera que a cada batalla ganada,
Nueva prueba para luchar se les enviaba.

Cada vez más difícil que la anterior,
Nuevo dragón a la medida de su capacidad,
Para hacerlo caer si no lo lograba vencer.

La victoria del avance los encaminaba,
Hacia los eternos caminos de la Piedad
Hacia el túnel para encontrar la Luz...

La victoria merece las Gracias Divinas,
Que en realidad ya se tienen en el corazón,
Pero a ciencia cierta no las saben usar.

Justamente por motivos de los dragones
Que afectan siempre el alma humana,
Cegándola bajo los efectos de sus pecados...

Habrán de ver que la analogía del dragón
Ante beatos, monjes, caballeros y santos
Representa luchar contra sus propias faltas.

Era el enfrentamiento de sí mismos,
Combatir contra sus propias aficiones,
Contra sus defectos y sus desviados gustos...

Combatir contra sus propias inclinaciones,
Y en una palabra, lograr la gran victoria,
De poder lograr vencerse a sí mismos...

Despojarse desde sus profundidades,
De los grandes obstáculos que impiden

Obtener la Gracia de Dios que buscan...

Obtener de ellas también las bendiciones,
Que necesitaban para ser victoriosos,
En los servicios que ofrecían a sus reyes...

Así el caballero se edificaba para luchar,
Así el diablo se entrenaba para atacar,
Incubándose en las mentes como un dragón.

Aquel mítico animal cuyo aliento ardiente,
Siempre fue del pecado el representante,
Con que todo paladín debió haber lidiado.

Curación

Vive Dios que en estrellado cielo
Habrá de abatirse noche tan oscura,
Que sólo tras turbulentas tribulaciones
Se abra el corazón a la fuerza pura,
Mas, con algo de buena Alquimia,
Renazca un fulgor de luz prometedora.

Tras largos experimentos e intentos
Resultan buenos y malos ungüentos,
Mas no resuelven al medicamento,
Mientras vos, revestido de armadura,
Aparecéis aletargado en otros lares,
Dios salve vuestra decidida gracia,
Que engalane vuestra buena ventura.

Conceded salud a doncellas y rapaces,
Que es justo dar a celebrar por igual,
Si el medio de celebrar tiene encuentro,
Con vinos y viandas de alta mesa,

Y con pasiones de bajo rango y registro.

Pero por bajas que sean los pasiones,
Serán las dueñas de este corazón,
¿Mas qué villano presta atención,
A mención de hechos tan poco ciertos?

No tenéis ni razón, ni mi perdón,
Que aquí la que congojas ha sufrido,
De vuestro abandono se ha servido,
Más no me importa tal desazón,
Pues la última que de vos recuerdo,
Acabó en una inminente traición.

Mas daos hoy por mí perdonado,
Regresad pues, por ahora presto,
Que presto habréis de ser curado,
De ése, vuestro adolorido corazón,
Y de ésa, vuestra alma marchitada.

En rojo profundo servidos ya están,
El oro en su lugar y la plata derretida,
El ojo tapado tras tristes párpados,
Conen la misma frente,
Bello causante de estridente estremecer,
Calmante candente, en cuerpo y ser...

Como bien dicen que es menester,
Por causa necesaria y absoluta,
Señalar con batuta el justo punto,
En vuestro cuerpo del dolor exacto,
Para que desde oriente o poniente,
Certera y ardiente curación se acierte...

Que Dios a Caballero dosifique suerte,
Que noches sin afecto no haya de darle,
Que a mí ya me dosificará en otra parte,
Ahora lo que pretendo es sólo curarle.

Dandy

Con la lista ya lista y en la bolsa puesta,
En el ojal del saco una flor de jazmín,
Sus zapatos de charol brillantes amarró,
Las manos de colonia y alcohol se mojó,
Se perfumó todo bien hasta la rabadilla,
Porque un Dandy debe de ir preparado
Ya que nunca sabe lo que va a pasar,
Ni a lo que una dama se pueda atrever.
Ya por último entrelazó de listón rojo
En el cuello de la camisa, la corbatilla,
A decir verdad, a como la cosa se divisa,
No era realidad ver el panzón desaseado
Salir aquel día de domingo de su cantón,
Sino lo que parecía era todo un mango,
Engalanado cual florecilla en el fango.
¡Vaya que era elegante su figura…!
Pos bien vestido y forrado en galanura
A cualquiera hubiera cuadrado su finura,
Sin voltear a verle lo bruto y atontado,
Lo demás pudiera pasar por barón rico,
Atento, galante y muy bien letrado.
Con su bordón elegante en su mano,
Con sombrero de bombín iba en camino
Por la placita, adrede al lado del jardín,
De donde cortaba una rosa y luego otra,
Otra, y otras más sin haber sido visto.
A las jovencitas que sentadas estaban,
A cada una sin excepción les regalaba,
Dejándolas extasiadas y confundidas,
O más bien dicho, las dejaba "idas",
Al efecto que semejante galán causaba

Que tan sólo al verlas las enamoraba.
Y a todas ellas lo que más les gustaba
Era observar las notables asentaderas,
Que más bien que petacas o posaderas,
Parecieran firmes enancas verdaderas,
Semejantes a las de caballo percherón,
Donde fácilmente pudieran ir sentadas
Unas dos o tres jovencitas en aventón.
Le hacían juego a su panza de garañón,
Que en conjunto con su altura, no parecía
Que perdiera finura su desfigurada figura,
Al inverso, daban cierto aire de galanura.
Si no creen lo que leen los que aquí leen,
Pos entonces pregúntenles a las comadres
Que lo acababan de ver cuando pasaba
Y que las flores de sus manos recibieron,
Que al verlo tan cerca se desvanecieron
Porque no muy bien comprendieron
Si lo que las hubo puesto de esa manera
Fue lo que vieron o quizá lo que olieron,
Porque lo que olieron era pura colonia
O mezcla de la colonia con sus hedores,
Puesto que como hechizadas quedaron.
Me doy a pensar que fueron sus hedores
Los tufos que a las muchachas tumbaron,
A decir verdad, colonia barata de Almizcle,
O de Pachulí con Siete Machos y alcohol,
En un ratito ya no queda nada de olor,
Sólo queda el tufo, que con el tiempo
Ya no se quitaba ni con las bañadas,
Pues sólo se bañaba cuando le apuraba,
O cuando no más remedio le quedaba.
Así que era muy seguro que lo que
A las muchachas desmayaba, no eran

Los aromas de las colonias que usaba,
Ni la emoción de las flores que regalaba,
Sino el hedor que portaba que las mareaba.
Las mujeres caminaban alrededor de la plaza
De los brazos agarradas, vueltas y vueltas,
Simplemente por pasear, pues era la hora
De sacar a relucir las galas de su ajuar,
Sin embargo el vueltas dar y el caminar,
Ni siquiera las mareaba ni las cansaba.
Él en una esquina se ponía y las veía,
Un ojito les guiñaba pero nada les decía.
Alzando su bombín su aceptación les daba,
Así con esto saludos y más saludos enviaba,
Esperando que a la vuelta, o a la siguiente,
La joven contestara, o que coqueta sonriera
Al pasar frente a él, y su pañuelo aventara.
Sin hacer cuentas, pos pa'esto no era bueno,
De repente tenía tantas y más contestaciones
Como pañuelos tirados al suelo se juntaban.
Se le juntaban porque ellas se los aventaban,
Él no los recogía, pues la otra ya se acercaba,
Temía que lo fuera a ver y luego se enojara,
No fuera a pensar ser plato de segunda mesa,
Entonces para no desmotivarlas, los movía
Con el pie para atrasito de la enramada.
En menos rato de que madurara un pedo,
Ya tenía una buena cantidad de pañuelos
Guardados a causa de todo este embrollo.
De repente y sin que lo viera la gente,
Todos los pañuelos en bulto levantaba,
Sin saber cuál era cuál o de quién,
Sólo digo que en la bolsa los guardaba,
Luego al irlos sacando de uno a uno veía,
Todos distintos de cada color en tanto,

Los volteaba de un lado hacia al otro
Para encontrar la señal que buscaba.
La señal era una inicial que bordaba
En la esquinita cada dueña de pañuelo,
Que seguramente pertenecía al nombre
De la corresponsal, por medio de lo cual,
Dandy, el pañuelo a su dueña entregaría,
Pero al mismo tiempo les coquetearía
Para ver si acaso se podría mh, mh, mh...
Ya saben qué, pero, esto ya se vería.
Como el nombre de las candidatas no sabía,
En un momento de osadía, o de rebeldía,
Decidió sacarlos todos al mismo tiempo.
Cuál sorpresa no se llevaría que todos
Los pañuelos en seguidita de su remache,
Cada uno tenía bordada una hache.
La confusión muy rápido lo invadió,
Pues por razonamientos nada resolvió,
¿Cómo podría ser que esto se diera,
Cuyos nombres comenzaran con hache
Y de verdad que él a ninguna conociera?
¿Sería que su nombre fuera Hermelinda,
Hortencia, Herlinda, Higinia, Herminia?
Hasta a las Irmas las creía como Hirmas,
A las Idalias también con hache, Hidalias.
Total, cuenta no se daba que a propósito
La hache había sido bordada, con el afán
De que cuenta se diera que la muchacha
En él pensaba, y la inicial de su nombre
Había tiernamente estampado en el ojal
De su pañuelo y en seguida del remache,
Y que a sabiendas de tal acto pasional,
Su amor de antemano había entregado.
Por lo tanto, todas y cada una de ellas

Tan listas, a Hilario lo tenían en sus listas,
Y lo que querían al entregarle el pañuelo,
Era que él de esto, estuviera enterado.
Pero como el tonto cuenta no se daba,
Ni siquiera se lo figuraba, a cada una,
De una en una, con pena se le acercaba,
Para pedirle disculpas por la confusión,
Que al escoger, de entre tantos pañuelos,
Darle pues, el que a ella le perteneciera.
Bruto, tonto y cabezón, lo único que hizo
Fue que el grupo de damas cuenta se diera,
De que ni una era la primera, ni la única
Que el pañuelo le aventara, y además,
Que ella no era la única que hache ponía
Por lo que de una en una, y cada una,
Una bien merecida cachetada le daba…
Él ni siquiera reaccionaba, de por qué
Cada una de ellas, la cachetada le zumbaba.
Sumando las cuentas de las cachetadas,
Digo, si las hubiera contado en esta condena,
Podrían haber sido hasta una veintena.

Debate del juego corporal

Ya aparece el crepúsculo y no llegas.
Te quiero, y con ansias te espero.
El lecho está tibio y la casa caliente,
Hay flores que la adornan y aromas
Se destilan perfumando este hogar.
Ya te ansío para besarte y abrazarte.

Whisky para ser bebido por tus labios

Y los míos, mientras yo te desvisto,
Despacio, una toalla humectada te lava,
Esencias de frutas y aceites te perfuman
Mientras te seduzco con una canción,
Y te cubro con un diáfano camisón.

El lecho es amplio y confortable,
Pulcros linos y suaves sedas lo abrigan
En la espera para cubrir tu piel,
La que cansada y acongojada accede
A ser recostada sobre almohadones
Bordados a mano con turcas finuras...

Tus delicadas manitas trabajadoras,
Mismas que yo beso una y otra vez,
Mientras te recuesto boca abajo,
Fomentando así un masaje delicado,
Que en tu espalda mis manos forjarán,
Comenzando desde tu blanca cintura.

Eres para mí el motivo de delicias,
De tal manera me deleita, que cambio
Los ásperos y duros dedos de mis manos
Por la suave piel de mis húmedos labios
Que llegan hasta tu nuca, donde besan
Y mordisquean suavemente tus orejas.

Murmullos dicen lo mucho que te quiero,
Tu suave pelo de seda, color marrón,
Busca enredarse en mi lengua vagabunda,
La que adrede, más y más se enreda,
Para juguetear a estirones con tu melena,
Mordisqueando a la vez tu desnudo cuello,

Que mi cara aprovecha para acariciar,
Para sentir la suavidad de tu tez femenina,
Mientras que mi cuerpo, desnudo también,
Yace sobre el tuyo conjugándose entre sí.

Murmullos hablan lo mucho que te deseo,
Tu respuesta al susurro resulta placentera.

Agredes tornar tu cuerpo frente al mío,
Tus ojos fijamente mirando mis destellos,
Tu pecho encima del mío ha quedado,
Tu cintura en la mía ha descansado,
Tu vientre erizando cada uno de mis vellos,
Mas mi decoro a punto de ser detonado.

Pido un poco de clemencia a tu doncellez,
Para llenar tu cuerpo con la parte de mi ser
Que en el exterior de la gruta de Venus,
Se excita y desespera por pedir admisión.
Mas ya con la dignidad de tu aprobación,
Armada de coraje, se abre camino al andar.

Ya sabe a dónde va, pero lenta escudriña,
Besa con sus pequeños labios remojados
Cada rinconcito que se le va presentando.
Quiere aspirar lo que dentro se respira,
Saborear las delicias del líquido femenino
Para calentarse con su entusiasmo interino.

Quiere transmitirle a todo el cuerpo
El orgullo que siente de estar donde está,
Cuya sensación de la gentileza del lugar,
Trastorna mi cuerpo, y todo lo demás,
Enloqueciendo mis dominios de razón
De manera que mi cabeza ya no cavila.

La otra cabeza se encuentra encuevada
En las delicias de mujeriles cavidades,
Mi cerebro ya no piensa, sólo reacciona,
Gime del placer que causan sensaciones,
Roces y estremecimientos escondidos,
Tras las pieles ocultas de la inocencia.

84

Mi amada sin atinar a la circunstancia,
Mugiendo reprimida, muerde mis labios
Con libertino beso acallador de lamentos,
Yo más me descompongo en mi proceder,
Bestialmente mi pelvis ha cobrado vida,
Empujando brutalmente hacia la pureza.

La demencia quiere estallar más adentro,
El violento impulso, impacta profundo,
Ya no se puede interiorizar más hondo,
Enloquezco al pensar que ya me hundo,
En aquel frenesí que desune mi pensar,
Volcán que resume mi mente y mi razón.

Tiemblan al unísono mi pecho y mi alma,
Que endurecen a todos mis segmentos,
Cuya corriente eléctrica hace paralizar,
A mis venas, mis nervios y mis sentidos,
Para que no tengan ninguna razón de ser,
Sólo mi piel palpita al latir del corazón.

Mi simiente extasiada e incontrolable
De una vez abandona su íntimo santuario
Expulsada al ritmo de una mítica canción.
Ella grita, bufa y se enloquece de pasión,
Desesperada me aprisiona con sus piernas
Promoviendo aún más mi excitación.

Embestidas violentas como en un ruedo,
Provocan gritos y gemidos embravecidos,
Fuerzas de dos voluntades encontradas
Arrancándose cabellos con sus manos,
Piezas de labios y lenguas con sus dientes,
Enterrándose sus uñas en sus pieles.

¿Quién entonces será el bruto arrogante,
Yo, porque la quiero seguir destrozando,
O ella que despedazada ya por dentro,

Quiere a mí despedazarme por fuera,
Rasgando, rasguñando, mordiendo,
Sin dejar un segundo de seguir amando?

Eso podríamos comprobarlo más tarde,
Puesto que lo que de esta forma empieza,
Parece que no tan fácil aquí termina...
Siempre hay una revancha que avecina
Una última tregua, y en ésta, ya veremos
Quién habrá de salir triunfante en la partida.

Si son pacientes y me lo permiten,
Estaré al tanto para escribir y narrar,
Con lujo de detalles y minuciosidades,
Quién rindió y quién no, en esta contienda
Leal y unilateral de un par, que desembocará
En el próximo debate del juego corporal.

Defunción

Mi alma abandonada está triste
Mira que no hace más que llorar
Por el abandono que le dejaste
Cuando de mi pecho te fuiste...

Fue cuando menos lo pensaba,
Cuando el ruiseñor ya no cantaba
Su triste canto de amor
Con el que siempre te arrullaba...

Fue también al canto del ruiseñor
Que fuiste mía por vez primera
Temblabas cuando te besaba:
Debajo de las sábanas te escondías.

Sucedía siempre de madrugada
Cuando me pedías que te amara,
Cuando ya más no soportabas
El deliro de querer ser mi amada.

Pero luego te fuiste, y me dejaste,
Aún percibo tus besos y su esencia,
Mi alma conserva el embeleso
Que en mi cuerpo empapado dejaste.

Pero para no recordar a mi amada
Hoy, frente a un generoso café,
A mis amigos, a todos les mentiré:
Que el dolor de mí, yo ya abandoné.

Desde que se fue

Desde que Ella se me murió...

Todo en esta vida para mí cambió,
Ya más no está mi dulce pastel,
Pero encontré una falsa placidez
Que pensé, que sería lo que buscaba.

No fue así, pero nunca me desanimé,
Porque las mujeres que me veían,
Se desvivían por consentirme y darme
Todo lo que realmente ellas tenían.

Yo realmente no sabía si lo que hacía
Era bueno para mí y para mi alma,
Pero me fui acostumbrando a eso,
Que realmente eran simples agasajos.

Yo los confundía con una felicidad
En la que yo creía, pero no existe,

Es solamente una parte de ella,
Que me complace en mi proceder.

A la sazón y por esta confusión,
Seguido platicaba con el Padrecito,
Me orientaba en lo que yo hacía,
Una y miles de cosas me decía.

A veces entendía y otras no entendía,
Él a fuerza me hacía que entendiera,
Sin entender. Mucho de mal valía,
Sabrá Dios cuánto de bueno me diría.

Que si lo hubiera seguido y hecho
No sé cuánto mejor ahora estaría,
Pero así se pasaron veinte largos años,
Mas nunca era tarde para comenzar.

Procurándome una felicidad irreal,
Y dándoles también a las mujeres,
Falsas esperanzas de una comodidad,
Que yo no era capaz de compartir.

Era esa parte de mí lo que buscaban,
En tanto, cuando me intentaban enredar,
La verdad, no me quería volver a casar.
Yo nunca pude sus respuestas concretar.

Pues Su Puesto, jamás lo pude rellenar,
Ya que Ella se quedó aquí en mi corazón
Para siempre, sin poderla nadie sacar,
Nunca pudo, la que la quiso suplantar.

Después nomás por el puro placer
Las dejaba al jacal entrar, una por una,
O de dos en dos, y a veces de tres en tres,
Eran tantas que todas querían a la vez.

No sé cómo siempre venían diferentes,

Ni cómo o quién controlaba la entrada
Para que la que entrara no se confundiera.
Hoy unas, nunca las mismas, mañana otras.

Aunque unas con otras se desgreñaban,
Por disputarse la entrada a mi morada.
Yo sin decir nada, pues una encabronada
Es capaz de linchar a quien le dé su gana.

¿Para qué me interpondría?, si de paso,
Sería muy seguro premio en la peleada,
Mejor las dejaba que su pleito aclararan,
Que decidieran quién conmigo se quedaba.

Pero eso, con el tiempo se fue acabando,
Por la mala reputación que fui adquiriendo,
Fue todo por causa de aquella vez que,
Una morena me mordió donde no debía.

En el lugar donde duelen más las mordidas,
Mejor dicho, donde es más difícil morder,
Sin embargo, allí justito me mordisqueó,
Se me puso muy morado lo que me mordió.

Cuando las demás mujeres lo vieron,
Creyeron que por enfermedad se caería,
Una purgación o una desordenada situación,
Luego muy pronto la voz se transmitió.

La voceadora de eso fue una de ellas,
Tan sólo por no querer yo nada con ella,
Por no haberle dado ni sexo, ni amor,
Mi caso en detalle se encargó de distribuir.

Pa'ahuyentarla, se la enseñé y con eso tuvo
Para irse corriendo, hasta se iba cayendo,
Yo sólo la divisaba que corría y corría…
Yo me reía por los motivos que de mí huía.

Eso por no ser cierto ni verdad, yo contento,
Sin pensar el mal que me iba a preparar.
Ella pasó la información más adelante,
Del pueblo donde piso, a todo ser viviente.

Se enteraron de mi embarazosa situación,
Pero como sólo eran un par de moretones
Debido a las mordidas, pues no era nada,
Ni mucho menos una enfermedad malsana,

Pero todos creyeron lo de mi mala fama.
Luego entre las mujeres del pueblo se supo
Que yo ya nomás nada, y poco a poco,
Desde entonces, muy pocas me visitaban.

Luego, las que venían, sólo me espiaban
Pa'ver si era cierto lo que les chismeaban,
Algunas descubrieron que sí, que era cierto,
Pronto en "jotito" me habían transfigurado.

Qué's que con las mujeres, pos ya nada…
Pero con eso de observarme por las rendijas
Se dieron cuenta que yo no era un joto,
Sino el otro motivo por el que me peleaban.

La verdad, yo ya no las buscaba, ¿pa'qué?
Ya quería yo descansar un tiempo d'ellas.
Pero a decir verdad, yo las necesitaba,
Me las vi un poco duras por como estaba.

Las comidas todas, ellas me las proveían,
Pero después de aquello, de repente, ya nada,
Me tuve que suministrar mis alimentos,
Bañarme yo solito, eso sí, cada temporada.

Pero sólo si era día que tocaba ir al pueblo,
Tenía sólo que sacar el agua de la noria,
Pero si estaba muy fría, mucho le pensaba

Para no bañarme y posponer la aseada.

A veces cuando me sobraba un tiempito,
En las noches me ponía a ver las estrellas,
Fumando mariguana y mi copita de mezcal,
Para buscar cuál era la que la tenía a Ella.

Estaba bien seguro que en alguna la vería,
Era por eso que casi todas las noches mi vista
La echaba p'allá p'arriba, p'al firmamento,
Donde todo es bello y brilla cada momento.

Mientras tanto, al Padrecito visitando,
Rezando y confesando lo que se ha podido.
Así, justas penitencias que el Padrecito
Me ha aplicado, para remendar mis morbos.

Que son dolencias del alma y corazón,
Con más razón, pues sabiendo que ahora,
Medio que he aprendido a rezar,
Me convenzo que no hay esa felicidad.

Porque como dicen, puede que esté dentro,
Siempre me lo ha repetido el Padre,
Que para eso se necesita rezar mucho
Pedirle a Dios que el camino nos abra.

Para eso encontrar, y con rezar y rezar,
Uno va agarrando el burro por el bozal,
Pronto se le abre a uno coco y mentalidad,
Mejor al tener más tiempo para descansar.

Pues ahora me pongo más a rezar
También a soñar, eso me ha dado la tarea,
También, que en leer y leer me la paso,
Para escudriñar sueños y repertorio renovar.

Sacando magias que me gustan y cosas de ésas,
Que me tienen obsesionado con sus ideales

Por las que mis sueños se nutren de fantasías,
Con las que he vivido hasta donde he llegado.

Días vestidos de fiesta

Era tiempo de las fiestas anuales,
La plaza del pueblo se engalanaba,
Dos semanas de gustos y placeres
Para que todo mundo los disfrutara.

Qué podrías pedir que no hubiera:
Comidas, dulces y mucha diversión,
Una rueda de la fortuna, los aritos,
Las sillas voladoras y mucha acción.

El carrusel de caballitos nunca faltaba,
Más dos trenecitos para los chiquitos,
Puestos para juegos, y el tiro al blanco,
El organillero con sus valses halagaba.

La Chumina a ritmo del tambor bailaba,
Que su domador desde atrás le sonaba
Para no estorbar la danza espectacular,
Que la perrita en dos patas nos dedicaba.

Algodones de azúcar tamaño gigante,
Se vendían en el puesto de la esquina,
El niño quería y la mamá no le daba,
Porque ya tenía tres muelas picadas.

En otra esquina un mago vendía,
Objetos raros y extraños acertijos:
Dos clavos había que desganchar,
O el mágico caleidoscopio comprar.

Las marionetas nunca nos faltaban,
Cada año con un cuento distinto,
A niños y adultos nos embelesaban,
Por verlas se pagaba sólo un quinto.

El señor de los pajaritos del amor,
Persuadiendo parejas de enamorados
Para que compraran un boletito,
Que el pajarito sacaba con su destino.

El kiosco era el lugar de La Banda,
Que al atardecer comenzaba a tocar,
Para que por un tostón se animaran,
Las jóvenes parejas a entrar a bailar.

Para los cansados había merenderos:
"Pásele, hay refrescos de todos sabores,
Son de frutas naturales, hay chocolate,
Hay café y churros recién elaborados".

"Hay buñuelos, Pásele, hay camotes,
Dulces de calabaza y de piloncillo,
Venga por su conserva de naranja,
Hay sus elotes con crema y chilillo".

Los gitanos hacían acto de presencia,
Con sus novedades de otros países,
Que ponían en venta en las placitas,
El violín tocaban y las suertes adivinaban.

Sin faltar la esencia de la diversión…
"Ya llegó el Circo…" Gritaban los niños
Y enloquecidos por las calles corrían
Para no perderse el desfile de bienvenida.

Elefantes, jirafas y camellos caminando,
Uno detrás del otro sin perder el paso,
Leones enjaulados y cinco monos chillando,
Y los equilibristas en caballos montando.

Nadie podía perderse esta oportunidad
Que sólo se disfrutaba una vez al año…
Cómo nos hacían reír aquellos payasos,
Que a cada paso hacían una barbaridad.

En los fines de esas dos semanas,
Hay que participar en la competencias,
A ver si me gano la chiva colgada,
O por lo menos ganar en una carrera.

Los jóvenes charros se inscribían,
Para participar en todas esas suertes,
Un peso a cada uno les cobraban,
Para tener el derecho de competencia.

Montados en sus hermosos caballos,
Los jóvenes paseaban por las plazas,
Eran la admiración de las muchachas,
A las que paseaban llevándolas en ancas.

Una obra nueva en el Teatro del Pueblo,
Los actores eran los mismos habitantes,
Una vez la presentaban entre semana,
Tres veces en los sábados y los domingos.

Muy buenos recuerdos quedaban,
De estas fiestas que se celebraban,
Comenzando el día del Santo Patrono,
Y en las posadas navideñas terminaban.

Muchos pueblerinos aprovechaban,
Para casarse en estas bellas fechas,
Porque el casino de la plaza no cobraba,
Sólo la comida y bebidas se pagaban.

Ya aquí estos versos se me acaban,
Desde el fondo de mi alma escapados,
Porque aquellos tiempos no volverán

De aquellas fiestas tan esperadas...

Digno nombre para digno Caballero

Ni las 10 leyes de Tirante el Blanco,
Ni las del Caballero de La Ardiente Espada,
Ni las del Caballero de La Triste Figura,
Ni las de todos los Caballeros reunidos,
Quitarán de la pluma de famoso escritor
Que a su cargo tenga por dar nombre
A esta su merced, y cuyo nombre sea
Conocido por pensamientos y lenguas
De Caballeros en la redondez de la tierra,
Valga nombre para ser repetido mil veces,
Sea pues entonces "Caballero Campeador"
D'esta merced el ilustre título del nombre
Por esperar en esta posición las bondades
De tan gran señor... Y para vos, mi Señor
Caballero, el escritor no ha dejado la pluma
Sin apelar nombre, el justo nombre para vos,
Vuestra merced, y que se ha dignado bautizar
Como el justo y noble "Caballero De los Amores",
Por ser cabal, justo y entrenado en las lides
De los amores tales, de aquellas damas
Convencidas de vuestra nobleza y entereza,
Que después de las victorias de las batallas
Recibes laurel para entregar a señora elegida,
Que añora vuestro masculino, arrogante pudor
Porque en ello darás a conocer tan escondido
Y poderoso utensilio jovial que Dios te dio,
Don con que sueña estar gozosa toda Señora
Soñadora, que vuestra merced complacería

Con espléndido son... Más de una os sueña,
Más de una os espera, más de una os desea.
Eah pues, comenzad con la dama elegida
Que ha de complacer vuestra hambrienta
Necesidad, ya digna y dispuesta a probar
Lo fastuoso de caballero distinguido y audaz,
Dispuesto al instante, con el don del amor,
Que con tan suave son, su señoría se digne
A tomar tan rico manjar con devota alegría...

Pues bien mi Señor, permitid que me sitúe,
Pues con tanta rima y armonía perdí sintonía,
Ya sabéis, cosas de caballeros y sus andanzas.
Os veo muy puesto y dispuesto, y me agrada,
Pues si así lo deseáis, así veréis que la tendréis.
Esta misma noche os la consigo, hacedle sitio
En vuestro lecho, y reforzadlo, que duro esté,
Para que con tanto ajetreo no quede maltrecho.
Así, a vuestra merced advero, juro y prometo
Que esta noche obtendréis el placer del amor.

El beso de la inocencia

Aquéllos fueron buenos tiempos...
¡Vaya qué tiempos buenos aquéllos fueron!
Aquéllos fueron tiempos de inocencias,
Fueron de confidencias aquellos tiempos...

Mi mano temblaba para buscar tu mano,
Durante el camino sin voltear a verme,
Querías soltarme porque te la sudaba,
Mas yo apretaba fuerte y no te dejaba.

En aquella banca, al lado de la fuente,
Que figuraba al centro de la alameda,
Horas intentábamos mirarnos de frente,
Sin logros, sin una palabra mencionada.

El fotógrafo nos tomó una fotografía,
Pero nos la entregó al siguiente día,
Tú parecías asustada viendo la fuente,
Yo pareciendo que no veía nada...

Era un escaso centímetro que medía,
La distancia entre tu cuerpo y el mío,
Bastante suficiente como tolerancia,
Para estar sintiendo escalofrío...

¿Quieres un helado? "Bueno...", decías.
¿Vamos al cine? "Bueno...", contestabas.
Aunque eso era toda la conversación,
Con el "Bueno..." así me ilusionabas.

Me diste el bombón que un día besaste,
Yo lleno de ternura mejor lo guardé,
Se endureció después, pero no lo tiré,
Pues era tu deseo escondido por un beso.

¿Pero cómo hacer para darte ese beso?
Cada día pensaba que hoy sería el día,
Mas cuando contigo estaba, yo temblaba,
Y al decidirme a besarte, me arrepentía.

¿Será en la banca frente a la fuente?
No allí no, porque pasa mucha gente...
¿Quizás detrás del tronco de ese árbol?
¿O debajo del ramaje de aquella higuera?

Pero un día sin haber planeado nada,
A la orilla de aquel manso riachuelo,
Tú recostada con tu mirada al cielo,
Apretaste mi mano sin decirme nada...

¿Será éste el momento? Me preguntaba,
Cerraste tus ojos simulando dormir.
Yo, aprovechándome de tu oculta mirada,
Acerqué mi rostro al tuyo... Al fin te besé...

Juro que después muchos besos hubo,
Sin exagerar pudieron ser hasta un millón,
Pero ninguno cautivó a mi corazón,
Como el primer beso que casto me mantuvo.

El tiempo pasó y la vida me abordó,
Lleno de confusiones y responsabilidades,
El transformismo moderno me invadió,
Mas el recuerdo de mi inocencia aquí se quedó.

Su llamada me llenó de inquietudes,
Se lo conté todo tal como yo lo recordaba,
Quizá en mi vejez le diera otras explicaciones,
De lo que era la inocencia en mis mocedades.

Parece que por allí hay una vieja cajita,
Con un bombón duro que yo guardé,
Porque era el testigo de un beso escondido,
E inocente que se dio y jamás se repitió.

¿De nosotros...? No lo sé, no me preguntes...
Creo que eso fue todo lo que quedó...

El cuento de Juana la de Nicanor

En que Pánfilo, el dueño del merendero,
Decide ir a cumplir hacia su letrina,
Sus necesidades por hacer, y al terminar
Regresa y atiende a otros clientes por ende.
Hilario, sentado en la mesa de la orilla,

Que siempre profería de tan buen humor,
Por la ventana mira a Juana, la de Nicanor,
Que le hace ojitos y señales, y él con la pena,
Más la vergüenza de que puedan verles,
Se sonroja y trata de esconder la mirada,
Pero la viva de Juana se acerca a la ventana,
Asegurándose del hombre la ojeada.
Mas Don Hilario se hace el desentendido,
Mientras que Juana le muestra en acto seguido
Algo atrevido con un poquito de sus pechos
Bajándole tantito el escote a su vestido,
Para lo que él se pone nervioso y colorado,
Moviendo para un lado y para el otro lado,
Sin saber cómo actuar o cómo a Juana alejar,
Decide levantarse y la cortina un poco cerrar,
Para no estar al pendiente y no ver a la mujer
Cuyo marido al momento se presentaba
Del brazo la tomaba para entrar al comedor,
Donde ahora no le iba a evitar con él verse.
Lo único que pudo hacer Hilario fue
De silla cambiarse para que a esta situación
De a tiro tan obligada no tuviera que enfrentarse.
Doña Juana dejó así las cosas por esta mañana,
Viendo que aquél la desdeñaba y la esquivaba,
Pero ya la situación luego se le presentaría
En que pronto iría a su jacal y lo encontraría.
Así fue como ella hizo, que su palabra cumplió,
Tan igual que como entonces lo pensó.
Él también se sorprendió, porque fue el martes
Para su bien o su mal, como a las seis de la tarde,
Ella se presentó con un pretexto informal,
De pedirle un favor muy grande.
Que se lo tendría por siempre agradecida
Y era que si por favor él le podría decir

Si a él como hombre que era,
Le gustaba su escotado y ceñido vestido,
Cosa que necesitaba saber de su opinión,
Que si era positiva como así lo esperaba,
Pensara que también a su marido le gustara,
De tal manera, poder agradar a Nicanor,
Pues él con ella, fuego ya casi no calentaba,
Pero como el vestido era recién comprado
Era menester encenderlo, aunque fuera con eso,
Para poder tener con él un poquito de apego.
Tal era la explicación que a Hilario ella daba.
Pero en realidad ella lo que necesitaba saber,
Era si al verlo puesto en ella sus líneas femeninas,
Se le notaran, para que algo en Hilario despertara,
Que fueran sus instintos principalmente,
Porque tenía la fama de lo que decía la gente,
Que aquél, eso lo tenía muy imponente.
Ella quería verlo, y si se pudiera, usarlo,
Porque de tanta hablada ya estaba cansada,
Quería ver la realidad imperante, y por no dejar,
Intentar hacerlo su amante, y era por esto
Todo el rollo que ella inventó para preguntarle
Lo que le preguntó sobre si su vestido,
O le quedaba ajustado o era muy escotado.
La hermosa bruja quería que él la poseyera.
Pero Hilario con otra invención le respondía,
Le decía que las mujeres no le gustaban con vestido,
Que si creía que su apretado vestido,
Le iba la mente a perturbar, se equivocaba
En ese pensar, que ni siquiera atención les ponía.
Cosa que no era cierta, y que ni él creía,
Porque le gustaban las mujeres en todas las formas
Como se le presentaran, y al más no poder.
En este caso turbulento sólo se contradecía,

Sólo para no seguirle a ella el calor del juego.
Nicanor no era su amigo, era un hombre de respeto
Al que no quería mancharle su honor,
Ya que con tan sólo cerrarle el ojo a la Juana,
Era seguro que se le entregara con todo y vestido,
O con todo lo que ella portara, porque de por sí,
Ya sabía que con él ella quería, y era así su insistencia,
Que ya estaba muy al descaro y al descubierto,
Eso de querer con él pagar su penitencia,
Pero él le decía que pues, ese no era su pecado...
Que si el pecado de ella era, pos que así lo mantuviera,
Con otro se fuera a pagar la penitencia que debiera,
O que así lo dejara, y que con esa ansia se quedara.
Bañarse con agua helada pa'que su calor apagara,
Pues con él no tendría nada, y ya que de chingaderas,
Se dejara porque con ella, él no quería nada...
Aún así tanta era la insistencia de doña Juana,
Que casi se le montaba como campana del pescuezo.
Hilario, para acabar en seco ya con esta situación,
Sacó "eso" del pantalón y le enseñó cómo lo traía,
Que verdaderamente lo traía como chicharrón,
Por lo moretoneada que estaba, debido a la golpiza
De aquella noche despiadada en que aquella morena
Muy fuerte le azotara con la arista no filosa
De un machete que en la pared colgado estaba,
Con el que golpeó en venganza de las mordidas
Que él a ella le diera en esos pechos hermosos
Cuando él se los viera en todo su esplendor,
Pues la inocente muchachita ni imaginaba
Que el hombre era muy sensible a pechos de mujer
Más al ver que ella descubría de cintura pa'arriba.
Sin poderse contener ante tan hermosa visión,
Se los mordió en respuesta del ansia que sintió.
Aunque ya había ido a ver al doctorcito,

Éste no le pudo quitar la apariencia del pito,
Por los golpes que aquella muy bien le asentara…
Juana reaccionó al ver lo morado y negro a la vez,
Pensó que se le estaba cayendo tal instrumento,
O también pensó al mismo tiempo que
"Tanto va el cántaro al agua, hasta que se rompe".
Así su jumento, por tanto que lo ha usado,
Alguna enfermedad debía de haber agarrado…
Ya en que lo ve, al mismo instante se espanta.
Asustada y aterrada pronto las naguas levanta,
Pero no para ofrecer lo que abajo guardaba,
Sino para huir a la carrera desesperada y despavorida.
Se arrancó corriendo, salte y salte como loca
Con las faldas arriba, por haber visto todo aquello
Que la descontroló e igualmente la trastornó,
Entonces, eso de querer con Hilario, ya se le olvidó,
Fue tanto lo que le impactó, que ya la Juana
Nunca quiso, ni siquiera pensó de nuevo acercarse.
Hilario sólo quiso así actuar, sin ser eso realidad,
Todo lo que a ella en sus creencias le vino a inculcar,
Para poder salvar el honor de su esposo Nicanor,
Que en realidad era un hombre de respeto y pudor.
Obvio era que de esto Nicanor ni sospechaba nada,
Se sentía muy hombre dándole el brazo a su amada,
Con mucho orgullo con ella andaba y caminaba,
Al restaurante entraban mientras todos los miraban.
Pero esta mañana, cuando adentro estaban,
Nicanor observó que Don Hilario allí estaba,
Pensó que a juzgar por las habladurías de la gente,
De sus maneras de actuar y su desarrollo galante,
Buscó la mesa más distante de la del panzón,
Para evitar entre su mujer y él cualquier rozón,
O cualquier disgusto o discusión entrambos,
Pudiera ser que por casualidad tuvieran un enojón.

¿Pero para qué habría uno de enojarse?,
Era su pregunta primera, si el día estaba hermoso,
No había de desperdiciar la entrada de la primavera.
El pobre no estaba enterado que su mujer,
A Hilario ya le había coqueteado, y que ella
Pronto lo vería, según era lo que ella tenía en mente
Que pronto haría, y que luego después hizo,
Pero muy bien no le salió, como ya se comentó.
Todo esto a espaldas de Don Hilario sucedía,
No se daba cuenta de la melodía que cantaban
Ese día de primavera, Nicanor y Juana la ramera.

El desprecio

El amor que le daba, el límite rebasaba,
Con mis tiernas caricias ella enloquecía,
El fuego de mi cuerpo, al de ella quemaba,
No veía sin ella, ni ella sin mí, miraba…

Me juraba amor eterno sin importarle nada,
Su cuerpo me entregaba, y el mío le pertenecía,
Nuestras almas rezaban en el mismo idilio
De la oración con que Dios nos bendecía…

Hasta que un mal día, ese hombre llegó…
Adueñose del alma de la que yo seducía,
Ofreciéndole todo lo que yo, darle no podía,
Mientras ella complacida, su mente cambió.

Ante mí, un abismo interminable se abría,
Resolviéndome el futuro que ya me esperaba.
Mil demonios en mi mente se regocijaban,
Danzando y burlándose por lo que me pasaba.

Pero como león que defiende lo que es suyo,

Yo luchaba por recuperarla sin descansar...
A sus pies me hincaba, lloraba e imploraba
Que regresara, que ya más no me destrozara.

Sabía que ella más que a nadie a mí amaba,
En sus ojos esta realidad no podía ocultar,
Pero esos ojos ya no miraban el sol dorado,
Sino el dorado del oro que él le regalaba.

Más que humillado, triste y decepcionado,
Sentía que la gente me veía con compasión,
La rabia y la vergüenza de mí se apoderaron,
Para transformarse en una horrible pasión.

Ya no era el mismo hombre que antes era...
Traicionada mi mente, mi alma enloquecía,
Buscando en silencio un infernal acomodo,
Donde todo mal que deseaba se me proveía.

Por las calles deambulaba sin detenerme,
No conocía a nadie, y nadie por mí se interesaba,
Cuando me veían se asustaban y comentaban:
"Pobre, enloqueció por la mujer que amaba".

Las palomas en la fuente jugueteaban
En el silencio que aquella tarde se sentía,
Interrumpiose al repicar de campanadas,
Que anunciaban el adiós de quien fuera mía.

Asustadas las palomas en vuelo se alzaron,
Mientras mi alma moría volviéndose un suspiro,
Yo no escuchaba campanas, ni palomas veía,
Sólo a mi destino que tomó un nuevo giro.

El odio en oscuridad tornaba mi mirada,
Mi sangre hervía desbordando su fluido,
El corazón casi a reventar me palpitaba,
Mas un miedo inmenso de mí se apoderaba.

La boda celebrada con pompa y circunstancia,
A la altura de quien mucho pedía y deseaba,
Con joyas de plata, oro, perlas y diamantes,
Y con finas sedas su cuerpo ella forraba.

No había reina más bella ni mejor vestida,
Que la que estaba en el altar, y yo amaba...
La veía desde lejos mientras yo esperaba,
Escondiendo el odio que igualmente sentía.

Con mi fuerte mano apreté la daga preciosa,
Que a mi sufrimiento pronto daría alivio,
Con la venganza que en mi mente se hilaba,
Para acabar de una vez con este suicidio.

Mientras el Cura su bendición proclamaba,
Corrí y al instante llegué a donde estaban,
Hiriendo sus espaldas a golpe de puñetazos,
Cuyo efecto hizo que los dos se desplomaran.

Toda la gente enmudecida me miraba,
Quedando yo en medio de los sacrificados.
Al fin a mi rabia había dado una salida,
Quitándole la vida a la mujer que amaba.

Hincado me quedé hasta que ellos vinieron,
Me ataron de los brazos y me llevaron,
Me encerraron entre estas cuatro paredes,
Donde purgo la culpa de todos sus desprecios.

Juro que no me arrepiento por lo que hice,
Ni me da miedo esta triste soledad,
Que allá en el Cielo ya Dios nos juzgará,
Sabrá mis motivos y sé que me perdonará.

Aquí entre nos, nunca la he dejado de amar,
Desearía que Dios me la pudiera devolver,
Pero si por el oro me vuelve a despreciar,
Juro que con el mismo puñal la vuelvo a matar.

El equipaje

Allá se quedaron mi niñez y juventud,
Allá se quedaron mi perro y mis juguetes,
Se me arrancó de bruces la inocencia.

Mis primeros amigos, allí los dejé.
Los abuelos murieron y allí quedaron,
Al igual que mi padre y mi madre.

Sin pensar perdí la fe de mi alma,
Que una mañana volví a encontrar;
Mi barquito de papel cuadriculado.

Mis caballos de palos de escoba,
La noria de mis deseos llena de palomas,
Mis calles encantadas y embrujadas.

Aquellos preciosos libros de poemas,
Mis inocentes miedos y conjeturas,
Las blancas noches de plenilunio.

Mi escuela y mis profesores amados,
Mis primeras sexuales travesuras
De secretas e íntimas caricias
Tan inocentes como juegos infantiles.

La angustia y mi desesperación
Por encontrar a mi Ángel Guardián
Que perdí al atardecer en un rincón,
Donde sólo yo conmigo me divertía.
Luego ya no más a mi alma regresó.

Así me golpeó mi abrupto despertar,
Con tantas indecisiones de mi pubertad,
Mis vanas inclinaciones religiosas.

Mis más brutales fantasías,

Mis sufridos remordimientos
Mi inquietud por ya no ser un niño,
Por transformarme en un hombre.

Allí quedaron mis más profundos deseos,
Mis ilusiones, todos mis sueños,
De aquéllos, mis más castos amores.

Todo el equipaje de mi pubertad
Que pesaba tanto y no pude cargar,
Allá se quedó para siempre guardado.

Convirtiéndose en esa bruma singular
Que encima de mi pueblito flota,
Que me sigue y sobre mí se abalanza
Cada vez que siente merodear
Sobre él mi insinuante presencia.

Me habla, lo sé, quiere reclamarme...
Que todo eso es mío, ha de decirme,
Que allí para mí lo ha conservado,
Por años como lo dejé,
Así me lo ha guardado...

Tan cruel como el Padre Tiempo,
Se burla de mí, me grita y me dice:
"No sólo a ti he guardado el equipaje,
Ha habido otros que han venido.
A su tiempo, lo suyo han recogido,
A ti tocará el turno, tarde o temprano".

Él sabe que al ser llegada mi hora,
Solícito pasaré a recoger lo mío,
En el momento de la hora aterradora,
Lo libraré de todo ese desafío
Que me estuvo él conservando,
Sin que nadie lo supiera,
Sólo yo... Y él.

Ese día habrá de llegarse,
En que solemnemente habré de venir…
En silencio, me iré a despedir:
Le expresaré mi adiós para siempre.

Recogeré lo mío, sin palabras decir,
Que me llevaré y enterraré conmigo
Donde descansaré eternamente.
En polvo después me convertiré.

Para formar otra vez parte de él,
Como en toda mi vida.
Así lo fue…

Al final me di cuenta que fui feliz,
Porque así lo quise, o desdichado
Porque apresurado así yo lo escogí.

Fui yo el que formé mi propia vida,
Pero al mismo tiempo la destruí,
Para intentar armarla de nuevo,
Una y otra, y otra vez…

Fui yo el que eligió amargura,
O en cada momento dulzura,
De aquello que así quise tomar.

Fui yo el que forjó la esencia
Del significado de mi pueblo.
Todo ese valor que para mí tuvo,
Fue lo que en él yo decidí encontrar.

Mi pueblo ha estado siempre allí,
Vio pasar a muchos y seguirá allí
Para ver pasar a los demás,
Cuyo momento habrá de llegar
Muy pronto, tarde o temprano…

Cuando ese momento haya de llegar…

A cada cual,
Entregará su equipaje.

El escudero

Pues heme aquí enfundando mi espada,
Nuevamente ante caballero tan cabal,
¿Pues quién no se doblega a vuestros pies?
Yo que soy guardián de vuestra gallardía,
Siendo escudero, por cuidaros me esmero,
Deseo estar tan cerca de vos como el agua,
Que cuida juntos al oxígeno y al hidrógeno.
Mi alma con la vuestra bien armonizadas,
Que el respeto que os tengo sea diáfano,
De deliciosa alegría, a vuestro paso rogar,
Procurando siempre vuestra salud y bienestar,
Al cubrir con mi fervor el cuerpo vuestro,
En casos de penurias por enfermedades,
Estar al tanto de todas sus necesidades,
Lo que más en esta vida podréis pedir.

Amigo Escudero, en breve inciso os digo:
He venido desde donde vengo sin quimera,
Con el cuento de desearos Feliz Navidad
A vos y a los que a vuestro lado se hallen
En estas fechas tan sacras y tan señaladas,
Para que os hagan un maravilloso día pasar
Ya que yo, pues por mis deberes obligados,
Habré de estar al otro lado del ancho mar.

Sin vos las navidades u otras festividades,
No tienen sentido, necesito vuestra compañía,
Vuestra palabra y canto para sentirme querido,

Sois mi compañero del camino y yo el vuestro,
Sin un abrazo de vos al menos, desespero,
No os vayáis, porque me hundo en el infierno
De mis pensamientos sin teneros a un lado.

Templad vuestro acero, mi querido escudero,
Sabed que no tenéis la exclusiva de mi tiempo,
Que como caballero no lloro cuando os añoro,
Tal en vuestro verbo, igual en vuestra estampa,
No os deberíais de preocupar ni hoy ni nunca,
Pues aunque por mil tenga que multiplicarme,
Con mi fiel espada la negra noche he de rasgar,
Para a vos llegar con suspiro a vuestro corazón
A descansar vuestros pensamientos en mi ser.

Temo que vuestras palabras sean no certeras...
Necesito depositar mis miedos en tu pecho,
Como un tesoro, como la cosa más preciosa
Cerciorarme que el afecto que me demandáis
Es vero como certero es que el sol que brilla.
¿Quién pues podría ser tan severo conmigo,
En mis bobadas pondrá su látigo en mi espalda?
¿Quién en mi estupidez golpearía mi rostro,
O hacerme entender con un sólo coscorrón?
Pues necesito vuestro consejo y vuestra guía,
Yo soy como un niño abandonado sin usted,
Por ahora decidme lo que he de hacer...

Calmaos, mi joven y temeroso corcel,
Haced el trote certero y hacia el derecho,
De izquierda, y del resto ya yo me ocuparé.
No me adelantéis en intención, os desgasta,
Que si bien la imaginación eleva la emoción,
Seguro os cansa, después andáis al arrastre.
Hay tal y tanta disposición de mi fuero entero,

Mas no será tanto el tiempo que os abandone,
Descuidad, os invito en la cocina os espero
Para recubríos de manjares diversos cada verso,
A veces en cada verso daos un meneo de nata,
Caramelo o chocolate, decidme si os apetece.

Vaya que se me apetece, pues de cerveza
Untados traigo los bigotes y me parece
Que cada vez que cocináis cosa alguna,
Me dejáis los bigotes tan untados de aquello
Que hagáis, pues en la comilona me dejáis
Parte que me dais de lo vuestro en cada vianda,
El queso, la birria, el chorizo y el chocolate.
Luego de comer, sentar o dormir se apetece.

Os contesto ahora que la resaca no me machaca
Pues anteayer en una cocina entré, y os confieso
Que hasta las tantas allí me quedé, y he de decir,
Bien estaba, y de mi gusto allí lo que se cocinaba,
Era todo lo que en las orillas y paredes colgaba,
Y por lo tragón que sois, de vos me acordaba.
En cada cucharada veía vuestro rostro babeando,
Mmmm escudero, que lástima que no estabas.

No estaba, pero sí estaba, si de comer se trata,
Vamos que vos sabéis que yo cuesto una plata,
Mas no soy para comer un solo plato de nata.
Atended, mi Señor Caballero y Señor Baratero
Que no soy de un plato, ni de dos, ni de tres,
Sabed, que con cuatro, o con cinco, o con seis,
Mi panza como de vaca preñada llenáis.
Aclaro que aunque no es piñata tiene espacio,
Para lo que querráis, y como vos mencionáis,
Esos fiambres colgados, muy fácil de pensar
Que en cualquier rato me los puedo empujar,
Así que esconda usted sus dos colgados cojones,

No vayan a ser confundidos con un manjar,
Pues ya ve usted que a los que somos tragones,
Nada en este mundo nos ha de dar malestar…

No esperaba menos de vos, escudero pancero,
Por eso os presento una mesa de gran manjar,
Y ahora, si vos lo queréis, lo podréis degustar.
En cuanto a cantidad, Mmm, dejadme pensar,
Ilimitada a vos será. ¡Cuándo queráis empezar!

Mi Amo, vuestra cordialidad me halaga,
Pues al saber que mi panza todo se traga,
No hay más que premiar vuestra gentileza.
A darle, que a lo dado, dado, sin vergüenza.
Ahorrando tiempo, ahora me voy a la mesa,
Poned a la puerta cerrojo, que en dos por tres,
Lo que está encima, con el hambre que traigo,
Posible que la mesa quede como tarima lisa,
Sin una migaja qué moler, ni especia qué oler,
Ni pan para esconder y comerlo al amanecer.
Y por si sí, o por si no, le pregunto a vos:
¿No sobrará cafecito o jerecillo en la alacena?

Por Dios, en poco tiempo, bien me conocéis.
En la alacena, veréis que no uno, ni dos, ni tres,
Sino hay tantos como aguantéis de fino jerez,
O de cualquier destilado de mi amigo Baco.
Lo de café, del norte de Filipinas por doquier,
No faltará un ápice del manjar que os plazca,
Así pues, pedid, que la alacena completa está,
Si algo no tuviera no tenéis más que demandar,
Eso sí, que si son manjares de allende los mares,
Haced mención y explicación y presto os llegará,
Pues si aquí no son conocidos, yo los conseguiré.
(Seguid soñando…). Ni dedo, ni leño, ni sueño.

No tendréis más opciones que mis cojones,
Aunque tenga que poneros mirando a Cuenca
O Cuernavaca, que para el caso lo mismo da,
Encomendaos al Santo de vuestra devoción,
Tanto da y basta, pues no tendréis perdón.
Un sólo descuido de vos y os levanto supino,
Dos y tres, ya más no tendré compasión.

Bien decís, que habría de cambiar de Santo,
Pues San Damián ya no arregla un tanto,
Ahora que a sabiendas, y pensándolo bien,
No necesito ya más encomendarme,
Pues en este día que amaneció recién,
Ando bien arremetido como gendarme
Ávido de suceso, y quién más que vos
De fijar la cordura y arrequinte a cintura.

Después de saber lo que vos pretendéis
Os recuerdo que un fuste ajuste tendréis,
Será tal, que os dolerán hasta las cuajos,
Pero recordad que es por vuestro bien,
Que yo no saco más que la satisfacción,
El buscar poder haceros entrar en razón.

Pues sabrá mi señor y caballero recio,
Este escudero no termina de entrar en razón,
Que por ser como soy tan sonso y necio,
Merezco castigo peor por tarugo y cabezón.

Me gustaría ver por un agujero qué hacéis
¿A qué otros enseres crematísticos os dedicáis?
Porque cuando el toro bravo da mucho jabón,
Lo más seguro es que más bien es cabrón.
Salvando la parte, pues lo que tiene de toro
Es nomás el cojón derecho, y no lo de cabrón,
Lo de jabonero también lo tiene por entero,
Me pregunto qué hacéis con tanto desespero

Pues os pasáis tiempo cultivando el despiste.

Primero que nada, en la alborada, me baño,
Me visto y mi pelo arreglo con una peinada,
Más adelante, un pequeño almuerzo me tomo,
Doy los últimos toques para ponerme galante.
Luego en mi burro, a mi trabajo me dirijo,
Por el camino a alguna pilla le echo el ojillo,
Pero demasiado pronto a mi destino arribo,
Allí durante el día machaco y re-machaco,
Pero la verdad nunca termino de machacar,
Me sofoco y perturbo, esto no va a acabar.
Menos cuando el día parece nunca terminar,
Sólo contento me pongo al ver a la Juana.
No hay más remedio que hacerme del meneo,
Pues controlar no puedo este sabroso ajetreo,
A los otros les digo, "ya vengo, que me meo",
Luego a escondidas voy a montar a la Juana.
Pues bien, que allí no acaba la función, veréis,
Un par de veces me han cachado enganchado...
Vaya en las penas que me haya yo metido,
Tengo qué dar la lección y repetir las variantes,
Pa'que entiendan cuál debe ser su actuación
En menesteres mercantes, tal es mi función.
Me parece hacer como que veo, y a ni una veo
Interesante, que pareciera que fuera entrona,
Hago una preguntilla a ver si saca la lengüilla,
Así veo el color del lado que está su pudor,
Si es que se sonroja, sabré que me añora
Y la cazo como a un ciervo sin ir de cacería,
Eso es lo normal de lo que hago en un día...

Suerte tenéis mi escudero, más no os envidio,
Estoy contento por vuestro modo de sustento,
Ahora bien, eso de ir cazando al ir trabajando,

¿No os parece bajo?, debéis pensar más amplio
Centraros en espacios de más amplio alcance,
Que no se diga que no tenga yo un escudero
Diestro, que torticero se me haya quedado.
Amén de todo os digo que entre tanto trabajo
No vais entonces a poder cumplir a mi lado,
Descansad pues, poquillo, no os hagáis el ido.

Vaya las saqueadas que me habéis dado,
Hasta en la Santa Semana las he recordado.
Eso de evitar hacer maldades en esas fechas,
Lo malo dejo, para ganarme arriba las brechas,
Pero aún me ganan las briznas maltrechas,
Sé que por mi fe que el Cielo pierdo cuando caigo.
Ay que si me arrepiento, al cura voy y confieso,
Le pido mi escarmiento, mas el condenado,
Provecho saca de la andanza, y en penitencia
Me demanda que me ponga a su ordenanza,
Corro y me escapo, el condenado me maldice
Gritándome: "que te conviertas en sapo"...
Nada de eso ocurre a mi caballero cuando
Corriendo regresa a mí, que solícito recurre,
Vaya que a buen santo me atengo, que igual
Estando a su lado, de volada hay ordenanza.
No me salgáis con angustias incongruentes,
Ni a la vez me reprochéis esos momentillos
Traviesos que también tenéis a ratos ociosos,
¿Decidme pues vos que si no son sabrosos?,
¿Que a la buena de la ventura, por suerte,
En raras ocasiones, le sale a uno la aventura
Con algunas que otras alegronas y facilonas?
En menos que el sol salga, adiós placer,
Vuela como de rayo, y vuelvo a preguntar:
¿Acaso tiene ese rato algún significado?
¿Se le da importancia a ésta o a otra ingrata

Que no amáis ni respetáis y sólo buscáis
El voluptuoso y erótico sentimiento de sexo
Que vibra, manda, trastorna, desmorona,
Que mancilla mi cuerpo, mi sagrado refugio?
No y no, ni se le da importancia al acto,
Ni hay egoísta en la parte de nuestro pacto.

Mi estimado caballero otrora tonto escudero,
No me comparéis, yo no ando en andanzas tales
De las que me habláis, pues ratillos que tengo
Los empleo en velar mis armas como mandan,
Cánones de mi templanza, que la Orden manda.
Eso sí, y sólo cuando mi deber sea cumplido,
Me cepillo a Lola o a Martina, o a otra pilla
Pues en mi Orden es acabar con malandrines,
Osos y dragones, que quieran causar comidilla.

Perdonad caballero, perdonad mi estupidez
Perdonad mi manera de vivir, mis andanzas,
Pues con ello usted sabrá que soy majadero,
Me inculpáis por ser baboso, oso de basurero,
Por mi ignorancia y mi falta y poca cultura,
No he sabido de Órdenes ni de ordenanzas,
Ni de las Leyes de Caballería su estructura,
Que si te la pasáis en vela orando o follando
Toda la noche, es mi confusión que marea,
Pues mi seco cerebro se menea al hallarle
Solución a la razón que sin razón me tiene
Sabiendo a la sazón que noches he vivido
Con vos, y a doncellas no dejáis en paz, y
Con razón me llega la pregunta tenaz:
¿Cuál envergadura de noble embestidura?
¿Qué es que vela armas por las madrugadas?
¿Tendré razón al decir que en madrugadas
Se la pasa dando sin espada buenas encajadas?

Entonces, Mi Señor, resolved este juicio,
No encuentro solución, por mi baja condición,
No atino encontrarle el son a esta canción...

Factible es la solución, mi escudero patán,
Yo creo que sabéis más de lo que admitís,
Pero aún así y por no ser baladí la cuestión,
Procedo a aclarar vuestro desconocer a credo:
Os digo que como Caballero de Orden singular,
Prometo guardar armas antes de cada batalla,
Pues paladín contra injusticias de malandrines,
Osos y dragones y ejércitos he de combatir.
Mas las noches de asueto que con vos paso,
Lo son oscuras y vacías en vuestro territorio,
En el mío son mañanas de espléndido sol.
Ya por esta sencilla manera queda explicado,
El son de vuestra confusa canción, yo cumplo
Me obligo a velar armas en sede de mi cantón,
Cual manda la Orden a la que debo devoción.

Me dejáis igual de torcido, pues claramente
No he comprendido la respuesta a pregunta,
Que saca la punta a mi pensamiento viciado:
¿Vos rezáis por combatir con malandrines?
Si es así, a mí que me muelan lo cojones...,
Difícil pues me es admitir y no logro atinar
Si para osos encontrar tenéis qué rezar,
Luego buscar dama, sin batallar y ensartar.
Vaya que lo sabéis practicar y acto realizar...
Posteriormente de en esas batallas triunfar,
Llegáis a territorio conocido, donde te espera
El jodido del que vos abusa y tiene confuso.
Perdonad mi ignorancia, soy de baja conciencia
Exijo paciencia para entender a mi querencia...

Un salmo vulgar a vuestro cociente negado:

Yo Caballero de Orden Sacro Santa velo armas
Desde el anochecer hasta que el sol acaricia
Las últimas horas de cada madrugada y amanece.
Lo cumplo con devoción, me gusta un montón.
Eso lo hago aquí en mi cantón a la luz de la luna.
Tan sólo cumplo como Caballero antes de Justa
Contra injusticias de malandrines, toca-cataplines
Y el amplio abanico de malhechores y simplones.
Es mi trabajo de Caballero Andante, ¿comprendes?

Mi Señor, me importa un bledo a quién mata,
Remata o se empata, lo único que me importa
Es la naturaleza de su trabajo y la de su destajo.
Que aunque me vienen a mí poco confusas
Más aún cuando mencionáis resueltas en batallas
Que quizás vos os referís a vuestras hazañas
Aunque a mí en el ceño me revienta la testa,
No logro atinar a acabar un poco mi confusión.
Y si a eso agregáis mi situación de sinrazón,
Sea claro que no entiendo ni comprendo,
A quién se abrocha y a quien le mocha...
Pero fuera de toda razón y lejos de zozobra
Que yo me quedo pues como su escudero
Sin importar si algo falta o si algo sobra,
Si reza, y si con o sin coco lo des-reza.

El jacal de la Concha

Por el año de mil novecientos veintinueve,
En un pueblito de por allá en el Norte,
Sucedió una tragedia que aún me conmueve,
Que nunca olvidaré y tengo muy presente.

Era en la cantina de Doña Concha,
Que era amiga de todos los hombres,
Donde éstos demostraban ser machos,
Si como clientes quedaban satisfechos.

Allí se gastaban la raya que ganaban,
Allí mero el pulque se lo empinaban,
Allí a los dados jugaban y apostaban,
Allí era que la mariguana se fumaban.

Lugar de juego, de abuso y perdición,
Jóvenes, y también no muy jóvenes,
Su vida tiraban, su ilusión y ambición,
Matando su alma por una pasión.

El jacal donde La Concha vivía,
Ella lo había convertido en burdel,
Para cerveza, vinos y cigarros vender,
De esto era que ella se mantenía.

Para satisfacer exigencias y necesidades,
Muchachas conseguía de todas las edades,
Con afán de hacer favores a los galanes,
En un cuartito especial para esos desmanes.

Martín y Víctor eran clientes constantes,
Que siempre estaban al pie del cañón,
Claro, con el cañón cargado y preparado,
Esperaban las bellas muchachas visitantes.

Los ojos verdes de La Concha cautivaban,
A todos aquéllos que miradas le lanzaban,
Sin poder ninguno deshacerse del embrujo,
Que la bruja aquélla con sus ojos hechizaba.

Su coquetería al hablar, estragos hacía,
Y aquéllos que por su voz se doblegaban,
Eran dominados, y se hacían esclavos,
Al grado de tener qué volver a visitarla.

Nadie se jactaba de ir solamente una vez,
Aquél que a la ojiverde Concha visitaba,
Mismo que si no mañana, pronto regresaba.
Así, a todos los del pueblo los manejaba.

En el pueblo entre las mujeres se decía,
Que La Concha no era más que una bruja,
Porque a chicos y grandes, a gordos y a flacos,
A todos, su pobre razonamiento les extraía.

Ques'que les chupaba mente y pensamiento.
Ques'que les dejaba seco el bolsillo y el casco.
Ques'que les sacaba las ideas y sus voluntades.
Ques'que de todos los maridos se adueñaba.

Tanto Martín como Víctor, su hermano,
Sin obedecer de su tercer hermano los consejos,
Un día quedaron de Concha ambos cautivados,
Con tal sentimiento, luego les causó sufrimiento.

Nicolás el mayor se veía siempre acosado,
Por las injurias que sus hermanos le lanzaban,
Creyéndolo joto, por ser tan serio y cabal,
Por no disfrutar aquello que ellos disfrutaban.

El pobre Nicolás conocía ese lugar de perdición.
Para cuidar a sus hermanos descarriados,
No para quitarles lo macho, sino para salvarlos,
Procuraba que los muchachos entraran en razón.

Se sabía que el lugar de Concha la Jarocha,
Era un lugar de mala vida y mucha infección.
En una sola cama todas ejercían su vocación,
Cada noche veinte, y cada uno por un tostón.

¡Sabrá Dios qué enfermedades allí quedaron…!
Gonorreas, Sífilis, Herpes, y hasta Sarampión.
Donde jineteaban las muchachas en un rincón,

¡Sabrá Dios a cuántos hombres los infectaron!

Perdiéndole el respeto a su hermano Nicolás,
Martín y Víctor lo acusaron de santurrón:
"No te gustan las mujeres por ser maricón",
Sin embargo, él sólo los cuidaba y procuraba.

"A partir de hoy, tomen sus propias decisiones,
Y hagan lo que quieran con sus pobres vidas".
Les dijo Nicolás al momento que se peleaban.
Quedó Nicolás triste por lo que de él pensaban.

Mas el tiempo se encargó de cobrar su deuda.
Pronto Martín y Víctor se enfrentaron,
Del rencor de haberse de la misma enamorado,
Y en que nace un nuevo sol, uno fue asesinado.

¿Quién podría ser el que lo hubo matado?
Nadie vio nada, nadie supo nada ni dijo nada.
Víctor callaba la muerte de su hermano,
A quién por despecho y desdén asesinara.

"Ya es para mí La Concha. ¡Sólo para mí!"
Él se decía sin poder comprender su suerte.
No sabía que todo el que la miraba se embrujaba,
Él era uno entre los que este destino enfrentaba.

Decepcionado Víctor por su cruel realidad,
Asistiendo a las muchachas ocultaba su verdad.
Pronto, de una Sífilis fue en breve contagiado,
En menos de pasarse un año, fue sepultado.

Pobre de Nicolás, que se quedó sin hermanos,
Pobre de La Concha que el negocio le cerraron,
Por bruja y pervertida a la cárcel la mandaron.
¿Y los hermanos? A mejor vida pasaron.

Nicolás muy triste recordaba a sus hermanos
Mas su buen comportamiento le dio resultados

Con Rebeca la de Antonia y Manuel se casó,
Y en un año un bonito chilpayate les nació.

Con estos cortos versos vengo a decir adiós,
Aunque no podré olvidarlos nunca jamás,
Yo, el que cuenta esta historia triste y alegre,
Soy Nicolasito, nieto de Rebeca y Nicolás.

El jorobadito del pueblo

Cada vez que lo veían pasar,
Todo el mundo se burlaba,
De su joroba que le saltaba,
A cada pisada en su caminar.

Él no decía nada, sólo callaba,
Su cabecita bajaba, y lloraba.
Pobrecito de aquel jorobadito,
Todos lo hacían de delito.

No tenía quién lo quisiera,
Ni tenía con quién jugar.
A pesar de su corta edad,
Vivía solito en un palmar.

La gente del pueblo contaba
Que una noche de negrura infernal
Una bruja que en su escoba volaba,
A un niñito dejó en un portal.

Los dueños de aquel lugar,
No sabían de dónde venía,
Se asustaban de lo feo que estaba,
Lo fueron a dejar al panteón.

Nadie supo cómo sobrevivió,
Solamente se supo que creció.
Después cuando el tiempo pasó,
Supieron que vivía en el palmar.

Trabajaba haciendo mandados,
De lo que mendigaba comía,
Por él nadie se preocupaba,
Procuraba alejarse al verlos enojados.

Él todas las noches rezaba,
Suplicaba que alguien lo amara.
Pero respuesta nunca recibía,
A pesar de lo mucho que oraba.

Desventura tras desventura
Excusados, cloacas y panteones,
Excrementos y lodos en corrales,
Callejones y botes de basura.

¡Ah qué pobrecito, cómo lloraba!
Por más que a los niños se acercaba,
No le daban cabida, no lo aceptaban,
Nadie le permitía la entrada.

Un día del cielo bajó una estrella,
En silencio al jorobadito se acercó.
Era un ángel de mujer tan bella,
Su luz dorada al niño envolvió…

Se acercó y tocó su tierna jorobita,
Su fea carita acarició y besó…
Le dijo: "Yo te amo, linda criaturita".
El niñito se sonrió, luego se durmió.

Decían en el pueblo al otro día,
Que vieron un angelito caminar,
Envuelto en luces de oro y plata,
Con un par de alitas en el espaldar.

Todos querían encontrarlo
Para verlo, tocarlo y admirarlo.
Hombres, mujeres y niños
Salían de sus casas a buscarlo.

¿Quién será el angelito? ¿Quién sabe?
¿Quién será aquella criatura?
¿No es ése el niño jorobadito,
Que marginamos a su desventura?

Sí, ése era el niño jorobadito...
Pero ya no tenía la joroba,
En su lugar, bellamente extendidas,
Un par de alas tenía crecidas.

Su cara se había transformado,
En un rostro de luz angelical.
Aquél que lo veía quedaba extasiado,
Al embrujo de una visión celestial.

Ya fuera de noche o fuera de día,
Su luz se propagaba por doquier.
Aquéllos que su aroma llegaban a oler
En un delirio de piedad se envolvían.

Diosito lo había escuchado...
En un ángel lo había transfigurado,
Dejándolo vivir entre la gente,
Para que de ahora en adelante:
Fuera por todos amado...

El jorobadito huérfano

Vos podréis tener razón,
Mas por haber nacido deforme,

Nada debo pedir ni querer.

Por piedad no me neguéis,
Una pizca de vuestra ternura,
Al menos un poco de vuestro amor.

No me neguéis una sonrisa,
Ni dormir en vuestro aposento,
No me rechacéis lo que siento.

Decidme que sois mi madre,
Decidme dónde está mi hermano,
Decidme que sois mi padre...

Dadme una caricia acogedora,
El beso que nunca he recibido,
No destrocéis más mi corazón.

Sé que soy un monstruo,
Sé que soy una abominación,
Mas dentro de mí no soy inicuo.

No me maltratéis ya más,
Dejad de pegarme y de gritarme,
Que haré lo que digáis y mandéis...

Si para servir me habéis adiestrado,
Serviré y asistiré sin descansar,
Que vos sois mi dueño y mi amo...

Mas reflejad un poco de bondad,
Ante este humilde e infante corazón,
Que por ser un niño en mi mocedad:

¡A vos me acerco y os pido piedad...!

El juicio de Dios

En aquellos años, el honor
Era el principal motivo de vivir...
Años en los que un hombre,
Se disponía a su Rey servir...

Años en los que una batalla
Se resolvía entre el bien y el mal...
Luego a Dios le tocaba decidir
Por lo que se hubiera de disputar...

Aun siendo de noble cuna,
Se luchaba por ser Caballero en tribuna...
Eran tiempos de hacer juramentos,
Por ser leal, por ser cortés, por ser valiente...

Por proteger indefensos y a toda la gente,
Del mal gobernar, o el mal proceder,
De su Rey o su Señor Feudal,
Y así mismo por el mal juzgar...

De carácter y de ideales nobles,
Rodeados de aspectos místicos cumbres,
En que se mezclan las cualidades,
De la posición social de renombre...

De la nobleza y de la Iglesia las virtudes,
Del amor cortés a abnegadas mujeres...
El Caballero ideal era un virtuoso
Hombre valeroso, leal y piadoso...

Dedicado y recto en el aspecto religioso,
Quedaba claro que fuera generoso,
Siempre anteponiendo su espada,
Ante los conceptos del Honor...

Que siempre era la piedra filosofal
De cualquier Código de Caballería.
Respetar esta palabra era fundamental,
Un compromiso solemne de todo Caballero.

Una palabra por un Caballero hablada,
Una vez dada, no podía ser retractada,
Porque en el propio corazón se llevaba.

Sostenerla sin mancha circundante,
Para merecer respeto bastante,
Por parte de toda clase social existente.

Por honrar su palabra y sus ideales
Encima de los demás se establecía
Además por ser tan nobles y cabales,
Mucho respeto les merecía...

Pero,
Si un mal día, osado en su porfía,
Alguna regla del honor violaba,
La justicia a sí mismo enfrentaba,
En una lucha interna desmedida
Ante fuerza abrasadora y abrumadora,
Proveniente de su débil resistencia,
Su poca continencia y abstinencia,
Por lo que a sí mismo él se negaba...

Mucho tiempo en la oración pasaba,
Esmerándose en redimir su osadía,
Buscando una misión día a día,
Del más alto peligro imaginado,
Poniéndose a la sazón en su porfía,
Al servicio de la dama que él escogía,
O de otro Caballero de nivel superior,
A quien se doblegaba y se humillaba...

Él le estaría calificando su proceder,

Considerando su riesgo y autonomía,
Según resultado que en lucha obtenía,
Había ya dado término a su penitencia.

Si no, encomendarle con mayor violencia,
Otra hazaña de armas que en esencia,
Fuera un tanto más meritoria,
Que el acto de injusticia y deshonor,
Que lo llevó a poseer tal penitencia...

Mas era peor,
Cuando un acto de deshonor,
Era por otra persona acusado,
Pues se dice que eran los más delatados,
Dado que el Decálogo era violado.

En estos casos y otros semejantes,
El derecho a oración era negado,
Pero eso sí, derecho se le daba
A defenderse en Juicio de Dios,
En que enfrentar debía a su acusador.

Si el acusador a su rango no llegaba,
Él mismo a un Paladín seleccionaba,
Mas a Dios se le dejaba que eligiera
Lo que para Él la verdad representaba,
Verdadera, irrevocable y certera,
Así el juicio se respetaba y solucionaba,
Matando al acusado si vencido resultaba,
Siempre que el acusador así lo deseara,
O bien, quitarle el rango de Caballero,
Que era, lo que de más dolor sería,
O ser desterrado de su patria amada...

Si cualquiera de éstas era la decisión
Por el acusador tomada,
El propio Caballero morir prefería

A ser lastimado en lo más profundo,
En lo más íntimo del alma suya,
Lo cual era ya no más pertenecer,
A la Orden a la que su vida ofreciera,
Perdiendo para siempre el rango,
El respeto, además del emblema,
Que su escudo de armas representaba...

Y no habría heraldo que en el futuro,
De sus listas no lo borrara y olvidara.
En adelante nunca jamás lo nombraba,
Entonces y por fin, de esa noble cuna,
A la que los servicios prestaba,
Definitivamente se le echaba,
Perdiendo para siempre el Honor,
Que era por lo que se vivía...

Entonces,
¿Un Caballero para qué vivía?

Cuando el Juicio de Dios se hacía
El propio acusador se inclinaba,
El Caballero en clemencia muerte pedía,
De esa forma su deshonor se evitaba,
Mas ahora, con todo honor moriría
Aceptando la decisión que el propio Dios,
De esta forma tomaba...

Ella

Ella ha puesto en mi corazón,
Una semilla de amor, que a la sazón,
Está empezando a enraizar con ardor.

Muy fuerte es su clamor y en su murmullo,

Que a veces me quiebra el pensamiento,
Con brusquedad me sacude la razón…

He buscado un lugar para esconderme,
Retirarme, huir, escapar, correr,
Pero a donde yo vaya a Ella le hallo.

Ella está en todas partes, en todo lugar,
Está donde quiera que yo me halle,
Ella me halla sin ninguna batalla.

Ella es como mi pegada sombra,
Que a todas partes me acompaña,
Ella es como el aire que sin su respiro muero.

Ella es como el agua que bebo limpia y fresca
Que sin ella mi lengua es seca,
Es como el corazón que late en mi interior.

A veces quiero que me deje o que se aquiete,
Pero al mismo tiempo no quiero que se quite;
Quiero que se aleje, quiero que me despeje.

Pero al igual deseo que a mi alma no deje;
Quisiera en momentos ser quien antes era,
En otros, deseo morir a que Ella me dejara.

Ella es mi portento sembrado en tierra firme,
Ella es la alondra que canta en las mañanas,
La luz de aquellas estrellas para mí separadas.

Ella es como frescura en un mar de partituras,
Es la música que suena en mis penumbras,
Es el verso que me sublima en mis zozobras.

Ella es el ánima en mi recinto infinito
Cual refugio fortificado de toda alma pura
Que me da la justa vibración, que mueve…

El torrente sanguíneo de este pobre corazón,

Que tristemente late tan sólo por una razón:
De tenerla a mi lado con toda compasión...

¡Hermosa Mía, no te alejes...!

¿Pero es que te vas cuando deseo tenerte?
¿Es que más no he de verte en mi alma presa?
¿Es acaso que mi búsqueda de nuevo comience?

¿Dónde estás pajarillo cantador de mis mañanas?
¿Por qué te vas lucero de las alboradas tempranas?
¿Yo qué haré sin tus palabras de tranquilidad?

¿Dónde me esconderé en mis días de ansiedad?
¿Dónde encontraré de nuevo quién me dé felicidad?
¿Y si te suplico que no te alejes, te quedarás?

Allí tienes a mi alma humillada y suplicante,
Aquí está toda mi vanidad besando el suelo,
Aquí está mi desventura clamando por tu amor.

¡Padre Mío, por favor no me la quites...!
¡Padre Mío por favor de mí no la alejes...!
¡Déjala vivir a mi lado, porque sin Ella...

Yo también me muero...!

El lado humano de la Historia

Infinidad de anécdotas quedarían sin contar,
Ya quizá para siempre, en el fango enterradas,
Tal que tan sólo el tiempo las puede conocer,
Con sus angustias, tristezas, odios y rencores.

Cuántas esperanzas fallidas, o cumplidas,
Victorias alcanzadas, y proezas realizadas,
Que en la Historia para todas hay cabida,

Guardadas están en páginas ya marcadas.

En bardas de pueblos y sus callejones,
En el aire atrapado en esos viejos caserones,
Moldearon y dieron a la Historia mil colores,
Simulando en el presente, del pasado los olores.

La muerte, que en panteones se respira,
Contiene la Historia sin poderlo evitar,
Cada una de las vidas escritas en sus tumbas,
Sin poder la verdad de sus epitafios borrar.

Tesoros a raudales y misterios escondidos,
A cada uno de los que pasaron pertenecieron,
Enseñanzas, ejemplos de nobleza y costumbres,
Páginas de la Historia, en murales se escribieron.

"Vileza, odio y desprecio, los guardo con dolor,
Mas convencida y henchida de gusto y de placer,
Los guardo por el deleite de haberlos palpado,
A pesar de que nunca fueron de mi agrado.

"Cómo resignarme a tomar, guardar y recordar,
Todas esas bajezas, como si fueran parte mía,
No las desecho porque a mí se acostumbraron,
Eran mi seno, y allí su estancia reclamaron.

"Cosas íntimas las compartí con el viento,
Que siempre limpia los polvos de mi soledad,
A pesar de su amistad, que es como eternidad,
Pues nunca me deja, ni me ha traicionado...

"El frío del crudo invierno me acompaña,
Hay para todos mis gérmenes de vida,
Mata a los viejos y a los nuevos da cabida,
Extingue la plaga, que a mi vista empaña.

"Las montañas son mis mejores amigas,
Son nobles y viejas como lo he sido yo,

Ellas todo lo ven, mi sufrir y mi llorar,
Si a veces olvido, ellas me hacen recordar.

"Ya por último, la brisa de la primavera,
Que a cada una de mis semillas cultivó,
Hicieron renacer y florecer mis esperanzas,
Aunque no siempre haya tenido bonanzas...

"Ven y búscame, que siempre a tu lado estoy,
Si dices que no me conoces, yo sólo te diré adiós,
Que el tiempo pasa, y marcas escribe en mi cruz,
Mas de lo que escribe, mucho en mí se queda gris".

El niño travieso

Eso es lo que sois, traviesillo,
Que si me enfrentas, me pillas,
Y vaya pilladas que me habéis dado,
Hasta en Navidades las he recordado.

Considero que no has de hacer maldades,
Ni en otras ni en esas santas fechas,
Que ya sabéis que es muy grave pecar,
Pues en el Cielo perdéis muchas brechas.

Hacedlo por vuestra Santa Madre,
Que al Cielo se ha ido por vos rogando.
En su corazón siempre a vos protegiendo,
De la maldad, enfermedad y del hambre...

Pero os gustan las briznas maltrechas,
Que pensándolo bien siempre habéis tenido.
En esos y otros recovecos en que os metéis,
Pronto me cacháis y luego me atrapáis...

Ay, ay, por mi fe que el Cielo pierdes,

Cuando me acerco, veo qué habéis hecho,
Ay de mí, que no soporto vuestras sandeces,
Os forro a palos y nalgadas con creces...

Mas luego, yo lloro y me arrepiento,
Voy a confesarme y pido un escarmiento...
No soporto en el alma mi comportamiento,
Porque al quereros he de corregiros...

Mas vos, condenado y sinvergüenza,
Provecho sacáis de toda andanza,
Que en penitencia el Padre me demanda
Que haga crecer mi voluntad:

"Enfrentaos a vuestra propia realidad,
Dad un par de abrazos al motivo,
Que causa vuestra propia deslealtad,
Para ver si con ello habréis de aprender,
A controlar vuestra seducida voluntad..."

Ya estando ante vos, pillo malcriado,
Me maldecís, y burlándoos me gritáis:
"Os deseo que vos os convirtáis en sapo",
¿Es eso de verdad lo que vos queréis...?

Vaya pues, que a buen Santo me atengo,
Que estando y procurando de vuestro lado,
A luego me doblegáis y fácilmente me tenéis
Mas luego de eso, ya no sé qué hacer...

A veces siento que vos me decís:
"Mas si vos me volvéis a golpear,
Os digo que esta noche he de matarme,
O si no, por lo menos lo intento..."

Destrozáis un corazón de viejo derrotado,
Ved que mis reflejos no son ya buenos,
Mirad que tras de vos no puedo andar,

Pues en mi enfermedad la paso sentado...

Por si acaso, rezo por vos una oración,
Recordando lo despiadado que sois,
Mas teniéndome preso de vuestro amor,
Me desdeñáis como puerco al asador...

Pero en mis delirios yo os contesto...
"Entended que no os quiero yo golpear
Comprended que me tenéis robado el ser,
Son vuestros mi sentimiento y corazón.

"Mas entended que si os he de gritar,
Es que tenéis mi aliento en vuestro portento,
Lo único que deseo es vuestro intento
De cambiar tu mala por buena voluntad.

"No me habléis de abandonar esta vida...
Centraos en el futuro, que es sólo vuestro,
Acorde con vuestra vida que apenas empieza,
Que en ella siempre velaré y os acompañaré.

"Soy un padre enfermo que a su hijo ama,
Un padre acabado que a su hijo enmienda,
Con todo ello sabed pues que os quiero...
Quisiera seguir viviendo, pero muero..."

El travieso niño a su padre se acercó,
Al verlo tan pálido, lloró y perdón le pidió...
"Os quiero vivo, Padre mío, no os muráis...
Perdonad mis travesuras y mi deslealtad..."

Le juró que su voluntad la cambiaría,
Que ya no sería lo que antes era,
Pero que por favor no se muriera...
Mas su padre, casi sin aliento lo besó.

El brazo con el que le daba abrazo,
Sin fuerzas al suelo se desplomó...

El pobre jovencito arrodillado y llorando,
Hincado en su regazo huérfano quedó...

El príncipe encantado

No tenéis nada que temer,
Con un beso me he de transformar...
Hoy no hay quien me pueda detener,
Pues a sangre y puñal he de pelear,
Con quien de vos me quiera separar...
No me habléis de temor ni humillación,
Si entre nos se pretendiese interponer...
Sé que me amáis, y sabéis que os amo...
Por tanto hoy, como mañana y siempre,
Esperadme pues, en cada anochecer,
Que a las nueve Sapo ya no he de ser,
El hechizo se habrá de desvanecer...
Estaré con vos hasta el amanecer,
Cuando en Sapo me vuelva a transformar.
Que sea mi desenlace la luz del día...
¡Oh, perversa agonía, qué triste ironía!
Magia negra que me tortura,
Pues mi placer muy poco dura...
Que alguien me diera una solución
Para salir ya de esta situación...
¡Un elíxir, un ungüento, alguna poción...!
¿Qué nadie podrá ayudarme...?
Entre tanto, esperadme pues, como siempre
Al final del día, hoy al anochecer
Después de un apasionado beso...
Os haré nuevamente mía...

Embrujo en un noche otoñal

Después de insignificante cena...
Aquella noche, como en muchas,
Sentíase solitario y meditabundo,
Había tomado unas copas de más.

Sentado en la banqueta del patio,
Fumaba su pipa y se volvía a mecer
En una mecedora de mimbre tejido,
Como queriendo un pendiente saldar.

Miraba las estrellas, como si ellas,
Intentaran poder el emblema resolver,
De sus recién descubiertos deseos,
Que en efecto, pudieran dar solución.

Él se resolvía en fumar su tabaco...
En la cena la había visto radiante,
Su rostro simulaba cándida ternura,
Destello que no había visto antes...

Nunca se había puesto a observar,
Debajo de ese vestido tan arrogante
Su cuerpo tan esbelto y tan retador,
Tela ajustable y suave color celeste.

Que sus delicadas, coquetas formas,
Sus sólidas caderas hacía sobresalir,
Además de su robusto y firme busto,
Añejado, algo maduro, pero virginal.

En sus hombros con aire gracioso,
Jugueteando su pelo rubio y lacio,
Que de reojo, él veía en silencio,
En ese atardecer, antes de la cena.

Hacía tiempo que no experimentaba,

Visiones que lo habían desquiciado,
Que quizás desde su adolescencia,
No lo llevaban a máxima excitación.

Ella, al sentir de él cómo la veía,
Notó de inmediato tal exaltación,
Cuando cruzaban sus ávidas miradas,
Al vaivén extraño surgido entre dos.

Esa pícara y voluptuosa inquietud,
Tan notoria que en ella se desenvolvía,
La avergonzó, y decidió marcharse,
Dejándolo solo en su ardiente porfía.

La propuesta no verbal que le hiciera,
Que antes, nunca jamás había vivido,
Él pensó que ella había rechazado,
Luego entonces quiso olvidar la escena.

Pero demonios picoteaban sus ideas,
Deseaba a una mujer en su lecho,
Se le detuvo el pulso y la respiración.
¿Cuánto hacía que no tomaba una?

Convidado a seguir con el simulacro,
De la mental y violenta escena,
Se salió a la banqueta del patio,
A tomarse unas copas de licor.

Sin saber lo que debía de hacer,
Nervioso veía las nacientes estrellas,
¿Ir por ella, arrebatarle su intimidad?
¿O dejar las cosas en tal resequedad?

Un leve viento en la noche entrante,
Revive en medio de tales cavilaciones,
Baja la mirada que tenía en lo alto,
Una bata blanca ve moverse levemente.

Femeninamente arrogante y decidida,
Su pelo suelto encima de sus hombros,
Invitando a lo desconocido y la pasión,
Ella estaba allí, viéndole de frente.

Temblaba la realidad de un pecado,
Que en el crepúsculo echaba sus raíces;
Dos inocentes de frente a un porvenir
Que esa misma noche se descubriría.

Confundida la vergüenza con el pudor,
Descalza entraba tal como venía,
El deseo carnal miraba con ojo abierto
Sin poder dar crédito a lo que miraba.

A distancia la detuvo con la mirada,
Viendo cómo la luna la adornaba,
Haciendo que sus curvas se reflejaran
Con el brillo de su leve luz plateada.

La confianza cruzó entre las fronteras
De los tímidos y vergonzosos amantes
Que en los brazos de uno como del otro
Pierden voluntad y sentidos esta noche.

Cuando el beso besa y el brazo ciñe,
La boca cede y la cintura es presa,
Arde el fuego en dos cuerpos desnudos,
Que deja para siempre su consecuencia.

Esa noche de octubre en plenilunio,
La voluptuosidad se abrió camino...
Dos almas envueltas en un torbellino
De pasión, desatado por un embrujo.

En defensa del reino

En los momentos más desesperados,
De la necesidad de un reino en peligro,
Margarita, sin el Rey saberlo ni consentirlo,
Decide por su propia voluntad y decisión
Ayudar a resolver el grave problema.
De esta manera resolviendo el dilema
El reino no se perdería por un ardid,
De odios e insatisfacciones del otro Rey,
Que durante muchos años la deseaba,
Mas al saber ella de este incidente,
Va y ofrece lo íntimo al Rey en secreto.

Él:
Quizás no sea fácil como yo pienso,
Pero de lo que sí presumo y consiento,
Es de saber con certeza y tiento,
Cómo sacaros del bache a su tiempo.
Pues mis tretas yo sabré aprovechar,
Cuando pueda estar en vuestro lecho…
Hechizos de intenso amor y de placer,
Os echo con lo dicho; y del hecho al trecho,
Ya con esto hecho, a cobraros aprovecho.
Entre tanto, se pone caliente el macho,
En adelante los que siguen el ensueño,
Sólo serán mi boca y mis dulces labios,
Que muy bien saben manejar el verso,
Por poder consentir, besar y declamar,
Con empeño para gratificarse mutuamente,
Mas lo que quieren estos sinvergüenzas
Es que su secreto capullo, así le llaman,
Sea consentido, acariciado y besado…

Mientras duro, yo soy motivo de su interés,
Sin más previo aviso que el potente latir
Que mis labios palpitantes sienten.
Mas la esencia del verbo sale apremiante,
En una exclamación tras otra exclamación,
Pues por continuar, mi boca se procura,
Esa silenciosa canción, sin perder ni una jota,
Pues tras la fuerte emoción la pobre ingrata,
Pronto se agota y es claro que se nota,
Pues acaba agotada, desvalida y sin fuerzas
Para ya no más poder siquiera hablar,
Y mientras tanto, caída y escondida...

Ella:
¿Caída, desvalida, agotada, sin fuerza?
¿De quién hablar vos pretendéis?
Os traiciona vuestra lengua singular,
Que a mí ciertas cosas me son de notar.
Quizás con otros amores me confundís,
Que de una a la otra razón no logro dar,
Con vuestro tino, que no es certero,
De sobra lo sé, por lo de aquel supuesto,
Que no era más cosa que un terreno,
De amarillo trigo, azafrán y centeno,
Movidos por el viento, tremendo rufián,
Os recomiendo un mejor reconocimiento,
De cada uno de esos acontecimientos.

Él:
Yo, soy Caballero... Mi Señora,
Vos siempre con tan buen humor,
Que de tanto vos me hacéis reír,
Que a bien olvido el rencor...
Mujer, que empezamos la Edad Media,
¿No os habéis dado cuenta?
Que un súper hombre todavía no nace,

Que en venganza, aunque suculenta,
Sea dada muy pronto en la revuelta.

Veréis que siempre cae y se acuesta,
Que tan luego de la primera apuesta,
Sin duda a vos sin desatinar os apuesto
Que a la tercera justa su súper hombre
Ya ni de lejos se ajusta a caballero alguno,
Y no me va a decir que porque lo asusta...
Sino porque ya a tales extremos
Todo esfuerzo viene a ser nulo...

Ella:
Veo de nuevo de vos un intento fallido,
Con toda cosa opuesta a ésta, mi gesta.
Si vos, Caballero queréis ser y poseer,
Tendréis que presto esforzar y aumentar
Vuestro rendimiento, que es muy lento,
Pues hay dragones y osos por combatir.
Si flojo como estáis os han de encontrar,
A otros irán, que los puedan enfrentar.
Ante todo, yo soy una dama y mujer,
Que si debo morir como si fuera caballero,
Será con la esencia de la honra bien alta.
Vos sabed pues que eso de súper hombre,
O a como artilugios queráis llamarle,
Inventos o decrementos, no vienen a cuento,
Pues tales contentos no son de mi tiento,
Cumplidme pues, que eso es a lo que vengo.

Luego de la mira a la que iba la Reina,
Tal que el Rey no pudo con la tolerancia,
Entonces bajo esta ingrata circunstancia,
El Rey regaló el cuerpo de esta Reina,
A los más ruines caballeros del reino,
Luego de ultrajarla y mil formas violarla

Un edicto publicó en la pública plaza:

"Sólo para que bien claro quedara,
También muy sabido y establecido,
Que Margarita aquí había venido,
Por su gusto a entregarse a sus brazos,
Para que por todos fuera bien sabido,
Que era una vergüenza de cortesana...
Que sin llenar con lo que su esposo le daba,
Vino aquí a buscar poco más que más,
Para que Yo el Rey, completa la llenara".

Mas como si fuera poca esta traición,
La expuso en su corte avergonzada,
Como ejemplo de lujuria y liviandad,
Ante todos los nobles y consejeros,
Mas la acusada, ya avergonzada,
Sólo la cabeza y la mirada bajaba,
Mucho lloraba ante las obscenas miradas
De todo aquél, que la veía encuerada...

A la afrenta, su esposo Rey no pudo resistir
Así, en menos de lo que canta un gallo,
Guerra le declara al Rey ante el atropello,
Contratada para vivir o morir frente a frente
Sin saber el esposo de Margarita realmente
Que su vida perdería en un solo instante.

El Rey al Ogro Rey:
Disponeos y poneos en posición,
Que ahora tengo la aspiración.
Sobre todo no os conmováis
Que a la batalla acudiréis...
Ahora dadlo todo por perdido,
Que no quiero pelear en vano.
Pues he visto, extremado caballero,
Vuestro relato insano y majadero.

Sobre todo para mí y mi reino,
Pero hoy tengo ganas de odiaros...
Así que mañana en el campo os espero,
Para recubriros con agasajos diversos...
Con cada una acogida daos por muerto,
Que de nata, caramelo o chocolate,
Os espera una espada y un látigo.
Decidme qué os parece... ¿Os apetece?

El Rey Ogro muy descortés, no contestó,
Obviamente ni a la batalla se presentó.
En su lugar a su mejor paladín envió,
Vestido con su armadura, yelmo y escudo,
De manera que a todo el mundo engañó.

La batalla sangrienta ya no paró...
Pelearon cientos de guerreros incansables
E igualmente muchos de ellos murieron,
Como también engañado murió el Rey...
Quedáronse sin Rey, y Margarita finalmente
Decide ahorcarse desde una almena del castillo
Dejando al reino en abandono y a instancias
De lo que el Rey malo y Ogro decidiera...

Enemigos

De necios embusteros vuestro verso parece
Pues verdad como tal no ha de ocultarse,
Tras las pantallas de lo obviamente visual,
Que poniendo las rodillas abiertas al suelo,
Por San Jorge decidme lo que pretendéis.

Dadme entonces la verdad con la muerte,

Y enfrentadme a tan dulce y cruel destino,
Que caballero andante pueda esperar de
Otro tal, caballero singular, cuyo apetito,
No es más que el mismo y sátiro deseo
De Luzbel u otro diablo de los avernos.

Clavad ya la estaca de vuestro argumento
Certero, erguido y ciclópeo con que dais
Agonía a caballero encorvado y retorcido.

Que sea testimonio su espada prominente
Objeto de tormento vehemente y evidente,
Mas no exhausto y remilgoso, que cansado
Se ha de doblegar ante noble circunstancia.

Que me haga valer la Virgen de la Caridad,
Toda su Corte Celestial y hasta sus ángeles,
¡Cosa habrase visto en días de la Caballería!

Sin duda ha de ser un caballero encantado
Que siendo las Leyes de Caballería cabales
Caballeros como tales, jamás se doblegan
Ante una tragedia como la que mencionáis.

Caballero dispuesto a vengar, sea la injuria
A la orilla de este lado del mar, con espada,
Peto y con daga en mano espera consigo,
La primera por la pendiente del revolcadero,
A lo cual sin pregunta ni respuesta pregonada,
Se apearía del corcel para salvar dicha afrenta,
Por él no concluida y pendiente ante honor,
Que de más, le debe al adversario oponente.

Ea pues, desenvainad cobarde, quejumbroso,
Embestid, que me habéis dejado pendiente,
Tal que la ocasión preste cuando la batalla
Se dignara continuar y fiero combate batir,
Ante agotadora espera por fin ya al terminar.

Más sabéis de las andanzas de los caballeros
Dios nos libre de tan tiranas intenciones,
Malas usanzas y mal habidos menesteres.

Un caballero se forja como el acero al fuego
Sin descanso y oración en noches estrelladas,
Que siendo así su profesión, descanso no hay,
Aunque hayáis comido cojones de dragón.

Más razón para defecar con fuego y sin pudor,
Que si los cojones son el motivo de tal ardor,
Habrase de dar cautela hasta el último tránsito
A negocio tan cabal, y sin parar, la tripa sosegar,
Untándose muy bien el Bálsamo de Fierbarás.

Que a mí me valga demonio más malicioso
Que con tripa dura y cojones embalsamados,
Estirándose las barbas ha de maldecir la hora
En que tal fortuna se vino a manifestar...

Mas viéndome mi contrincante, hincado,
Arremete contra mí, el noble caballero,
Decide de una vez y para siempre matarme,
Con espada tan afilada para dejar enmarcado,
Que el momento ya hubo a su fin llegado...

Ya muerto el perro con él se llevó la rabia
Del mortuorio minuto, reviví un momento
Para escribir esta gesta que regalé a mi rival,
Confesando que todo el mundo la iba a cantar.

Luego desaparecí y me fui para no volver,
Mi cuerpo sirvió luego para hacer ungüentos.
Una parte de los polvos que de mí quedaron,
Tomas en el café las tardes en la Posada.

Enfermedad

En pocas y breves palabras, he de decirles
Las cosas graves, que por aquí me pasaron,
Fueron causantes de muchos malestares,
De verdad, creo que ya se han de sosegar,
Sin embargo yo me sentía que me moría.
El origen de este rollo es que comenzó
Durante la visita de aquella morena,
Pero, de cómo decirlo me da pena,
Pos que caray, hombres todos somos,
Pero me perdonan por lo que he de decir,
Porque como son cosas de intimidad
No debía contar, pero pos ni qué hablar,
Con ustedes que de confianza me son,
Pos habrá qué hablar, y he de contar
Lo que fue a pasar una tarde de bienestar.
Por suerte una morena me vino a visitar,
Y como es natural, comenzamos a jugar.
Al rato de estar jugando y averiguando
Me encuentro que sus senos son de ver
Por lo que sus senos decido admirar,
Mas de tanto admirar, pasé luego a morder,
Sin saber que ella se fuera a ofender,
Pero no por besarlos sino por morderlos,
Pues mordidas de ella fueron la reacción,
Me mordió ésta, que ya no levanta la testa,
Brutales marcas y moretones me dejó,
Luego creí que tendría molestia funesta,
Pos al par de días me voy con el doctor.
Luego de que me dio su punto de vista,
Me da receta de dos o tres cosas la lista
A comprar y empezar a tomar y a aplicar.

Resulta que de lo que me dio para tomar
Fueron unos comprimidos que pensé
Que entre más consumidos, por lógica,
Mejor los resultados, y en vez de dos
Como el doctor me lo había dictaminado,
Me tomé diez pa'que el mal pronto pasara,
Pero en vez de cura, más mal me provocara.
Muy rápido mareado y maleado me sentía,
Como que se me hacía que me moría,
Hecho el mal ya estaba ¿y qué le hacía?
Los domingos me siento comprometido
Con mis primas, a su casa voy a cenar,
Semana tras semana toca la visitada,
Pero esta vez como muy mal me sentía,
Creía que no podría; en fin, me animé,
Pues éste es el único día que puedo verlas,
Y así como andaba, a sus puertas toqué,
Pero sin olvidar el toque personal
De un par de ramos de margaritas llevar
Para a cada una de las primas regalar.
Al entrar y ver ellas lo pálido que estaba,
Ninguna de las dos podía comprender
Qué me sucedía, y asustadas como estaban,
Y en que a Ramona, la sirvienta, llamaban
Ellas casi se desmayan, pero aguantaban.
A ella le pedían que fuera por el doctor
Para tratar de remediar todo este estupor,
Al que Ramona trae en menos de contar
Uno, dos y tres, y al entrar el doctor,
Dice: "Al enfermo, leche le han de dar
Para calmarle su mareo y su malestar,
Estuvo a punto de a mejor vida pasar,
Por intoxicación que causa ese marear,
Han de hacerle vomitar para expulsar

El mal que adentro trae, y ya echado,
Es fácil que pronto quede mejorado...
Tú muchacho, te has de dejar apapachar
Para tu salud mejorar, y ya pronto verás,
En dos horas ya mejora, pero sin pararse,
Porque si se levanta, se vuelve a marear".
Total que ya resuelto por el doctor el acertijo,
De todo aquello que me traía bien canijo,
El doctor se despide y a las primas les pide
Que en cama me acuesten y la ropa me quiten.
La cual me quitan, y en calzones me dejan,
Luego la vergüenza se me viene a la cabeza,
Porque soy algo vergonzoso, y de buenas,
Que me bañé y de calzoncillos me cambié,
Si no la pena me mataría, y como quiera,
Con calzones limpios, los cuales eran blancos
Con corazoncitos rojos, la pena me atraviesa,
Pos acordándome lo que el doctor recetara,
Que me había dicho que tan pronto pudiera
Que la pomada me aplicara, y precisamente
Yo a las primas les pedía que me la aplicaran
En la parte afectada, y que del saco la sacaran.
Como menos que poder hablar, yo hablaba,
No señalaba la parte donde sería embarrada,
Pero con una mano apenas les mostraba
El lugar adecuado para poner el ungüento.
Ya para no hacerles tan largo el cuento,
Cuando ellas vieron el camote tan morado
Que yo portaba, porque así como estaba,
Eso era lo que parecía, un camote morado,
Por eso lo describí tal como lo mencioné.
Al ver esto, una d'ellas queda desmayada,
Y la otra sale asustada de ver el jumento
Tan hinchado, molido y bien maltratado.

Pero pues la pomada se habría de poner.
Ramona, al llegar y ver, se empieza a conmover
De ese desecho, moretoneado y maltratado.
Y del pobre hombre ultrajado y mareado,
Sólo pedía piedad para que fuera curado.
Yo agradezco de esta mujer la santidad,
Que si no hubiera sido por ella sabría Dios
A dónde yo fuera a ir a parar con ese mal…
De manera que empieza con sus frotaciones
Y sobadas en donde bien morado estaba.
Cosa que desde tiempo no tenía reacciones,
Me sorprendió que empezara a reaccionar,
Porque si le haz de sumar reacción natural
Con suave meneo, y lo hinchada por el mal,
Es de admitir que todas se iban a sorprender,
También a asustar, pero no la Ramona,
Que con la pomada esa, que todo lo sana,
Decide sobar y embadurnar hasta que al fin
Terminó de curar, y yo al sentir aquella cosa
Bien relajado sentía, y por cómo me sentía,
Pos sentía que el mal ya estaba por acabar.
Si no fuera por la nana y su buena mano,
¿A estas horas dónde fuera yo a estar…?
Tan bien quedé, y las gracias una y otra vez
Le vine a dar a ella, y ella me fue a ofrecer
Que cada vez que necesite la pomada aplicar,
Que un grito le echara pos ella con gusto
Se presentaría al lugar donde yo le dijera,
Allí estaría para la curada y terapia repetir.
La habría de seguir repitiendo tantas veces
Hasta que bien curado estuviera aquello.
Total, con terapia y buenas manoseadas
En la primera ocasión, no muy bien quedé,
Empero luego mucha confianza me dio

Para llamarle cuando yo lo necesitara,
Pues ella prometió que con sus cuidados
Yo muy pronto sanaría, pues ella decía
Que buena mano tenía pa'las sanaduras,
Y con las sobadas destorcer torceduras,
Si no las curaba, que muy bien la pasaría
Yo contento me pondría… Y así quedó la cosa.
Por eso estoy aquí, mientras aquélla reposa.
Pues ya, yo les conté en un dos por tres
De todos los males, éste que a mí me acosa.

En la espera de la muerte

De repente olvidé que la muerte me vigilaba,
Yo estaba tan ocupado revisando el auto nuevo
Que de repente sentí unos dolores en el brazo,
Alguien me había dicho que podría ser el corazón,
Sin embargo, le di poca importancia a ese asunto.
Pues me tranquilicé y me senté en la mecedora,
A propósito quise hacerlo para meditar un poco
En el intercambio de entorno vital que apenas viví.
Pensaba en los planes lejanos y las tareas de casa,
Las deudas que tenía sin cubrir y con el banco.
Pensaba en que la gente muere y queda todo ahí.
Sinceramente me dio mucho miedo lo que sentí,
Ya tengo sentado un buen rato y no me recupero,
Los latidos de mi corazón siguen muy acelerados,
Y mientras trataba de calmarme, seguía pensando,
En la manera que muere la gente y todo se olvida.
Sea lo que sea, sufren la pena de que nada se llevan,
Inclusive la ropa, allí se queda colgada donde estaba,
O quizás la tiren o que lleguen a donarla a alguien,

La comida se pudre si es que no la metieron al refri.
Qué caray, incluso los pensamientos se hacen nada,
Los problemas, ya nadie podrá ayudarte a resolver;
Nadie los podrá saber, ni los secretos más íntimos,
Ya nada de lo que estaba contigo, tendrá la energía
Que realmente tenía cuando les ponías atención,
Ahora todo es reemplazado, sea en la casa u oficina.
No sé qué es lo que me está pasando realmente,
Los dolores que antes sentía en el brazo izquierdo,
Parece que se están repitiendo, y no puedo pensar.
Por un momento no pienso en nada, sólo me calmo.
Vuelvo a recordar en lo aislada que tenía a la muerte,
Desde hacía mucho tiempo ya no me acordaba de ella,
No le daba la importancia que debía y ella tenía.
Para el que se muere, se disuelve toda importancia,
Se disuelven los títulos y todos los nombramientos.
A los que quedan vivos, a nadie la va a importar,
Lo que tú fuiste o eras o qué hacías antes de morir,
La verdad es que así es... Y siempre así va a ser,
El que muere, al pozo, y el vivo, se va al negocio...
Olvidando que la muerte siempre está al acecho,
Siguen haciendo su rutina como hasta ese momento.
Cuando te das cuenta que la muerte ya te espera,
Es cuando estás a punto de morir si estás consciente,
Y nunca antes, dentro de tu estado de conciencia,
Es más, te resistes a pensar en ella, y la esquivas...
Pero si la gente la tuviera muy presente diariamente,
Tal vez, vivirían mejor y le darían menos importancia
A las cosas que normalmente les dan mucho valor,
Tal vez la gente esperaría menos de los demás,
Quizás perdonaría más, y aprovecharía para ser feliz,
Quizás apreciaría más el tiempo que tener más dinero,
Se prepararían más, rezando por una buena muerte,
Quizás pasarían más tiempo atendiendo a los demás,

Quizás, se darían más tiempo para estar más cerca
Del reino celestial y no darle importancia a lo banal,
Quizás sus relaciones con los suyos fueran mejores,
Ya no tendrían pleitos ni discordancias familiares,
Si tan sólo consideráramos diariamente a la muerte.
A partir del momento en que la gente nace,
Le comienza un viaje tan veloz hacia el final
Que nunca se detiene, y aún así vivimos aprisa.
Cada día que se vive, es un día menos de vida,
La gente no se percata de esta clara disyuntiva,
Mueren, mueren y mueren cada segundo que pasa,
Mas de la muerte nadie se acuerda, nadie se percata.

Esclavo de vos

Mal nacida y engreída seáis: vuestro cuerpo hoy
Tiene quizá malsanos olores de otros hogares...
Aun así, por este esclavo de vos, no os preocupéis,
Que devoción como la vuestra tiene por sin igual,
¡Te ha de amar porque te ha de amar!
Pero la culpa no es vuestra, Señora, sino mía,
Pues haberos dejado un tiempo en melancolía,
Y en soledad, era seguro que vuestra majestad
Por esos rumbos andaría, en busca de ser amada,
Además agrégale, de por mí ser comprendida.
Hacéis bien en regresar al hogar que pertenecéis,
Pues al saber que yo os espero con cuidado y esmero
Al no haber más remedio que amaros, os digo
Que a pesar de todo, a mi alma falta hacéis,
No me queda otro remedio que perdonaros,
Por el mal que me hacéis, y el bien que me dais.
Por esa culpa que vos en vuestra alma lleváis,

Dadme libertad de haceros lo que me plazca,
Podréis callar y sólo gemir al palabra articular.
Si en esto estáis de acuerdo, pues a comenzar...
No habréis de quejaros, que en amores soy sin igual,
En hacer traslados al paraíso, no hay mejor que yo.
En primera instancia debéis vuestros ojos cerrar,
Dejaros desnudar y vuestra cabecita descansar
Sobre mi brazo izquierdo, que mi mano derecha
Se encargue de vuestras quijaditas tomar,
Que mi boca espera a rodear tus dulces labios,
Con los míos húmedos y sedientos de vos,
Con la fuerza suficiente para abrir y juguetear
Al suave roce con tu lengua tiernamente,
Suavemente, pero tercamente invade interiores
Donde se colma del más delicioso y dulce manjar
Que es vuestro aliento, y sin dejaros respirar,
Vuestros quejidos escucho en vez de hablar.
Eso sin remedio me hace todo mi ser reventar,
Cualquier parte de vuestra piel me ha de quemar.
Ayes escucho de vuestro pecho, ¿pero, cómo actuar?
Sólo me guía el manifiesto de mi sexo voraz.
Sin decir más, sólo aprovecharé el descuido fugaz
De vuestra frágil delicadeza a la expectativa
De mis naturales reacciones y masculina violencia.
Hemos llegado al punto donde ya no hay retorno,
Ya no hay manera de retroceder ni tener piedad,
Que al fin y por la gracia de Dios Alabado,
La piedad quedará padeciendo después del placer,
La mutación a la que ambos hemos llegado
No permite separar en partes lo que está unido.
No tenemos más remedio que ceder y derretirnos
En una sola corriente del volcán de nuestro pecho,
Donde desembocan nuestras almas y juntas
Se van a reposar a nuestro corazón...

Perdonadme, mi querida Señora, perdonadme.
Pues vuestro rostro y llanto siento a mi lado,
Vuestra paz, dominio y delicadeza he perturbado.

Escritor disimulado

Si cojones de dragón son motivo de ardor
Déjamelos a mí que he de tener cautela
Hasta el último tránsito a negocio tan cabal,
Que por comer sustancia tan sustancial
Más hombre me he de hacer, para así
Reparar no sólo el cuerpo sino el alma,
Que ni con los bálsamos de Farbarás.

Válgame pues demonio muy astuto,
Estirándose las barbas ha de bendecir
La hora y el punto, en que tal fortuna
Se vaya a venir a dar y a conocer...

Viéndome pues, alzado en el Cielo,
Arremeta contra mí, demonio sutil,
Tal que decida de una vez darme muerte,
Pero con mi espada bien afilada,
El momento suyo llegará a su fin...

Por lo que puedo ahora concluir
Que este juego que acabo de jugar
Mucha fortuna nos ha de abastecer,
Sin pretender en el hacer y deshacer
Burla, bajeza, ni cualquiera otra tibieza
Que pudiera mentes nobles ofender...

Si a bien, de todo esto es tan capaz,
Ni los Caballeros juntos de la Corte,
Quitarán escritura de escritor glorioso

Que dará mundial fama a esta merced,
Que sea conocido en los más prominentes
Pensamientos en círculos de este planeta.

Déjame ver el brillo y la espada victoriosa,
Que gentil Caballero se digna a mostrar,
En cálida cruzada cuya espera ha valido
Lo bastante para el gozo de las especias,
Que dicho armamento con fe encamina
Por los senderos ocultos, para depositar,
En las profundidades de abiertas lisonjas.

De claridades de lo que quería esperar,
De este Caballero, que no teniendo más,
Doblegará su germen de nobleza caballeresca
Y no más que su honor en prenda entregará
Para delegar yelmo, espada y armadura
A tan sin igual vencedor en la batalla.

Que es el que posee imperiosa armadura,
Jamás fuera igualada por caballero andante
En lides de caballería y las artes de guerrear.

Puesto pues ya por fin y sin más ni más,
Que en el objeto mismo de la esperanza,
Del cual combate, tan tirante y revenido
Haya como éste, ninguno otro ni habrá
Ni en ésta ni en otra historia porque sea
Rebuscada y atrevida pero tan singular,
Siendo de ocasiones con otro tanto de sí
Viene su letra en mano propia a manejar
Con tan singular verbo y arte de decir
Que ha buscado la ocasión que por escribir
Tan real nombre escritor cual ninguno,
Clavare su lanza con cierta estima en pecho
De caballero artillero de vencido honor,

Que en este mismo argumento vida cobró…

En mente de su mismo escritor, cual excitado,
Cual atrevido en términos de morbo diabólico,
Su sangre coloca en su mano rescoldo del placer,
Cuya misma escritura ha fomentado, y sin más,
Que comer el producto de su propia morbidez,
De inmediato con pena y vergüenza su libro
De escrituras cierra, por evitar motivo de ser
Presa de famoso hecho hasta ahora no contado
Ni imaginado por narrador otro ninguno,
Pues ni las diez leyes de Tirante el Blanco,
Ni las del Caballero de la Ardiente Espada,
Ni las Tablas del Caballero de la Triste Figura
Ni todos los Caballeros juntos o esparcidos,
Quitarán de la pluma de escritor tan famoso…

Que a su cargo tenga por darle un nombre
A esta merced y cuyo nombre sea conocido
Por pensamiento y lengua de todo caballero
En la redondez del planeta y valga nombre
Para ser repetido mil y una y más veces,
De esta merced el nombre por esperado,
Sea pues entonces "Felonte el Cronista".

Mientras la pluma el escritor no ha dejado
Por apelar qué nombre a vuestra merced
Autoritariamente se ha dignado bautizar.

En las vísperas de lo que se esperara,
He aquí que este Caballero de tez triunfante
A este hecho en posición de ser su recipiente,
Vio su nombre con letras doradas escrito
Declarado en la plaza de la Tribuna Real.

Esta vez me tocó ganar

Aquí os veo, y en esta visión deseo,
Aunque queriendo ser muy sincero,
Si fuera con un poco menos de ajetreo,
Pues a como se clasifican las artes,
Nuestras posesiones deben agrandarse,
Más la ironía se da sólo en la esencia,
De aquel juego donde todo comienza,
Sin pretender que en unión terminara.
Si entendemos que el juego no terminó,
Entonces a jugar lo que hace falta,
Mi dulce Princesita tan singular.
Mas dejemos este juego para después,
Que no ahora, pues hay qué hablar,
Que en las justas, esos momentos
Más o menos espaciados se producen,
Nunca nada tienen que ver con esmeros,
Ni mucho menos con desesperos,
Que para eso ya tenemos los deseos,
Si no de primera mano, de segunda.
Mas por el juego no os preocupéis,
Que de mí, os he de pasar el turno,
Tocaros palmo a palmo, sin pasar mano,
Hasta que digáis que satisfecha estáis.
Pronta y presta mi propuesta aceptaréis,
Que no doy abasto con tanto trasto.
Sabed que vuestro amor mío ya es,
De tal manera se habrá de reconocer.
Siendo así, colmada habréis de quedar,
Que con este caballero nada os faltará.
A sabiendas de cientos de caballeros,
De otros tantos y cientos más guerreros,

Que por tierra o mar os pretenderán
Sus amores a vos entregar y ofrecer...
Entre tanto, predicad vuestras artes,
Con los cabestros que a mano tengáis,
Para podérselos a todos comunicar, a saber
Que con ello logar lo que de mí queréis,
Pues tendréis que demostrar presteza,
Para que a mi altura podáis estar.
Ved que en, prestezas y acomodamientos
Os valga la Virgen Roza Cruzada,
Pues entretejida ya en estas lides,
Que con todas las cortes celestiales,
Más con todos esos buenos modales,
Ante este reino deberíais probar,
Que tengáis buenas artes y prestezas,
Además de buenos acomodamientos.
Que sin negarlo, vos sois el fundamento,
De este argumento presto y puesto,
En mi mente como en mi memoria.
Ahora que si bien vos no lo recordáis,
Yo era quien se dignaba poneros
Los fomentos y daros los comprimidos,
Las alforjas y los cataplasmas,
Que os daban conforte para aliviar
Vuestras penas, llantos y sufrimientos
Sufridos en vuestros malos momentos.
Pues por algo he sido, soy y seré
Vuestro aliado y vuestro consorte amado,
Que a costa de pesares y malestares
Sin embargo, las penas os he reducido.
Recordad que mil placeres os hube dado
Cuando estando de vuestro lado,
No hacía más que de vuestro lado estar,
Para que a vuestra voluntad me ajustara

A tal ajuste, de acuerdo al día vivido.
No pasaba día vivido que no me amaras,
Pero todo eso, nadie lo deberá de saber.
Tu virginidad aparente debéis ocultar.
Sólo dejadme a mí con ella apostar,
Sin pretender con ello de vos abusar.
Al no encontrar otra arma para apelar,
Vuestra perdida virginidad, es mi espada leal.
Mas ahora son días de decisiones tomar,
Al fin viernes, mañana día de descansar,
Aunque ahora también me acuerdo,
Que los sábados libres no me los tomaba,
Puesto que en aquel árbol me esperabais,
Donde el juego del amante que amaba
A la Dama que a él también amaba,
También los sábados nos gustaba jugar.
Sin faltar los domingos y los días por guardar.
Inocentes, no había ley que se opusiera
A suavizar lo que debía ser suavizado,
Para ponerle la hilaza bien ajustada,
A aquel ojal abierto y desamparado,
Donde yo sabía cómo la aguja manejar,
E hilarla justo donde debería encajar.
No digáis que no lo habéis de recordar…
Pues ante un reino en dos dividido,
Que mi aguja sepa cómo remendar,
Para que esta unión lo tome de su lado.
Os puedo advertir que no es palabrería,
Simplemente es un estado de estadía,
Fue siempre vuestro gusto noche y día,
Que a palabrería siempre conducía…
Os digo que os preparéis para la vida.
Por Dios, poneos ahora en guardia,
Que sobre el norte, o sobre el sur,

Sobre el poniente, o sobre el oriente,
Mi propuesta de unión estará presente...
Que ésta es justa la carta por apostar,
En el juego que os gustó siempre jugar,
Pues sin lugar a dudas, y sin pensar,
Creo que esta vez, me tocó ganar...

Estéril e impotente

Lolo no se quedaba quieto con esto
De resolver su problema y salir del aprieto,
Iba a consultar gentes que de esto sabían.
Hasta adivinadores a escondidas buscaba
Que por no dejar, veía para que le dieran
Cápsulas comprimidas de algunas hierbas
Que sirvieran, y que le hicieran sus barridas,
Para ver si con eso, la cabeza levantaba
Que pudiera servir para lo que debía servir...
Otros compas decían que para el levante
De aquella cosa y no perder el semblante,
Mucho cacahuate había que consumir;
Otros más, decían que antes de dormir,
Aquellas dos pelotillas que le colgaban
Como badajo de campana o de toro,
Tendría qué ponerlas en agua fresca
De noria y sentarse como las majas,
Descansando y sin tener preocupación,
Y con un abanico estarse refrescando,
Mientras los tompiates estar mojando,
Justo antes de intentar amores hacer,
Pa'entonces los cojones bien fríos tener,
Ahora sí, a hacer lo que tenía que hacer,

Pos decían que con la agüita fresquita,
O procreaba o se lo llevaba la chingada,
Pero así y con el peligro de la resfriada,
Un albur se echaba, en el que le apostaba
A que fuera la primera de esas dos cosas
La que primero aconteciera y que rindiera.
Si jalaba, ya nomás no perder la puntería.
Uno que otro, también le recomendaban
Que debía comer muchos camarones,
Irlos a traer allá atrás de los panteones,
Donde los vendían unos señores que
Los traían de Tampico y de esos lugares.
Creo que estaban pendejos los cabrones,
Que así decían, porque los camarones
No servían más que para perder el tiro,
Pos el hocico te quedaba bien apestoso,
Y en lugar de que se te acercara la vieja
Para ponerle sus buenas emparejadas,
Por el puro hedor del hocico se volteaba,
En vez de besar te mandaba a la chingada,
Sin poder hacer lo que por el cuento ese
De los camarones tenías que proceder.
Sin embargo, y al no poderlo hacer
Al momento por haber sido rechazado,
No le quedaban ganas de volver a intentar
Sabe si anduviera a punto, y sin resultado.
Mejor se quedó con sus cacahuates
Además de resfriarse cuerpo y tompiates,
Pues buen resultado le estaba dando.
Pero en un duelo de honor perdió la vida.
Fue entonces cuando su esposa querida
Estaba a punto de parir, pues un mes le faltaba.
Él no pudo vivir para ver lo que peleaba.
Cómo vino a morir, en ese justo momento,

Sabiendo lo que vino a lidiar para eso lograr,
Cuando ni siquiera pudo presumir a sus amigos
Del gran portento, que estaba ya por suceder,
Que seguramente el hecho lo iba a redimir,
De sus miedos y pesares, que él creía tener,
Por incompetencia natural, propia de su edad,
Pues él creía que no cumpliría, pero cumplió,
Y se excedió, y no vivió para ver lo que nació,
Seguramente que nunca lo hubiese creído,
Pero como sangre de su sangre que era,
No podría ni dudarlo, naciera lo que naciera.
Al ver lo que nacido era, pues lo más seguro
Es que de un paro cardiaco se muriera
De la emoción de ver el retoño aquél
Que Dios le fuera a regalar, y si se iba a morir
Por esta realidad observar... Pues bueno,
Ya a la muerte le había ganado terreno,
Pues antes de morirse por esta gran emoción
Que lo mataría, ya había muerto por el pleito
Por aquella bala que lo fue a incapacitar
Hasta que el tiempo pasó, y luego lo mató;
Así que ya muerto, de morir nuevamente,
La mera verdad, que ya no se preocuparía.

Eulalio

Pues bien mi Señor, antes que nada
Permítame que me sitúe donde debo estar,
Que entre rima y armonías perdí las sintonías.
Si desquiciado me ve por mala polifonía
No me lo tome a bien ni a mal, mi Señor,
Que aquí vengo muy puesto y dispuesto,

A pedir mil perdones y en mi venia aguantar,
Mas si así lo quieres, hasta he de implorar
Que si así lo deseas así me tendrás...
Esta misma tarde he venido a redimirme,
A ser quien debo ser, y a deshacerme de aquél,
Que confundido un día quedó bajo hechizo
Del brujo o hechicero y de los destinos artesano,
Que el mío tomó bajo excusa de un engaño,
Me ofreció las delicias de mieles y perfumes
Jamás por hombres probadas y endulzadas,
Que multiplicados por cien, fueron regalados
A esta pobre, humilde e inocente alma ilusionada...
"Háganme sitio en éste, su lecho":
Así todo comenzaba, y así todo continuaba...
"Refuércenlo para que no quede maltrecho..."
Pues no eran dos los que en el lecho entraban
Sino tres, y de gran tamaño, y yo en medio estaba,
El juego siempre comenzaba con besitos y caricias
Con frasecillas como: "Tómame, que allí estoy..."
"Abrázame, que en ti estoy, y a ti me doy..."
"Muérdeme y mátame con tu boquita feroz..."
¿Pero creerás que el juego allí terminaba...?
Mañana tras mañana, tarde tras tarde,
Noche tras noche, madrugada tras madrugada,
Los "Muérdemes y mátames con tu boquita feroz"
Nunca parecía que se acabaran...
Así pasaron las horas, los días y las semanas.
Los muérdemes y mátames nunca se terminaban.
Sin dudarlo, las dos quedaron embarazadas,
Pues en tres meses ni un momento descansaban...
Siento yo sus ataques como heridas y matadas...
Se transformó mi vida en ¿una dulce encrucijada?
Que tomarlo como regalo o tomarlo como martirio
Ya el éxtasis a sentir por mi miembro excitado,

Cual siendo yo tan enamorado se vino a transformar.
No hacía más que buscar la manera de ya no actuar,
Pues en lugar de placer encontrar, dolor pasaba a ser,
Y en posición lo dejaba para no salirse de su prisión,
Pues ahí lo dejaba para que sufriera su triste condena,
Que el placer en castigo se convirtiera por mi deseo voraz.
Al volver a sentir tal sensación sólo dolor me causaba,
Ellas obsesionadas, yo reaccionaba con mucha presión.
Descargando en sus adentros el ímpetu de mi hombría,
De la cual ya nada quedaba, aunque la buscaba...
    ¿Dónde está el penco fuerte y salvaje que un día
    Mezclara deseo carnal con amor y con locura,
Que mezclara fácilmente la pasión con sentimiento,
Que evidentemente juntaba morbidez con ternura...?
Ya no supe dónde estaba, ni ahora sé dónde estoy...
Lo único que sé, es lo que a mi corazón se manifestó
    Y lo primero que hice fue huir despavorido,
Llegar a un lugar donde pudiera libremente respirar,
    Encontrar quién me pudiera aconsejar...
    ¿Pero para qué?, si lo que mi corazón sabía,
    No lo tenía qué a alguien preguntar...
De manera que me he decidido a buscar su ayuda,
    Pedirle perdón por aquella decisión tomada,
Que me acepte nuevamente bajo su misericordia.
        Vaya que lo que les dijo Eulalio
No fue sentido como una causa de tristeza y piedad,
Sino de risas y carcajadas de los dos hombres
    Que lo escuchaban en el momento justo
    Después de que aquél dejó de hablar.
    Aquéllos esperaban que esto se diera,
        Pues se rieron a más no poder,
    Tal que confundieron al pobre de Eulalio
        En su más íntimo proceder...
    Aquél que se creía sufrido y maltratado

Por la vida y sus circunstancias
Además por todo lo que le había sucedido,
Ya no sabía lo que debía pensar.
Se observaba ahora como un monigote
Que estaba en medio de risas y carcajadas,
Entre un par de viejos que risueños
Tomaban su íntima experiencia,
Como algo cómico, común, vulgar,
Como algo ridículo, como algo singular.
En tanto que de risas y carcajadas era objeto,
Pero al verlos a ellos en estos menesteres,
Sin poderse controlar, él también se echó a reír,
Sin poder saber por qué se reía,
Sólo los veía riéndose y él los imitaba,
Así se la pasaron riendo por mucho rato...
Tanto fue lo que se rieron y carcajearon,
Que hasta las lágrimas se les salieron
De tanto reír por lo que de Eulalio oyeron...
Don Andrés más reía y controlarse no podía,
Abrazó a Eulalio de manera fraternal
Brindándole su amparo y su ayuda,
Igual como le manifestaba misericordia,
Para su persona, que aquél tanto pedía.
Que era muy claro que había sufrido,
Esos dolores corporales de haber sido,
Exprimido, abatido y extenuado,
Por dos mujeres que durante su vida,
Lo que habían pensado era en ser poseídas,
Por un hombre, de sentirlo y de abrazarlo,
Que las hiciera sentir lo que otras sentían.
Ya grandecitas tenían hambre de lo que no tenían,
Y al mismo tiempo querían sentirse preñadas,
Por lo que al haber encontrado ese "ángel",
Fue engatusado y envuelto en sábanas de seda,

Alimentado con viandas de platas y vinos muy finos,
Bañado en tibias aguas con polvos exóticos,
Frotado y masajeado con aceites de finas resinas.
Fue convencido para vivir como rey,
Pero al darse cuenta de la realidad,
Sólo vino a ser un buey, un garañón, un semental,
A quién le quitaron todo lo sentimental,
Para usarlo tan sólo como un instrumento sexual,
Para exprimirlo hasta más ya no poder,
Para obtener de él sólo lo que ellas querían poseer.
Así fue como esta historia de Eulalio surgió
De la gruta de aquellas Venus. Despavorido huyó,
Sin ser visto, sin ser notado y sin ser oído,
Y él mismo se preguntaba qué iría a pasar,
Cuando el par de generalas cuenta se dieran
De esta irremediable realidad…

Galán de pueblo

El "pelao" siempre pensaba en que
No quería un continuo compromiso,
Ni tampoco en redes de una mujer
Ni hoy ni siempre verse sumiso,
Ya había estado en ese embrollo,
Como para de nuevo atreverse
A echarse otra vez la soga al cuello,
Con el mismo rollo, además que,
Él consideraba un grato sortilegio,
Estar aislado y solo en esta vida,
Porque al estar solo, y tener mujeres
Que lo desearan era un privilegio.

De por sí, ya era mucho el sufrir,

No por vivir solo, sino a solas dormir,
Pues por tal desconsuelo sentir,
Ya tenía la suerte esa, bien ganada,
De que existiera tanta mujer altruista
Que por él se desviviera y preocupara
Además que el alimento le procurara,
Que para rematar, además lo mimara.
Lo que le permitía seguir adelante,
Ser muy fuerte para salir avante...
Si no fuera por esto y por lo otro,
¿Cómo saldría triunfante en toda actividad
En esta vida como todo buen caminante?

Pensaba que al tener las mujeres cerca,
Estas mismas la felicidad le regalaban,
Siendo así la cosa, rienda suelta le daba
A aceptar visitada tras visitada.

A las jovencitas principiantes aceptaba
Por dulces, amorosas, un tanto temerosas,
Recelosas, pues representaban la pasión
Que en él predominaba y se le desbordaba
Cuando de lejos a una de ellas divisaba.
Confianza les robaba cuando las invitaba
A jugar, y ellas tan solícitas, aceptaban
De su cintura y cuello estar montadas.
Él se hacía el muy desentendido,
Al no reaccionar como es debido,
Ellas buscaban lo que había escondido.
Les decía sin querer, como adulto que era,
Que eso no hicieran, pues ellas chiquitas
Él muy maduro: No, eso estaba prohibido,
Pues más se obstinaban en revelar lo que él
Quería decir que no deberían de abrir...
Aquéllas, con terquedad para abrirlo;

Él, disque a negarse a permitirlo,
E instando, empezaban a desabotonar,
Y al cabo de terminar y de descubrirlo,
Luego de sacarlo y de tocarlo y de sentirlo...

Lo que sigue ya no hay pa'qué decirlo,
Sólo un punto y aparte pa'seguir adelante,
Pero mejor le puse puntos suspensivos,
Pues a veces quedan lectores pensativos,
Que es muy seguro que uno que otro d'ellos
Me reclame, no haber querido terminar
Este anterior párrafo de querer contar,
Pero seguro que los que lo leyeron,
De alguna forma ya lo imaginaron
Con su pura mente lo finalizaron.
En verdad, como otros ya imaginaron
Lo que ya han vivido, es por eso que
Los que imaginaron el final sin leerlo,
Igual que otros recordaron lo vivido,
Entonces eso ya lo tienen bien sabido.
Y volver a contarles lo ya sabido,
Pos en verdad que no tiene sentido.

Para las de avanzada edad, o sea,
Para las que ya pasaban la mocedad,
Con éstas no tenía que hacer caso
A su galante capacidad de conquista,
Sabía que ellas ya lo tenían en su lista.
De una a una, a todas las veía desfilar
Al venirlo a visitar, a según otra lista
Que tenía la pueblerina más lista.

A las viejitas las recibía sólo de noche,
No fuera a ser que alguien pudiera ver,
Luego chismearan que el viudito
Con las viejitas también se metiera,

Pues todo se sabe en pueblo chiquito,
Entonces pa'qué quieres, que si las demás
D'este ajetreo se llegaban a enterar,
Madre Mía… La que se le iba a armar;
Sin saber que todo estaba arreglado.
Si las viejitas iban al "mandado" en las noches,
Era porque así se les encomendaba ir,
A según los gustos que él mismo tenía,
Y la que hacía las listas, debía escribir.
Esto para no confundir en que horario
A las mujeres las debería de enviar.
Pero él, noblemente querer se dejaba,
O como que, se dejaba y nada objetaba.
Por este motivo nadie lo quería perder,
Quizás por ser dócil, sumiso y discreto.
Ellas solitas eran las que armaban
Todo los desajustes y hasta se peleaban
Entre ellas por estos desbarajustes,
Por eso, a las viejitas sólo de noche,
Pero al mismo tiempo para simular
Que nada pasaba, y así la paz perduraba
Y las gentes del pueblo ni se enteraban.

Como se decía, a éstas las veía desfilar
Por el petate donde se solía acostar.
Como ya estaban viejas y quejumbrosas
No aguantaban meneo y desmanes,
Por lo duro del suelo y sólo el petate,
Estas situaciones les dejaban moretones,
Así, era seguro que pronto no volvieran
Por chocolate, y si volvían en la siguiente,
O en la siguiente, o la siguiente semana,
Era porque se habían curado de remate.

Las que sí realmente lo disfrutaban

Eran las seductoras y cariñosas gorditas,
Él también a ellas mucho las apreciaba,
Pues con ellas muy bien que congeniaba.
Había gorditas que por verse bonitas
No querían ser gorditas, sino flaquitas,
Pero éstas al saber que al ser gorditas
Eran sólo las preferidas por el garañón,
Entonces, gorditas todas querían ser
Para amarlo y entregarle el corazón.

Las flaquitas, lo querían y disfrutaban,
Así mismo también él las codiciaba...
Entraban al jacal cuando se aparecían,
O cuando llegaban, ni permiso pedían,
Él las dejaba, porque eran fieles amantes
Porque eran siempre muy constantes,
Porque además eran tan frágiles y delicaditas
Otras tan suavecitas, que dejarse amar
Le producía una sensación placentera
Como comer cuajada recién hechecita,
Dulcecita, o calostros recién hervidos
De la leche de la vaca recién parida.

Las morenitas eran su adoración,
Por ellas él sentía mucha pasión.
Inocentemente las sentaba en su regazo,
Ellas empezaban a cantarle una canción,
De las que él les pedía que le cantaran,
Así movía la emoción, y subía la presión.
Mientras le cantaban, despistadamente
La cabeza acercaba al rostro de ella
Mientras que su dulce aliento respiraba,
Haciendo y queriendo y no queriendo,
Ella poco a poco la blusa se abría,
Sus pechos se descubría y él se los veía,
Se les quedaba viendo sin parpadear,

Sin poder dar crédito a esa realidad
Que a sus ojitos se descubría...
Eran bellos los pechos morenos,
Sólo con verlos, olerlos, y sentirlos,
Tan sólo de pasadita, que conste, eh,
Al sólo roce sutil, quería morderlos.
"¡Pobrecitos de esos lindos senos,
Si supieran que aunque son ajenos,
Son tan buenos, como pan de centeno,
Pues me hacen sentir tan obsceno!"
Que... bueno....
Aún más cuando están muy rellenos...

Bueno, qué cosa por ahí se moviera
Que al hombre no le llamara la atención,
Con que trajera faldas, le subía la emoción,
Pues era como una sensación que sentía
Así vivía, y lo demostraba, y se le notaba.
¡Vaya que realmente se le notaba...!
Pero eso sí, queridas y muy respetadas,
Actuaba así cómo era entonces el respeto:
Ni un ojal les tocaba, menos las abordaba,
Porque así él no trataba a una dama.
Las necesitaba, porque el cuerpo le hervía
Cuando a una dama cerca o lejos veía.
Era curioso que a la que el ojo le echaba
Con eso tenía para saber lo que él quería,
Como que con mirarla se lo transmitía.
Bastaba con que ella sintiera su ojeada,
Ya con eso, la cosa ya estaba arreglada,
Él no tenía que hacer nadita de nada.

Él simplemente respetaba y sólo miraba,
Saludaba a todo aquél que pasaba,
Pero cada vieja chiflada, al sentirse mirada,

Ya sabrán lo que luego le pasaba...
Nada de citas ni de compromisos,
Nada de hablar en rincones ni pasadizos,
Con la mirada estaba todo arreglado,
Ellas por su lado, armaban su horario.
Al sentirse amado por tanta dama bravía,
A solas ya sabrás lo que con ellas hacía.
Mas eso parecía, y la verdad de la verdad
Es que él nada hacía, sino ellas que,
Por él todo hacían y a jugar lo inducían.

¡Pobre hombre...!
Muchos en el pueblo lo compadecían...

Habrá café en mis funerales

En ratos, ellos te hablarán de mí,
Te dirán cosas que tú no conocías,
Tú te reirás y te alegrarás.

Sentirás nostalgia de los años,
De los momentos que vivimos juntos,
De nuestras locuras y aventuras.

A mí ya me había pasado
Que un amigo moría y me dejaba...
Mucho vacío en el alma me quedaba.

Visitaba sus funerales tristemente,
Quería encontrarme con otros amigos,
Para platicar con ellos de ti y recordarte.

Había café recién hecho todo el día,
Allí me quedaba, esperando, tomando café
Los otros también, esperando, tomando café.

¿Qué tan triste será morir para el muertito?
Quizás lo triste sea morirse olvidado,
No tener el agrado de ser recordado.

Yo creo que no tiene la menor importancia,
Pues ya muerto el muertito no sabe nada,
¿Qué le va a importar todo lo que suceda?

No creas… Siento un poco de miedo,
A pesar de saber que ya el muertito
No sabe ni siente nada de nada…

El miedo que siento es quedarme solo,
Allí, debajo de la tierra húmeda y fría
En ese cajón oscuro y silencioso.

Ni el canto de las aves escucharé,
Ni la lluvia al caer, ni el viento al soplar,
Solo… Estaré solo, y ese es mi temor.

Ni manera hay para servirme un café,
Para que me caliente esta frialdad,
Que me dé ánimos para aguantar.

Sabrás que me hace falta tu madre,
Bien recuerdas que nunca soporté la soledad.
Solo y seco estoy que ya no tengo lágrimas.

Ojalá que tu madre ya hubiera muerto,
Así me llevabas y enterrabas a su lado,
Si no, cuando ella muera ponla junto a mí.

Así ella no tendrá qué sentir el pavor
Por el que yo estoy pasando ahora,
Dale la confianza de que estará conmigo.

Recuerda que cuando yo me haya ido,
Ya no se buscarán soluciones médicas,
Ya todo pasó y no tiene vuelta atrás.

Sólo quédate en silencio, cierra los ojos,
Piensa en mí y extiende tu mano,
Verás que yo siempre estaré a tu lado.

Cuando alguien ya no es indispensable
Lo más seguro es que sea reemplazable,
Pero cuando muere el amo del perro,
A su nuevo amo él se aferra amigable.

Pero al café no hay nada que lo reemplace,
Podrás estar acostumbrado a otras bebidas,
Pero no hay nada que se compare al café,
A todas partes éste te acompañará.

Hasta en tu muerte el café está contigo,
El cafecito, en donde esté, todo perfumará,
Mas, no lo beberás tú, porque estás tendido,
Lo beberán los que vayan a tu funeral.

Historia de Froylán y Severita

Severita era una de las muchachas de la Casa Grande.
Allí se reunían con Froylán a preparar obras teatrales
Que el Cabildo a veces promovía para algún beneficio
O recolecta para obras de beneficencia ocasionales.

También las Muchachas de la Orquesta participaban,
El Froylán les dirigía y ensayaba algunas melodías
Que presentarían en las obras que allí se preparaban.
Al año eran unas cuatro obras en las que se divertían.

Sus dotes de afeminado le daban facilidad de amistad
Con las muchachas, de tal manera que ellas confiaban
Que en maneras masculinas y modos no se excedería,
Gracias a ello, ellas lo querían y la corriente le seguían.

Pareciendo jotito, Froylán tenía facciones masculinas:
Pelo negro corto, cara ancha tosca, quijarudo, colorado,
Con cejas pobladas y parejas, nariz aguileña burda,
Patilla negra ancha y grande, sin bigote y sin candado.

Como de metro ochenta, musculoso, ancho y robusto,
Pareciera un árabe, al verle las facciones de su rostro,
Su masculinidad, mezclada con su proceder afeminado,
A las muchachas gustaba morbosamente el afortunado.

Jugueteaban con él como si fuera muñeco, vistiéndolo,
Desvistiéndolo con ropas íntimas a ver cómo lucía
Con un corsé de color rojo y calzones de seda de mujer,
Lo que hacía notorias las partes masculinas que tenía.

"Ya dejen en paz al muchacho", les gritaba Vidalita...
Pero ellas, sin hacer caso, seguían el juego y la diversión,
Le picaban aquí, y le picaban allá, y en alguna ocasión,
Le tocaban sus genitales o sus peludas y duras nalgas.

Sus reacciones sexuales las sabía muy bien disimular;
Lo que crecía no, tenía que esconderlo y disimularlo,
Precisamente era lo que las muchachas buscaban ver,
Sólo él realmente sabía sus más íntimas inclinaciones.

"Froylán para qué quería esas súper cualidades abruptas
Si en mente y corazón no era más que una muchacha
Tan divertida como todas las demás". Se preguntaban...
No conocían sus verdaderos sentimientos e intenciones.

Para Severa, Froylán era el tipo más sublime del mundo,
No le importaban sus maneras, ni creía que era afeminado,
No hacía más que pensar en su excelsa y varonil figura.
Era el ideal de rostro y cuerpo varoniles que ella amaba.

No hay más belleza que la vista de Froylán en su cabeza.
Se ponía celosa cuando lo prendían sus amigas y hermanas
Para jugar "a vestirlo y a cambiarlo con ropa femenina".

176

"Ya deja de pensar en él Severita", le decían sus dos nanas.

"Si sólo él se fijara en mí... Lo demás no me importaría".
Lo aferró a su alma como algo suyo, sin serlo todavía,
Insistía en su obsesión de amarlo sin el apoyo de nadie,
Más que el de ella sola que estaba convencida de eso.

"Tiene que ser un hombre real... Y yo lo quiero amar".
Pensaba Severita... Desde que descubrieron su malestar,
Se había vuelto muy sentimental y lloraba por todo,
Su enfermedad era Leucemia, que avanzada ya estaba.

Les platicaba a sus angelitos lo enamorada que estaba,
Lo feliz que Dios la había hecho al conocer a Froylán,
Les decía: "un día vendré a contarles las buenas nuevas,
Cuando ya encontrara la culminación de mis amores..."

Era tan feliz, que pareciera que Dios la contemplaba.
Para apaciguar su futuro, coloreaba sus días y noches
Dándole tantas fantasías que vivía en otro mundo,
En donde las luciérnagas eran haditas y sus amigas.

Sus nanas se la pasaban observándola día y noche,
Se preguntaban que si ella era la flor más dulce
Del jardín, por qué sería la primera en marchitarse...
Le hacían sus gustos, nada le negaban, para agradarla.

Para ellas Severita siempre fue su preferida,
Su encanto, su terroncito de azúcar, su adoración.
Por su enfermedad, pues nada más estaban tras ella,
Qué fuera lo que necesitara la nena, para dárselo...

Pero de que estuviera enamorada del marica ése,
Eso sí que no, definitivamente que no lo toleraban,
La regañaban para que echara de su cabeza esa locura,
Pero la niña era terca, y eso no se lo podían quitar.

Desde que Froylán era pequeño, su papá lo golpeaba
Tenía que cambiar su carácter, para que aprendiera...

Porque creía que sus modales ya eran irreversibles,
Él quería que actuara como un verdadero hombre.

"Eres una criatura del demonio, mal engendrada,
¿Cómo Dios me envió un muchacho de tan buen
Ver, pero con inclinaciones torcidas y pervertidas?",
Más le pegaba como si fuera una bestia malograda...

Todo mal y la mala suerte que pasara en esa casa,
Todas a Froylán como culpas se las achacaban,
Pues él por así nacer, había traído toda desgracia.
Su madre lo defendía, pero igual golpeada acababa.

Nunca supo que su hijo no era el motivo de sus males,
En realidad nunca lo conoció ni a sus pensamientos.
Desde niño, al actuar así, se burlaba y lo etiquetaba,
Motivo por el que nunca le dio cariño ni lo abrazaba.

Pero Froylán sabía muy bien lo que él era realmente,
Encontró camino en el pueblo en la sociedad selecta,
Sabía lo que le gustaba y de eso nadie se daba cuenta.
Nunca tuvo un día aburrido, y siempre tuvo éxito.

Una receta que Severita debería de seguir a diario
Era tomarse cuatro vasos de aguamiel de maguey,
"Pa' los males de la sangre", le decía una de las nanas,
"Quien quita y pueda curarse de todos esos males".

Nadie sabía que ella y Froylán en amoríos andaban,
Era un íntimo secreto que sólo ellos guardaban...
No sabía si era un regalo que su hadita le hiciera;
No sabía tampoco si era el premio de su espera...

Sus ojos brillaban como dos luceros del cielo azul,
No alcanzaba a visualizar que su realidad era cierta.
Estaba colmada de una alegría jamás experimentada,
Una dicha que para ella era totalmente desconocida.

Mientras Froylán veía los ojos tristes de Severita,

Suspiraba, y creía escuchar cierta música del limbo
Y se trasladaba a lugares muy lejos de este mundo
Así lo declaraba todo aquél que veía al enamorado.

El día menos pensado, Froylán a la niña se robó,
Con la venia oculta de sus hermanas, se la llevó,
Su mal crecía y ellas pensaban que debía ser feliz,
Cedieron, a pesar de los miedos de que iba a morir.

Froylán era enormemente feliz al lado de Severita,
La quería y la cuidaba como si fuera un corderito.
Pasó un tiempo bastante para disfrutar de tal afecto.
El momento que ellos más temían llegó en el acto.

Así me la llevé, así la traje, rendida entre mis brazos,
"Les decía Froylán a todos los habitantes de la Casa".
Todos observaban en silencio con agachada cabeza,
Con lágrimas en los ojos, ya ese destino adivinaban.

Sucedió en el crepúsculo de una tarde de Primavera,
Las estrellas comenzaban a ponerse tristes en el cielo...
El lucero vespertino parecía que no quería centellear,
Acentuaba la tristeza, el lóbrego y sinuoso anochecer.

La acostaron encima de una mesa en medio del vergel
En el patio de la casa, a la luz de la naciente Luna...
Las luciérnagas llegaron con el aroma de la chiquilla
Haciendo junto a su cabeza una danza de lucecillas.

Froylán inclinaba su cabeza en el pecho de su amada,
Con toda la pasión y tristeza que podía llorar, lloraba.
Toda la noche le veló el delirio del sueño de muerte,
Pues era la última vez que vería a su ángel terrenal.

Historia de un breve amor

Es cierto que la vida es prestada,
También es cierto que en breve se acaba,
Y en ser contada se acaba una historia,
De un alma que mucho a otra amaba...

Comienza la historia en que un día,
Sus ojos seductores me enamoraron...
Yo caminaba silbando una melodía,
Ella flores besaba mientras me observaba...

Sus negros ojos en mi alma clavó,
Ella muy ilusionada con aquella mirada,
La vida breve que por vivir le faltaba,
Al prenderse en los míos, ya no le importó.

Ni ella ni yo esa noche dormir pudimos,
Nos buscamos a la mañana siguiente...
Detrás de la Iglesia con pasión nos besamos,
Desde ese entonces amarnos juramos...

"Tu amor es mi destino, Tu amor es mi suerte.
Juro amarte, hasta después de la muerte...
Juro llevarte más allá del dolor y del placer".
Ella esto me repetía muy loca de pasión...

Mientras yo agradecido le correspondía:
"Sácame de este mundo, Vida mía,
Llévame al lugar donde sólo existan
Mis embelesos que te causen agonía..."

"Amor mío", me cantaba llena de ilusión
"Vida mía que me llenas de pasión,
Deja que tus labios acaricien los míos,
Con la flama eterna del fuego de tus besos..."

Cuando menos lo piensas la vida se pasa.
Un día el Cáncer ya no pudo más soportar...
Sentado a su lado, le pedía que resistiera,
Mas su cara ya estaba blanca como la cera...

Clavó sus tristes ojos directo en mi mirada,
Aquellos ojazos que a mi alma hechizaron,
Que amarme después de la muerte juraron,
Diciéndome así, con nostálgica alegría:

"Sácame de este mundo, Vida mía,
Llévame al lugar donde sólo existan,
Mis embelesos que te causen agonía..."
Yo la besé en medio de mi melancolía...

Mas al ver que sus ojos ya se cerraban,
Desesperado me puse a recitarle,
Aquella promesa que un día me hiciera,
Cuando por primera vez yo la besara...

"Amor mío", le decía yo, ya sin ilusión:
"Vida mía que me llenas de pasión,
Deja que tus labios acaricien los míos,
Con la flama eterna del fuego de tus besos..."

Por un momento un silencio espantoso
Invadió en mi alma todo rincón...
Desesperado y con una pena angustiosa,
Inútilmente reconocí mi intención...

Ya no pudo más mi corazón...
"Llévame contigo..." Llorando le suplicaba...
Pero ella, que en este mundo ya no estaba,
Ya no más escuchó mi clamor.

Hombre de etiqueta

Salida de un terco sueño
Que noche a noche me asalta,
Una ilusión se esconde y canta,
En el fondo de un corazón.

Quiere romper un pasado,
Pero obstinado a ser quien es,
Un fantasma sufre mudo
Eligiendo lo que ya es.

Como el humo que se escapa
Con el viento hacia la nada,
Así, en oscuras veredas,
La vida pasa en quimeras.

En temida necesidad,
Sofocada por no ser como es,
Anhela sin más verdades
A su identidad responder.

Murmullos, mudos suspiros,
Vanos deseos ahogados,
De ir a donde nunca llega,
Probar lo que nunca puede.

"Así soy… Sólo mírenme:
Soy el que siempre así existirá.
Imposible es evitarlo,
Así mi carácter será".

Magia que doma una vida,
Cuerpo creado a conveniencia,
Símbolo que impide crecer,
Testigo que impide vivir.

Mirando el azul celeste,
Sentada bajo este roble,
Espera con gesto alegre
Luz destinada a su nombre.

"Huye, maldito fantasma,
Déjame ser quien debo ser.
Si en el agua pura he de andar:
Ver mi rostro y mi parecer...

Que mi alma identifique mi nombre,
Nombre, que identifique mi vida,
Vida, que persiga mis intenciones,
Intenciones, que me acerquen a Dios".

Homosexual

Todos dicen que cuando nacen,
Tienen las hormonas cambiadas.
Años más tarde, cuando crecen,
Se confirma que más les gustan,
Los hombres que las mujeres...

Era el patito feo del pueblo,
El punto cardinal que todos veían,
Al que los muchachos perversos,
Gustaban de maltratar y martirizar,
Con juegos sexuales de su edad.

Era para sus padres un distintivo,
De vergüenza en el círculo familiar.
Por eso su padre con él se desquitaba,
Con golpes que en las noches
Daba al pobre y desorientado ser.

Todas sus desgracias y fracasos
Todos sus devaneos e inutilidades,
Guardaba aquel hombre frustrado.
Para dar salida a sus impotencias,
Al pobre muchacho inculpaba.

Al poco tiempo de que naciera,
Sus padres de él se avergonzaron,
Convirtiéndolo luego en su presa
Para desahogar sus desventuras,
Aunadas sus personales deficiencias.

Golpes y maltratos a diario recibió,
Sin ser culpable de lo que pasaba,
Pero por ser semilla de vergüenza,
Según sus padres desequilibrados,
Mala suerte en la familia germinaba.

La naturaleza del que así nace,
Viene en su sangre y en su cerebro,
En sus células, cuerpo y en su pensar,
Y tal como las personas que ellos son,
Deberíamos enseñarnos a respetar.

¿Cuál será de ellos el pensamiento?
¿Cómo querrían ellos haber nacido?
Como si en este sentido se pudiera elegir,
No creo que alguien hubiera elegido,
Ser un humano naturalmente torcido.

¿Quién quisiera tener sólo un brazo?
¿Quién quisiera ser ciego y no ver?
¿Tener una joroba por espalda normal?
O cualquier desviación de nacencia,
A nadie le gustaría haberla tenido.

No creo que en esto tenga yo error,

El que haya nacido con un defecto,
Hubiera querido no haberlo tenido,
Pero al tenerlo y no poder quitarlo,
Busca la manera de adaptarse con él.

Y si así fuera el comportamiento,
De la persona que el defecto tuviera,
Una manera buscaría de ser feliz,
Disfrutar la vida como los demás,
A pesar de todo lo que sucediera.

Si homosexual un hombre nace,
Cosa que no puede quitarse de encima,
Durante su vida buscará ser feliz,
Al igual que un ciego o un cojo haría,
O un paralítico, sordo o apopléjico.

Si este estado su padre no entiende,
Que a golpes intenta remediar con furor,
Lo que natural no puede cambiar,
Seguro es que en breve lo va a matar,
Si no, con su conciencia va a terminar.

José salía corriendo de su casa,
Cuando pegarle intentaba su padre.
Aterrorizado con un amigo se refugiaba,
Hasta que aquél enrabiado lo encontraba,
De las greñas por el pueblo lo arrastraba.

En su cuarto lo encerraba sin cenar,
Por días hasta que el pobre muchacho,
Decidiera cambiar su comportamiento,
¿Pero cómo cambiarlo, se preguntaba,
Si desde que nací he vivido con esto?

Algunos chamacos que lo maltrataban
Al ver cómo lo mataba su padre,
Intentaban ya pararle sus ímpetus,

Para salvar a José de todas esas rabias,
Con las que su padre lo mutilaba.

El tiempo pasó y José nunca cambió,
¿Cómo obligarlo a vivir con una mujer
Si su felicidad no consistía en eso?
¿Cómo cortarle las alas a un ruiseñor
Si él nació para toda su vida volar?

El momento se tendría que llegar,
En que después de tanto sufrir,
A sus padres tendría qué abandonar...
Irse a buscar esa extraña felicidad,
Que en su casa tanto le dificultaron.

Las penas no pueden detener la vida,
Igual él, como todo los seres humanos,
Quería abrirse un camino y triunfar,
Establecerse y vivir al calor de un amor,
Que le garantizara en su vida ser feliz.

¿Qué diferencia hay entre dos humanos?
¿Sus características, sus pensamientos,
Sus costumbres, su manera de ser,
Su forma de vestir, gustos por comer,
O quizás, hasta sus formas de amar...?

¿Es alguna de estas diferencias la razón
Para poder determinar quién y quién no
Debe de ser feliz en esta tierra, y quién
Por sus características físicas naturales,
Debe ser castigado o marginado?

El derecho de haber podido nacer,
Es una decisión enteramente de Dios,
Como quiera que Él nos haya creado,
Todos tenemos la misma oportunidad,

Tanto de vivir como para disfrutar.

El hecho de haber nacido homosexual,
Es diferente de haberse transformado,
Que el primero es puramente natural,
Pero el segundo es puro mañoso adoptado,
Mas el que homosexual nace, es normal.

¡Seamos felices según nuestra capacidad!
¡Seamos felices de acuerdo a nuestro ser!
¡Concentrémonos en nuestra existencia!
¡Dejemos a los demás vivir como quieran!
La verdad es que… Sólo una vez se vive…

¡Y hay que vivir… Para ser feliz!

Hoy toca bañarse

Es el día séptimo de la semana,
O el primero, si así lo quieres,
El caso es que hoy hay que lavarse,
Cuerpo entero y con ropa limpia vestirse,
Aprovechando, la cabellera peinarse.
¡Qué lata ésta de tener que asearse!
Malas costumbres que se ponen de moda
En estos tiempos tan a la moderna.
¡Qué desconsiderados y despiadados
Los que las modas inventaron!
Antes no pensábamos ni yo ni nadie
Que en cada día de fiesta bañarse.
Pero ya, en vez de estar discutiendo,
Si lo he de evitar o lo he de hacer,
El trasero moviendo pa'ir a la noria
Para sacar el agua que se va a usar.

Si no fuera porque es domingo...
"Si anduviera en los montes y valles
Resolviendo entuertos y necedades
De gente plebeya, terca e imprudente,
De bañarme nunca estaría impaciente,
Seguro es que en sus momentos,
Un caballero resuelto no se detenía,
Ni sus tiempos perdería en bañarse
Salvo que estuviera cruzando un río
Por donde tuviera que pasar montado,
Sólo así era como el agua lo mojaba,
Se bañaba, pero sólo yendo sentado".
Total que cada vez que le tocaba
Al decidir bañarse, era un guerrear...
¡De acuerdo!, bien decidido ya tenía
El baño tomar, pero en que se decidía
Se tardaba, y en que luego lo hacía,
Le daba muchas vueltas a la decisión,
Por ser el poseedor de una voluntad
Tan débil que Dios le proporcionaba.
La culpa no era de él, sino de Dios
Que todo lo daba, porque entonces
Esta voluntad, ¿de dónde la obtenía,
O quién entonces se la daba, sino Dios?
En base a esto, toda culpa se quitaba...
Agarra la borcelana y así como andaba
En calzones, a pesar de la fría mañana,
Va a la letrina, y en que tira la orina,
En silencio queda, y viendo hacia arriba,
Con la mano izquierda se persigna,
Pide arriba que por favor le evite bañarse,
Consigna que desde en la mañana
Lo martiriza y aún él no se resigna.
En tanto que Dios oiga y le responda,

Él como es muy condescendiente,
Da a Diosito un ratito para deliberar.
Todo el tiempo que lo ha de esperar,
Se sienta y se pone a gusto a defecar,
Pero por no dejar, de manera que
En la decisión de Dios pudiera ayudar,
Dos Padrenuestros se pone a rezar,
Quien quita y así lo otro pueda evitarse;
Bueno, mejor decide no preocuparse,
Pues al estar Dios siempre de su parte,
Mientras espera sentado y confiado,
Orando y defecando, pero al acabar
Ve que la respuesta no ha sido recibida.
Volteando pa'rriba, le echa un silbido,
Pretendiendo recordarle al Ser Amado,
Que con él está comprometido ya que
La respuesta aún no le ha llegado.
Pa'hacer más tiempo mientras llegaba,
Se pone a comer huevos recién puestos.
Los agujera por los dos lados,
De uno en uno los engulle como agua.
Más nada hacer para el tiempo correr,
Desesperado dice que ya es por demás,
La respuesta no la va a recibir jamás.
Solemne, toma decisión determinante,
Aunque nunca lo registre en su mente,
Va a tener que bañarse primeramente,
Rasurarse y peinarse antes de vestirse
Para verse como una persona decente.
Pos ya con decisión todavía caliente,
Saca el agua de la noria al instante.
"¿Ya viste, lo bonito que te vistes?
¿Pues que no ves, lo bonito que te ves?"
Se veía en el espejo y se lo repetía

"Si no eres tan feo, pelao condenado,
Hoy no me costó nadita de trabajo
Tomar la gran decisión de bañarme.
Aprendí que cada día soy más decidido.
Son cosas de la vida del día con día,
Ya bañadito, peinadito y aperjumadito,
Así nadie le hace a uno el feo,
Manque sea fea, manque sea guapa
Voltea porque voltea a verte la ingrata.
Caray, vaya que se está haciendo tarde".

Idilio de Lorenzo y Severiana

Él la cargaba y en brazos la llevaba
De puro gusto de uno a otro lugar
Pues era tan exquisita y menudita
Que era poco lo que a él le pesaba,
Fuertes brazos tenía para pasearla
Como si una niña juguetona fuera,
Convenciendo a su padre regañón
De que sus caprichos éste le cumpliera.

Él: Tú no eliges... Yo elegiré por ti...
Mi elección es que seas mía,
No te quiero compartir...

Ella: Para eso siempre serás mi dueño,
Cuidarás de mí, que soy exigente,
Me atenderás, que soy demandante,
Me complacerás, que soy voluptuosa,
Me mimarás, que soy muy mimosa,
Siempre viviremos como en un sueño.

Él: La descripción que de ti haces,
Es como la descripción que de mí hicieres.
Si entre tú y yo la diferencia es ninguna,
Entonces nada se puede interponer,
En la fusión de estos dos quereres...

Se llevaban tan bien en esa casa
Siempre risa y buen humor se escuchaba,
Cánticos dulces de la voz de Severiana
Con dulces palabras de amor pronunciadas,
Por la ronca garganta de Don Lorenzo.
Poesía y erotismo fluían sin ton ni son
Porque se amaban y sin saber poesía,
Del alma les salía y les colmaba el corazón.

El romanticismo era costumbre de época.
En las parejas de enamorados era imperante,
La poesía era la pasión el medio reinante...
Danzaban noche a noche interminablemente
Desnudos y él con ella entre sus brazos,
Con la luz de velas y rayos débiles de luna
Que aprovechaban para verse a los ojos,
Cuyos reflejos brillaban como estrellas.
Fijamente uno al otro observándose,
Igualmente uno del otro su aliento absorbiendo
Que los invitaba aún más a deleitarse
De tan excelsos jubileos de amores.

Él la besaba y ella a él entretenía
Sin pretender dejar sus ojos de admirar,
Cuyo brillo muchas sugerencias le hacía.
El cuello y la espalda con sus brazos le rodeaba
Él sus oídos buscaba para susurrarle poesía
Con el erotismo de amor que por ella sentía.

Lorenzo silencioso decía: Mi corazón es tuyo,
Si dominas con tus palabras mi proceder;

Mi corazón es tuyo, si te has de inclinar
Ante este arrogante verdugo de tu querer;
Mi corazón es tuyo, porque el tuyo,
Ya me vino a pertenecer...

A lo que Severiana respondía: Vamos a ver.
¿Me regalas un beso?

Lorenzo contestaba: ¿Un beso?. Sí...
Para esos labios acariciar
Que tantas palabras doradas dicen
Que presto a mi corazón llegan
Vivas de emoción lo hacen palpitar,
¿Un beso? Sí...
Para absorber la miel y la esencia
De quien noche a noche hace vibrar
Las fibras internas de mi alma.
¿Un beso? Sí...
Para sellar lo que ya nos pertenece...

Ella: Con ese beso mi boca se funde en la tuya,
Mi abrazo te atrapa y no te deja mover
Te entrelaza de deseo salvaje y sutil,
De pasión desmedida y de ansia pueril.
Mis manos recorren tu pecho y tus muslos;
Se entretienen en tu abdomen generoso
Se deleitan en tus nalgas robustas
Que son como dos montañas de roca pura.
Finalmente atrapan tu sexo palpitante,
Que crece cual incontrolable gigante,
Que durante noches enteras me desvela...

Él: Este sexo atrapado entre tus manos,
Es tuyo, te pertenece... Eres su dueña.
Es más que la dulzura de la miel deliciosa;
Es más que el jocoque de mis entrañas;

Es más que la cuajada de mi ser; es tuyo.
Porque lo que es mío, es también tuyo...
Te pertenece, tómalo, absórbelo, acéptalo
En tus cálidas y suaves entrañas y regocíjate
Con la más deliciosa parte de mi masculinidad...
Extrae de mi ser la esencia de mi virilidad
Toma y cólmate de mis delicias...
Y después, de que seas felizmente saciada,
Me permites abandonarme en tu pecho redentor,
Dejándome hundir mi cálido rostro
Entre las montañas de tus dulces senos,
Que me domine la tersura de su piel,
Como en los montes el pasto primaveral...

Ella: Sí, fúndete en este pecho desolado,
Cierra los ojos, que yo velaré por ti,
Sueña con ángeles, pues yo estoy a tu lado,
Regocíjate con los latidos de mi corazón,
Pues el tuyo y el mío laten al mismo son,
Imprégnate en mi piel ardiente,
Que los dos formamos una misma simiente...

Él: Tu piel es extensión de la mía
Tus latidos sincronizan con los míos...
Los ángeles de mis sueños confirman
Que tu pecho es el paraíso y es alegría...
En mi sueño, nuevamente te descubro;
En tal descubrimiento el éxtasis encuentro.

Ella: ¿Será ése tu destino, amado mío,
La condena de estar a mi pecho ceñido
A través de un abrazo que no termina?
¿Será tu castigo unir tu ser con el mío
En un beso húmedo, cálido y perfumado
Que en un solo ente nos ha transformado?
¿Habrás cometido algún acto pecaminoso

Para sufrir dichas condenas y por consecuencia
Hacerme sufrir a mí, mi querido esposo...?
Si así lo fuera, benditos pecados cometidos...
También benditos castigos de condena...
Que quiero ser castigada eternamente,
Si el castigo es la colmena de tus besos
Con la ternura que me das en tus abrazos.
Llévame al infinito de esta forma, amado mío,
Junto a ti, que no quiero vivir ya más...

Él: Mi pecado es admirarte,
Mi castigo es siempre a mi lado no tenerte.

Ella: ¿Tu pecado admirarme y tu castigo no tenerme?
Pero tu poesía es mía, y la mía tuya;
Mi pensamiento es tuyo, y mío el tuyo,
Entonces tu voluntad se rinde ante la mía
Como la mía que se rinde ante la tuya.
La distancia entre nosotros no existe
Cuando éxtasis tan sutil forma un capullo,
Con la danza de nuestras dos almas
Que se funden en un solo destino,
Destino que las mantendrá unidas
Hasta desaparecer en lo desconocido.
¿Será entonces castigo tu castigo...
O será entonces pecado tu pecado...?

Él: Mi pecado, nuestros pecados,
Tú, yo, nosotros dos, nuestras fantasías
Que noche a noche nos envuelven
Dentro de un sueño interminable,
Nos llenan el pecho y emocionan el corazón
Con la añorada llegada de las noches,
Refugio de nuestra locura y ensoñación...

Ella: Cierra los ojos amado mío,

Dueño del elíxir de mis entrañas...
Vamos, ciérralos y condúcete a la luz
Que mi amor refleja a través de poesía,
Recítala al envolverte en ella y apréndela
Para que me tengas a tu lado al repetirla.
Siénteme tocando tu pecho deliciosamente,
Lamiendo tu lengua, besando tu cara,
Encima de ti, a tus oídos murmurando
Palabras convincentes de posesión,
De clemencia, de erotismo y de pasión...
Invade mis entrañas y acaricia su dulzura,
Deposítate muy adentro en ese rincón,
Quédate allí, de esa forma te guardaré
Estarás mucho muy cerca de mi corazón
Doquiera que yo vaya conmigo te llevaré
Verás que ya más sola no estaré,
Verás que tú sin mí ya no andarás...

Irrealidad

Lloré cuando nací...
Luego lloré cuando crecí,
Siendo niño me defendí
De mis amigos inconscientes
De mis deformidades evidentes.

Luego siendo joven lloré,
Mi adolescencia pasó inadvertida,
¿Quién quiere quererme?
Yo les preguntaba...
Alguien detrás de una pared veía.

Sentía yo que me observaban,

Alguien dijo "yo" para mi sorpresa.
Crecí y pasé la prueba con cincuenta,
Lloré por mi decadencia innata...
Un poco más y llego a la meta.

Pero el día siempre se nublaba...
¿Dónde está, dónde está ese poeta?
En algún lado está lo que enseña...
Se ha ido con la corriente del río,
Llovió y todo se ha perdido.

No volvió más mi adolescencia,
Una puerta se cerró y otra se abrió,
Es igual, es lo mismo, nada cambió.
¿A dónde se fue todo lo que quedó?
Está en un corral encerrado...

En las raíces de un árbol quemado,
Miró hacia un lado y no pudo creerlo,
Estiró sus manos ya sin fuerza...
Pero sólo encontró mi mocedad,
Un mismo camino a los cuatro lados.

Ni cómo disfrutar el olor de una flor,
Si la noche me sorprendió delirante...
Me falta mucho por llegar, lo sé,
Pero hoy he despertado sin verte,
El gusanito se fue del capullo.

Pronto la mariposa el vuelo levantó,
¿Que no viste la luz de aquella estrella,
Que ayer brillaba, y ahora ya no brilla?
El sol de ayer ya no quema como antier,
Sabrá Dios si mañana se volverá a ver.

¿Acaso la realidad en realidad existió?
Sólo el eco de aquella voz quedó...

Todo parece que se desapareció…
¿Sería mucha la gente que pasó?
Y ni siquiera alguien lo advirtió.

¿Será mi vida realidad o irrealidad?

Justina, Marquitos y la bruja

Justina:
Yo la he visto durante una noche,
Sin luna,
Volando como lechuza al acecho,
Oportuna,
En las calles buscando a un hombre,
Borracho,
Sin darse éste cuenta de su nombre,
¡Pobre…!
La bruja entonces baja y se transforma,
En una dama,
Chupa su sangre y también su esperma,
¡Lo mata…!
Luego dicen que hay veces que un grupo,
De mujeres
Se juntan y debajo de un árbol se ponen,
Y esperan,
Para que no las vea al andar encima volando,
Y actúan…
Ya al pasar por arriba, que caiga la hacen,
En conjuro,
Siete Padres-Nuestros rezar se deben
Uno por nudo
Siete que hay que en un cordel anudar,
Bien atado,

Para que de pronto se rompa el hechizo,
Y al caer,
Luego siete Aves-Marías rezar, para desatar,
Cada nudo
Hasta la séptima Ave se ha de proclamar,
Se hace Mujer...

Marquitos:
Válgame Doña Justina,
¿Qué cosas Usted me dice...
Incrédulo miraba a su vecina...

Justina:
"Deje usted, a unos hombres se lleva
Al jacal para hacerles no sé qué..."
Nuevamente se persignaba:
"Es seguro que los hechiza..."
Otras dos veces se persignaba...
"Para luego a los pobres hombres,
Su propia voluntad ella les quita,
Haciéndolos sus propios esclavos".

Marquitos:
Vamos a ver Doña Justina,
¿Cómo a mí eso no me hace?
Y vamos que lo estoy deseando,
Que a mí la bruja se me aparezca
Resulta ser que nunca nada pasa...

Justina:
"Porque usted es un vejestorio
Que no puede ya con su envoltorio...
A ella le gusta más joven el accesorio..."

Marquitos:
¡Va...! Pero tengo un corazón,
Corazoncito mío que me late,

Late como le ha de latir y le bate,
A aquél que la bruja al jacal se lleva.
Resulta ser que ni ofreciéndomele,
Yo mismo, mi voluntad y mi vida,
La condenada no me pone a prueba...

Justina:
Es usted un viejo sinvergüenza,
Es usted un viejo sin escrúpulos,
Con sangre corriente y coágulos,
Que no puede ni con su panza,
Pero ai anda de calienta músculos...

La pobre Justina se molestaba
De la poca importancia que daba
Marquitos a sus comentarios,
Sobre la bruja de la que hablaba...
Sin embargo, celosa se ponía,
Pues sin aceptarlo, lo quería...

Marquitos:
No me juzgue usted mal,
Mi querida vecina, Doña Justina,
Que desde que mi vieja murió,
Mal que bien, ai me acomodé,
Entre estas cuatro paredes,
Solito, sin que nadie me espere,
Sin nadie que a mí me procure.
Los muchachos, pos ya se casaron,
Ahora a vivir muy lejos se fueron,
Ni escriben, ni vienen a verme,
Ni siquiera sé si algún nieto tengo.
Total, que triste me la paso...
Si no fuera por mis amigos...
Los viejitos que tarde a tarde,
A platicar nos vemos en la plaza.

Por eso, Doña Justina, con su venia,
Déjeme que me haga las ilusiones,
Aunque para usted es una blasfemia,
Para mí es sólo una esperanza
Sólo un deseo, para darme confianza,
Para acalorar a mi pobre corazón,
Usted sabe que uno ya de viejo,
Pos ya ni qué... Ni razón...

Justina:
Ay, a ver, a ver, no me diga...
¿A poco ya no... Digo... Ya nada?

Marquitos:
Ay mi querida Doña Justinita,
Me pone usted la cara retecolorada...
¿Qué debo de contestar a su estocada...?
Pos que sí, qué caray... Sí hay cuajada,
Ai batallando, batallando un poquito,
Pero de repente echa uno un grito...
¿Ahora dígame, a usted, apoco todavía
Le dan las ganas de este apetito...?

Justina lo agarra a manotazos
Mientras Marquitos tapa con sus brazos
La lluvia y la suerte de chingadazos
Que Doña Justina le estaba surtiendo,
La cual con su coraje se va alejando,
Diciéndole que no le dirija la palabra...

Marquitos:
Apenas estábamos confianza agarrando,
Mi Doña... Marquitos le gritaba,
A medida que ella se alejaba...
Yo quiero que usted sepa una cosa,
Que la bruja a la que yo me refería,

Es por la que mi corazón latir quisiera,
Es usted, mi señora gritona y enojona...
Es usted por la que hace ya buen tiempo,
No duermo, ni como, y me enmiendo...
Por usted, vecina, y sólo por usted,
Este corazón quisiera seguir viviendo...

Justina:
Apenada y triste, pero llena de esperanza,
Justina se regresa y lo abraza...
Ay, mi querido y amado vecinito...
Si usted supiera que desde hace mucho,
Al conocerlo a usted este corazón,
Se llenó mi alma de una ilusión,
Una ilusión que viva mantiene,
Esa esperanza que me ha hecho vivir,
Para un día, escuchar esto...
Que me está usted diciendo...

Marquitos:
Sí Justinita, usted es mi brujita,
Usted es el motivo de mi vivir,
Quiero que me hechice y me domine,
Que haga suya mi voluntad,
Como esa bruja lo hace con aquéllos
Que en sus redes han caído...

Un besito se dieron... Y luego...
A comer jocoque se fueron...
A partir de aquel momento,
Los vecinos Marquitos y Justina
Juntos muy felices vivieron...

La bruja de mis sueños

Dicen que en las noches de luna,
Volando por los cielos aparece,
En forma de lechuza, búho o paloma,
Una bruja que a merodear se asoma.

Busca a un hombre a quien hechizar,
En calles y callejones lo ha de encontrar,
Aquel que sin voluntad, ya no pueda caminar,
Para hacer con él lo que quiere lograr.

Dice la leyenda que si una bruja vieras,
Debajo de un árbol te habrás de esconder,
Para que su hechizo no te logre atrapar,
Luego su maldición nunca podrá proceder.

Dicen que esas brujas son muy bellas,
Pero como andan en cuerpo de animal,
Es difícil que alguien las puedas mirar,
Mas el que logra verlas se encanija d'ellas.

Una noche y por descuido una me atrapó,
Como su botín a su jacal me transportó,
En una cama muy cómoda me acomodó.
Muy rápidamente todo mi cuerpo desnudó.

No sabía lo que en seguida pasaría...
Ella también se desnudó y el hechizo comenzó,
Con sus hierbas todo mi cuerpo recorrió,
Con esa barrida me quedé adormecido.

Yo no sé lo que en el lecho pasó,
Pero cuando desperté ella lloró e imploró,
Que le prodigara una noche más por piedad,
Que yo era su amo y ella era de mi propiedad.

La bruja me cautivó con su belleza,
Su cara era tersa y su cuerpo delicado,
Sus ojos muy claros y su pelo rizado,
De aroma sutil como de frambuesa.

Una noche más sin negarme le concedía,
Me consentía en esta nueva experiencia,
Me besaba, me mimaba y me divertía,
Hasta los amores cada rato me hacía...

No sé lo que pasó, de repente desapareció,
Quedé con el alma al pendiente de un hilo,
Desperté de mi sueño, y sin saber qué hacer,
La angustia me invadió por no poderla ver.

Desde entonces cada vez que una bruja veo,
Por los cielos volando como lechuza,
Me planto directo a la luz de la luna,
Para asegurarme que me vea o me divise.

El embeleso que aquella experiencia me causó,
Mi vida y mi pensamiento para siempre cambió,
Creo que de la bruja aquella me enamoré,
Y sabrá Dios si sin ella vivir podré...

Hubo llegado una bruja a mi vida,
La dejé que me mimara y se fuera,
¿Por qué tuve que dejarla que escapara...?

¡Si conmigo se hubiera quedado la bandida...!

La carta

"Este trayecto, de mí se ha burlado,
Yo he sido un juguete del destino,
Desde que mi mirada se hubo clavado,

En tu hermoso cuerpo clandestino.

"Ya no duermo, no como, no vivo,
Desde que se encendió este deseo,
En tu sexo he buscado el adjetivo,
Que declina la lujuria que yo poseo.

"Se interpuso un hecho perturbador,
Que retira de ti, mi ser agonizante,
No me ha permitido ser tu poseedor,
Para darte placer a cada instante.

"Esta vida ha querido de mí reírse,
"Yo soy quien elijo por ti", me dice,
Mientras mi potencia se enflaquece,
Cada vez más decide derrumbarse.

"Ay amor, no seas ingrata conmigo,
Mírame, que de amor por ti muero,
Escucha este corazón que es testigo,
Que soy tu esclavo y tú mi carcelera.

"Mas no escuchas ya más mis clamores,
Te has olvidado que fuiste sólo mía,
Te fuiste al sendero de más amores,
Mientras a mí me dejaste melancolía.

"Si como antes me pidieras mirarte,
Ser voluptuoso contigo y acariciarte,
A cuidar de ti por ser tan exigente,
Para no perder ocasión de amarte...

"Seguro todo distinto para mí sería,
Esta enfermedad ha sido mi agonía...
¿Cómo decirte que desde que te fuiste,
He estado muriendo día tras día...?

"No hay fuerza que pueda ayudarme,
Ni una poción que pueda salvarme,

Sólo he añorado tus besos y caricias,
Uno solo al menos, para despedirme...

"Me muero con tu esencia en mi pecho,
Me muero de una vez antes de morir,
Por no ver cumplido mi último deseo,
De verte un día por esa puerta pasar..."

Vaya carta de amor... dijo la barrendera,
Pero sin destinatario, ¿para quién sería?
Rompió la carta y siguió la casa limpiando,
Pronto a ver la casa la nueva dueña vendría.

Ella era su única heredera...

La guadaña de la muerte

Por allá en un barrio del norte,
De un pueblo oscuro y olvidado,
Se sabía que a su lado poniente,
Maíz en parcelas había sembrado.

Los jornaleros con mucho cuidado
Procuraban de día hacer su trabajo,
Pues de noche de a tiro ni pensarlo,
Aunque estuvieran muy necesitados.

Ni siquiera la gente del pueblo
A los sembradíos se acercaba,
Si por necesidad por allí pasaban,
Su vista al otro lado volteaban.

Todos sabían de una maldición
De por aquellos años pasados,

Que antes había sido un panteón
Donde ahora estaban los sembrados.

Los indios que antes allí vivían
A su cementerio mucho cuidaban.
A los muertos que allí enterraban
Eran por siempre almas sagradas.

Para su respeto y eterna protección
Proclamaron entre ellos una maldición,
Para que nadie en adelante pisar osara
Sus tierras sagradas sin fines funerales.

Si la ley alguien la infringiera,
Éste al instante morir debiera,
Pues la muerte con guadaña llegaba,
Al intransigente rápido degollaba.

Su cuerpo sin su cabeza permanecería
Su calavera la muerte se la llevaría,
Para esconderla en algún recóndito lugar,
Donde el muerto jamás la iba a encontrar.

De esta manera los muertos degollados
Deambulaban siempre desilusionados,
Buscando sin encontrar sus cabezas,
Que la de la guadaña se había llevado.

Por eso todo mundo se cuidaba
De no pasar cerca de donde eso estaba,
Porque si la muerte no se apareciera,
Al menos uno de los muertos los asustaba.

En plenilunio los muertitos se aparecían
Buscando las cabezas que les faltaban,
Pues sin ellas descansar no podían,
Ni la paz del Cielo encontraban.

Por eso los jornaleros trabajaban de día
En aquellos sembradíos de maíz,
Pues en las noches la muerte aguardaba,

Para cortarles las cabezas con guadaña.

La leyenda de los decapitados

Dicen que es una vivencia verdadera,
Aunque es una leyenda como cualquiera.
Si al fin leyenda, puede no ser certera,
Pero sucedió en la época Cristera...

En un pueblito de los de arriba,
Había pasado algo muy extraño,
Parecía que no hacía ni un año,
Que toda la gente quedó conmovida.

Por ai decían que los sardos trajeron
Un grupo grande de prisioneros,
Entre todos como a unos veinte,
Que no eran cualquier tipo de gente.

Éstos eran padrecitos católicos,
De iglesias de diferentes poblados,
Que en patios de casas abandonadas,
Los mataron como cabritos en mataderos.

Nunca les dieron cristiana sepultura,
Después de que los dejaron sin la cabeza,
Los buitres desde los cielos rondaban,
Para roer sus carnes que ya apestaban.

Muy cierto eso debía de haber sido,
Pues es muy lógico y muy normal,
El buitre siempre come al animal
En caminos y montes sucumbido.

Acaban naturalmente con un cuerpo
Descompuesto de olores desagradables

En condiciones de crear enfermedades,
Por tanto gusano y tanta podredumbre.

Pero la gente que vio lo sucedido
Contaban que no eran los buitres
Los que del Cielo venían bajando,
Sino un ejército de Ángeles cantando.

Se llevaban en cuerpo y alma
A los pobres padrecitos muertos
Cuyas cabezas una por una faltaban,
Pues uno por uno fueron decapitados.

Los soldados que en eso participaron
Muy en paz ya nunca quedaron,
Dormidos o despiertos fueron perseguidos,
Ya a descansar nunca más pudieron.

Durante el día y durante la noche
Los buitres y los cuervos los corroían,
A la vista de todos, los ojos les sacaban,
Gargantas abrían y entrañas destrozaban.

Ni cómo poder defenderlos,
Ni cómo poder espantarlos,
Las balas de carabina no entraban,
A los buitres que los destrozaban.

La venganza de la leyenda no paraba,
Sufriendo sin poder morir, vivos estaban,
Por el acto tan aberrante y horrendo,
Que aquellos animales les causaban.

Un día eso se tenía que terminar,
Así fue, un día se acabó, sin anunciar,
Sólo las calaveras regadas quedaron,
De aquellos pobres cuerpos maltratados.

Fue un horrendo recuerdo...

De lo que ellos mismos hicieron,
De lo que ellos mismos causaron,
Motivo por lo cual se condenaron.

La maletita

Eran dos dólares en un solo billete
Que mi padre un día me regalara
Para que un presente me comprara
Aquella navidad tan fría y nevada,
Pero el billete tanto me gustó
Que gastarlo simplemente no quise.
Me senté en aquél viejo taburete
Que estaba enfrente del gabinete
Donde guardaba mi maletita,
Que pronto abrí y allí los puse,
Junto a las cosas más preciadas
De bellos momentos de mi pasado...
A veces, esa maletita la abro
Para frenar mi corazón acelerado,
Al percibir su envolvente aroma
Que de su olor a viejo y a mojado
Mil recuerdos a mi mente retoma
Y a mi niñez soy transportado...
Huele a Mama y huele a Papá,
Que un día me abandonaron;
Huele a abuelitos y a vecindad,
Que alguna vez mi vida llenaron;
Huele a profesores de primaria,
Que muchas veces me regañaron;
Huele a inocencia y a mocedad,
Que en el olvido se quedaron;

A juegos infantiles y cosas maravillosas
Que mi mundo iluminaron,
Y que excitaron mi corta edad...
Creo que es una maletita mágica,
Porque cada vez que la abro,
A mi alma vuelve a excitar
Como si fuera el combustible
Que la flama de mi memoria
Hace crecer y a mi mente remolcar,
A aquellos tiempos tan felices
Cuyos recuerdos me hacen llorar.
Un simple oropel de color dorado,
Que a mis dientes cubriera;
Una pluma sin funcionar,
Que fue el premio de mucho estudiar;
Un lapicero guardado y quebrado,
Que mi padre usó y un día me regaló;
Una piedrita sucia, sin limpiar,
Que traje del río donde aprendí a nadar;
Una simple moneda sin estampado,
Que aplanara el tren con su rodado;
Algunos poemillas que no terminaba,
Porque me hacían llorar antes de acabar;
Una libreta con forro escolar,
Que leía seguido y me ponía a llorar
Sin saber por qué, tan sólo por llorar;
La foto que Abuela tenía en un rincón,
Que yo mismo me robé por miedo
A que un día ella se fuera a morir,
Y ya no poder verla una vez más;
Una pequeñita prenda de vestir,
Que Mamá me guardó cuando nací;
Una antigua acta de bautismo del tío,
Bordada con una cruz y un corazón;

Los lentes del abuelo de latón,
Con los vidrios quebrados y sin caparazón;
Unas estampillas maltratadas,
De unas cartas antiguas rescatadas;
Un cuento de gigantes y de hadas
Con las páginas todas despegadas;
Mi librito de primera comunión,
Que un tiempo me llenara de ilusión...

¿Cuánto tiempo mis recuerdos irán a durar?

Seguro antes de morir o cuando muera
Mi maletita en la basura irá a parar,
Pues a nadie le habrá de importar
El significado que para mí
Todas esas cosas pudieron tener.

Pero aún y cuando ésta sea abatida
Hay otra maleta que no será destruida
Ni por el paso de los años
Ni por las inclemencias del tiempo,
Ni por bichos ni alimañas será roída...

Esa otra es la que me recuerda
Todo lo que en la otra maleta se encuentra
Esta maleta es la de mi alma,
Esa es la que llevo adentro
Muy dentro, unida a mi corazón,
Disuelta en mi propia sangre,
Mezclada con el aire que respiro...

De la que mis sueños han procedido,
De ella mis fantasías han surgido,
Mismos y mismas que he tenido:
Me persiguen desde que era niño...

Esa maleta es mi amiga fiel,
La que siempre me acompañará,

La que nunca solo me dejará,
Ni aun estando al final del túnel.

Tal vez, a la otra alguien la quemará,
A ésta nadie daño le va a hacer...
Aquélla, abrirla y olerla reclama,
Ésta, me pide los ojos cerrar.

De mí nunca se separará,
Conmigo irá hacia donde yo vaya.
El día en que haya de morir
Ese día dentro de mi pecho estará...
En algún lugar de no sé dónde
Una velita de vida su luz apagará,
Al mismo tiempo mi vida acabará.
¿Habrá un nuevo viaje por hacer?
No lo sé, pero por si lo hubiera,
Mi maleta con mi alma viajará.

La muerte y el juicio final

Había una vez en un viejo pueblo,
Un hombre muy rico y soberbio,
Muy trabajador, pero muy orgulloso,
Muy amistoso, pero también vanidoso.

Se afanaba de sol a sol, día tras día...
Ser el más rico, siempre era su porfía,
Y para mantenerse sano, se ejercitaba,
Decía que él a la juventud conquistaba.

Dicen en el pueblo que en las noches,
Hasta entrado ya en las madrugadas,
Contando toda su fortuna se la pasaba,

Hasta que terminaba, sin faltarle nada.

De la vida, a disfrutarla acostumbraba,
Muchos viajes, buena ropa y automóviles,
Terrenos, predios, fincas y huertas tenía,
Por todo se alababa, se jactaba y se reía.

Mas, dicen que a nadie ayudar se dignaba,
"No se puede", decía, si ayuda se le pedía,
Como era el más rico, pero el más avaro,
Por eso ya nadie buscaba pedirle amparo.

Con tantas posesiones, muy seguro se sentía,
Ni a la pobreza, ni a la enfermedad temía,
Ricos manjares comía, y finos vinos bebía,
Mas a su puerta, alguien de hambre moría.

Mas un día, cuando él menos se lo esperaba,
La muerte se presentó en sus aposentos,
Diciéndole que su maleta estaba preparada,
Que sólo faltaba que la acompañara…

Pero si yo todavía muchos planes tengo, decía,
"Lo siento, pero es el momento de tu partida".

No he hecho el testamento de mis posesiones,
"Ésas ni son tuyas, ni lo serán, ni lo fueron…"

¿Pero todo lo que hice? ¿Lo que tengo guardado?
"Nadie nunca sabrá para quién ha trabajado".

¿Pero al menos me llevo mi ropa, mis alhajas?
"No servirán, pues sólo son de la tierra migajas…"

¿Mis recuerdos, mis amores, mi pensamiento…?
"No entra en la maleta, se los lleva el viento".

¿Mis ingenios, mis esfuerzos y mis talentos?
"Tampoco caben, pues sólo fueron eventos".

¿He de irme solo, sin mis amigos y conocidos?

"No tuviste amigos, de la vida accidentes fueron".

¿Al menos el afecto que brindé a mi familia?
"Ni eso, porque ya se quedó en sus corazones".

¿Entonces, mi corazón, y esta caparazón...?
"¡Tampoco! Polvo eres y en polvo te convertirás".

Pero déjame llevarme al menos mi alma...
"Tu alma nunca fue tuya, a Dios le perteneció".

En su desilusión se puso a llorar tristemente
Inquieto de perder su vida en un instante...
Bruscamente arrebató la maleta que ella traía,
La abrió y descubrió que nada dentro había.

Llorando dijo: ¿Entonces de qué serviría,
Si en esta maleta, nada me llevaría?

El pobre cavilaba sobre su vida y lloraba:
¿A la sazón, en mi vida nunca tuve nada...?
¿Fue tan poco tiempo en que por aquí desfilé
Que en afanar y enriquecerme me la pasé...?

¿Dónde quedó el cariño, dónde el amor
Si mi vida en un solo soplo se esfumó?
Me entretuve jactándome de lo que tenía,
Nunca me entregué a lo que la pena valía.

¿Era falsa felicidad en la que yo creía?
¿Todo momentáneo y a la tierra pertenecía?
¿A dónde fue el amor que a Dios nunca di?
Está con mis vanidades, soberbias y orgullos.

"Hijo mío, no viviste tu vida, ni tu tiempo,
Ahora ya es tarde, crucemos pues el umbral,
La maleta, como ves, sólo lleva tu nombre,
Que te identificará el día del Juicio Final".

La peluquería

Un *lugar donde desaparece el bullicioso estrés,*
Es un lugar de descanso y de encantamiento,
De sueños, además de ser centro de los chistes,
Tallas de buen humor, chismes, dimes y diretes
Del pueblo, donde la gente no es muy frecuente,
Pero cuando viene, viene a saber de los demás,
Agregándole a lo que ya saben, un tantito más,
De modo que lo que ya saben, consigo lo llevan
Van y lo cuentan a otros, corregido y aumentado,
No hay duda, y además de eso, hasta modificado,
La gente viene a saber, y gratis, un tantito más.
Si vienen a cortarse el pelo, los chismes son gratis,
Aprovechen que lo digo, es gratis, y también vienen
A vivir en otros mundos a donde nunca han ido,
Ni irán, y a llenar su imaginación con los cuentos
Historias y sueños que les cuenta el peluquero,
Que ya les durarán buen tiempo para hacerlos
A ellos soñar y viajar por el cielo y las estrellas.
Eso no es malo, es bueno, por eso vienen ellos.
Si dispuesto está en contar lo que quiera contar,
El que lo ha de contar, los demás no se enfadarán,
Menos yo, que siendo todo fuente de mi felicidad,
Mi negocio hará prosperar, aunque debo corregir,
Que en esto sí he de cobrar, pero no tanto,
Es tan sólo un veintecito por cada visitante.
El peluquero siempre información conseguía,
A la peluquería venían más de cuatro por día,
Mismos a los que les contaba todo lo que se decía
Sin cansarse, y lo mismo al siguiente día a otros,
Así mismo, seguía toda la semana, obviamente
Hasta a partir del domingo nuevas noticias tener,

Que nuevecitas se las tendría para todo oyente
Que a cortarse el pelo viniera la semana siguiente.
Porque los domingos venía su principal cliente,
Que de bromas y cuentos, él era la mejor fuente.
Se sabe que de decir a hacer es cosa diferente,
En el caso de Hilario era claro que las dos cosas
Tienen igual fin, pues él decía en confesión todo
Lo que hacía, que era lo mismo que allá decía.
Pues se los contaba, por eso tan bien les caía.
Jacinto notaba que la gente de Don Hilario,
Como todo cliente, se divertían con hilaridad,
Pero de ese júbilo sano y lleno de emoción.
La gente se reía de él no por burla, con intención
De la observancia de cada una de sus ocurrencias.
¿Cómo ha estado Hilario?, ¿qué hay de nuevo?
"Pos aquí nomás, como siempre, en la ocurrencia".
En la Iglesia todo mundo fila hacía en la confesión
Una vez que en primer lugar se formaba Hilarión,
Así aquí, a la peluquería todo mundo lo seguía,
Y al entrar, la peluquería a Jacinto se le llenaba.
A la gente, le gustaba estar donde Hilario estaba,
Les gustaba que platicara y cómo se comportaba.
En fin, todos lo seguían, sin que él lo notara.
Jacinto con esta jugada y de Hilario la llegada,
Detrás de él la gente en manada se acercaba,
Tenía un letrero que los domingos colocaba
Al frente del local y que les advertía que ese día
Había qué pagar por entrar, y que así decía:

"Parlamento Importante A Todo Visitante:"
"Todo el que aquí entre,
Detrás de mi Principal Cliente,
Habrá sin negarse a pagar un veinte,
Y un diez más porque se siente.

Mas si aparte el pelo se quiere cortar,
También la cortada ha de pagar,
A según si la barba se quiere rasurar,
Bigote arreglar, o igual el pelo hacerse.
Si aparte, quiere ser talqueado,
Pagará por ello un diez más, y además,
Un diez más, por ponerle colonia,
Para bien aperjumado de aquí salirse.
Al ya saber todos a quien me refiero,
No se vayan a hacer los inocentes,
Que aquí primero el veinte pagando.
Ya pagando, enseguidita entrando.
Se les aclaran los puntos siguientes:
Uno:
Otros días no se cobran las entradas,
Dos:
No pagará por oír chismes y tarugadas,
Tres:
Será gratis, nomás pagando del pelo
La cortada, o de la barba la rasurada.
Cuatro:
Talqueada y aperjumada, también gratis,
Así que váyanse aprovechando,
Que luego pasa que me voy arrepintiendo.

Aquí repitiendo, y otra vez repitiendo:
Pa'que luego no digan "Yo no entiendo":
El domingo pagarán solamente
Los clientes que no sean el cliente,
Del que todo mundo tiene conocimiento,
Pues éste queda totalmente exento,
De todo lo impuesto en este Parlamento".

Con esto Jacinto con un día, la semana hacía,
Porque si en toda la semana la luz no veía,
Porque la gente no llegaba, salvo uno que otro

Pues los chismes de Hilario aún no escuchaba,
Pues el domingo por la visita de Hilario
La ganancia sí se daba, y hasta le sobraba
Para echarse su cerveza al llegar a su casa.
Todo mundo callaba y esperaban escuchar
Para disfrutar el motivo del pago de la entrada.
Luego Hilario continuaba con un cuento
Todo mundo esperaba, aunque fuera el mismo
De la vez pasada, como quiera les gustaba,
Sabían que algo le cambiaba y de todas formas
Agradable lo hacía y en algunos de los cuentos
Hasta los convencía de que fuera realidad
Lo que contaba, porque lo contaba tan bien,
Tan real, que todos lo creían y se emocionaban.

La premonición del sueño del Rey

Rey:
Vos Señor Mago decidme
Si veis en esto la razón…
Pues durante la noche,
Un pensamiento me despierta,
De esa forma me he percatado,
De un violento altercado,
Que hube tenido algún día.
Mas esta noche ufana,
En mi sueño inhumano,
Con el corazón en mi mano,
Pero con un deseo malsano,
De conseguir lo que quería,
He recibido señal ingrata,

Que me deshace la alegría…
Tal alegría que creía mía.
Sin explicaciones ningunas,
Mi corazón se ha desplomado,
Prediciendo que un mal día,
El descaro de mi arrogancia,
De nada ya más serviría…
Y para que yo me ubicara,
En una parte más segura
De este gigantesco mundo,
Que por haber cerrado
Las puertas a mi hermano
Además de toda ésa, su gente,
Nos topemos nuevamente,
Él y yo, frente a frente,
En un mundo diferente…
¿Significará eso mi muerte?
Decidme Señor Mago,
¿Cuál será mi suerte?

Mago:
Mi Señor y Rey:
Me atemoriza por entero
Vuestro sueño tan raro.
Aparte de raro es certero,
Que examinado severamente
El emblema y el castigo,
Que por un acto ingrato
Vuestro y profanado,
Se dará que verdad será
Que ha de morir un Rey,
Al momento de otra verdad
Que vivirá un nuevo Rey.
No deberíais angustiaros,
Que todo está ya escrito,

El soñar según tales actos,
Se ajusta a las estrellas,
A las predicciones de la ley.
Yo no os puedo salvar
Por sueños que soñáis,
Mas al pendiente estaréis,
Del canto que la Profecía
Suele con el tiempo cantar:
El poema de caballero aquél
Cuyo verso es color azul,
Y que lleva en su alma
Una misión clara en tanto,
De aquél de alma pura,
Aquél de corazón indomable,
Amigo de todos los dioses,
Amigo de todos los diablos,
Que con fuego de los infiernos,
Su épica espada ha forjado,
Sea sembrador de una paz
Que no ha sido divisada.
Que yo hoy os he de decir,
Hoy me tengo lleno de terror,
Pues pajarillos precursores
Me cuentan las andanzas,
De un bravo caballero,
Por tabernas de bien beber,
Por aposentos de peor tocar.
Así pues es mejor confesaros,
Que lo que es verdadero,
No podrá ser controlado.
Os repito, no por atemorizar,
Que las lenguas viperinas,
De aves de rapiña lo delatan.
Así confieso humildemente

A vuestra majestad presente
Que como el castigo venga
Así también será de severo,
Si se da que muera el Rey,
Yo antes también muero.
Escrito aquello ya ha sido
Donde borrar nadie podrá,
Que el tiempo de repente
Tendrá sin duda que llegar,
En que todo lo que está
Tendrá que desaparecer.
En esta vida se verán cosas
Que nadie antes pudo ver,
Un caballero a un dragón
Montando aparecerá...

Rey:
Mi querido y sabio mago,
Anonadado ya he quedado
Por vuestra sabia respuesta,
De la que inesperadamente
No encuentro semejanza,
Ni por éstos lugares
Ni por otros tantos lares...
Lo primero que os digo,
Querido y amado mago,
Es que siempre admiro
Vuestra valentía y coraje,
Para apreciar y reconocer
En todo lo desconocido,
Hechos que ves tan certeros,
En todos esos letreros...
Que al deciros lo segundo,
De vos es que yo espero,
Que medidas de protección,

Previas ya hayáis tomado,
Mas en todo vuestro relato
Ni siquiera las he notado,
Sólo que sí hemos de morir
Los dos, lo he observado.
Pues habéis de saber, que
En mi acalorada mente,
Mil y una cosas mejores
He pensado, más no por sobre
Esos sueños y sus esfuerzos,
Sino porque en vos creí
Que os tenía de mi lado.
También a mí, por así decir,
Me hubiese gustado intervenir,
En esa rara e ignota escena,
Pero sabed de una vez,
Que si conmigo estáis vos,
Y si yo ya no pudiera ser
Protegido por vuestra magia,
¿Qué necesidad vos tenéis,
De estar bajo mi custodia?
Mira mi estado y condición,
De caballero y Rey reinante,
Ha sido siempre de dar,
E ir siempre hacia adelante,
He encontrado malandrines,
Creídos bocones y parlanchines,
Por lo que dada la situación,
Ahora yo ya bien supongo,
Que con el fantástico relato
Que a mal me habéis contado
Mucho ya me habéis cabreado.
Sabréis que un duro castigo
Tendréis pronto por recibir.

¿Mas cuál será, decidme,
Decid, cuál pudiera ser?
En esta ocasión vos mismo
Os lo vais a imponer.
¿Qué castigo os merecéis?
Apestoso Mago... Pensad...
Si a un enano abusador
Lo he mandado al paredón,
Ni que decir tiene entonces
Que en esta triste ocasión,
Habéis abusado y pasado
En asustarme un montón,
Y por lo tanto, yo pienso
En un grave escarmiento,
Mas cuento y os advierto,
Que podría ser aún peor...
Mas si queréis de eso
Quedar al fin liberado,
Pensad que lo que habéis dicho
Veáis cómo poder solucionarlo,
Así el pecado será perdonado;
Así el castigo que os toca recibir,
Temporalmente será borrado.

Las brujas de la montaña

Es una historia no muy verdadera,
Que sucedió hace muchos otoños
Con todo y sus lunas traicioneras...

En un tejabán que cayéndose estaba,
Vivían dos brujas muy despiadadas...
Por las montañas allá en sus laderas...

Las dos eran jóvenes y muy hermosas,
Tenían pactos con el mismito Diablo,
Siempre en su honor favores le hacían…

Él a cambio garbosas las mantenía.
Según ellas el Diablo les ordenaba,
A quien sacrificar o a quien maltratar…
Para que él sus deseos a ellas les cumpliera.

Una vez le dijo a una de ellas
Que sacrificara a un joven bien parecido,
Que precisamente ella demasiado quisiera…

Negose la bruja, pues mucho le amaba,
Pero con el Diablo jugando no se andaba,
Éste enojado, a su hermana endemoniaba.

En breve lapso la puso en contra de ella,
Ordenándole quemarla por desobediente,
Lo cual la hermana cumplía al instante.

En su locura diabólica y fuerza brutal,
Puso a la hermana amarrada a una pira,
Comenzando el fuego a arder en espiral.

La gente que vio, se avalanzó contra ella,
Golpeándola y arreándola con palos
Empujándola hacia el otro lado de la pira.

Mas no pudieron salvar a la quemada,
En cambio, a la otra bruja viva la mataron
A pedradas, a palos y a quemadas.
No sabían que con el Diablo no se jugaba
Éste mandó la bruja desde el infierno
A vengarse de los que hicieron su matanza…

La bruja sin ser por los vivos vista
Les arrancaba el pelo de cuajo,
Hombres y mujeres enloquecían…

Pedazos de piel con cabellos se veían
Por todas partes en casas y calles,
De la gente que la bruja desmembraba.

Todo mundo corrían desesperados,
Porque la bruja los alcanzaba a donde fueran:
Si no morían desmembrados, enloquecían.

Muchos en su locura caer se dejaban
A las norias, a los barrancos, o al excusado,
Para morirse sin que los tocara aquella mano,
De aquella bruja en acto sobrehumano.

Muchos años después la gente contaba
Que en ese tejabán aún se escuchaban carcajadas
De aquella bruja satisfecha y endiablada.

Les cuento un cuento...

Vinieron como siempre, para que los saque
De las imágenes diarias de sus propias vidas,
Que ustedes creen que les va a funcionar,
Como cuando les cuento cuentos relacionados
Con las imaginaciones de mis sueños nacidas,
Que son tan fantásticas, suculentas y frescas,
De mundos ocultos de mi mente recién salidas,
Donde sólo el que lo cuenta, sabe qué más hay
Allá adentro, y sin darse cuenta, al contarlo,
El que lo cuenta invade mentes y sensaciones
De los más íntimos sentimientos y emociones
De quienes son receptores del que esto cuenta.
Dejándoles indescriptiblemente una magia
Jamás sentida, acomodada a sus necesidades,
Que no quieren que se les escape, para con ella

Dar escape, a la vida que normalmente viven,
Salir de sus problemas, de penas y sinsabores.

Quieren escapar de sus angustias y trivialidades
Pero de las cuales en realidad no pueden salir.
Curioso que para eso sean los sueños, cuentos,
Lecturas y las novelas, para sacar a las mentes
De sus bochornos del diario vivir, llevándolas
A mundos creados con la lectura, inexistentes,
Lejos, muy lejos de todos los conocidos lugares.

Los hacen descansar de su monótono trajinar,
Así, de esta forma, con contarles mis sueños,
Les traigo todo aquello que nunca han visto,
Ni leído, ni imaginado, aunque bien sepan
Que todo eso no es realidad, y precisamente
Así hay que entender, que eso es pura fantasía,
Pero la verdad es que es fantasía cautivadora,
Atractiva, sin duda, que igual que a ustedes,
También a mí me tiene anonadado, fascinado.

Las leyes y reglamentos que hay en los cuentos
Forman bases, unidas o separadas, que hacen
Que nuestras historias sean tan apreciadas.
Yo creo que si nos dieran a escoger si vivir
La vida actual, o vivir la vida en estas historias
Tan lejana y abismal, seguro que preferiríamos
Alegres elegías, como vivir nuestras fantasías.

Precisamente porque éstas no son realidades,
Porque en ellas no veremos las cosas actuales,
Ni las penas que vivimos, ni responsabilidades,
Ni trabajos espinosos, ni embarazosos, ni nada
Que en nuestra realidad nos ufane y presione,
Nos atemorice y nos desmorone, de donde
Podemos sacar la conclusión, y venga de ahí,

Que ustedes lo que andan buscando es salirse
Del mundo al que pertenecen y formar parte
De una no realidad implicada en una fantasía,
Que no tiene nada que ver con lo que ustedes
Quieren o se imaginan, pues eso que imaginan,
Si acaso existió, a este siglo no perteneció,
Fueron cosas que la mitad no fueron ciertas,
La mitad de esa mitad, inventadas o escritas
En novelas provenientes de la imaginación
De un escritor, de la inventiva de su corazón.

De allí, cosas que se cuentan no fueron reales,
Sino mitos, creaciones, leyendas, o analogías
Creadas para darle sentido a las filosofías
De vida y religión, y hacer la vida de las gentes
Más llevadera, que como hoy, antes también,
La vida era difícil y en todos los momentos
De la historia hubo penas, responsabilidades,
Trabajos espinosos, escabrosos y difíciles,
Que presionaban, atemorizaban y demolían.

Además, habrá que recordar que en tiempos
A los que se remontan estas historias tales,
Se sabía que existían muchos símbolos que
Al parecer, para la gente eran cosas reales,
Pero simplemente no existieron como tales,
Aunque tenían ciertas explicaciones cabales.

Por eso y aunque crean que más no quiero,
Ya no les cuento ni por lo menos un cuento,
Por ser la realidad que como yo los sueño,
Así se la van a querer pasar, siempre soñando,
Y ni sus trabajos, ni todos sus compromisos
Van a querer remediar, por pasársela soñando,
Así que aquí se acabó el cuento que ya no
Cuento, por no hacerlos parte del argumento.

Leyenda de tres amigos

Ahí va Don Pepito "Burraflaca"
En su carretón ofreciendo aguamiel,
Por todas las calles del pueblo,
Siempre su burrita con él, siéndole fiel.

Todo el día trajinando, de sol a sol,
Su vieja burrita sin irse quejando…
Que por ser ya tan viejita y tan flaca,
A él le apodaron: Pepito Burraflaca.

Los apodos son maneras de identificar,
A todos los personajes de un pueblo,
Que reconocidos por una cualidad,
Con ese apodo los vienen a bautizar.

A Pepito, por su burrita flaquita,
Burraflaca le empezaron a decir,
Ya con el tiempo no se molestaba,
Hasta la burra al escucharlo reviraba.

Él quería mucho a su burrita,
Mas lo curioso es que ella lo obedecía,
Cuando por su nombre le llamaba…
"Petronila, ven acá…" Y ella llegaba.

A veces Petronila de noche se salía,
Del establo donde dormir debería,
Se iba frente a la ventana de Pepito
Luego su cabeza metía y lo movía…

Don Pepito desvelado y enojado,
Regañaba a Petronila sin tener cuidado,
Pero ella lloraba como niña pequeña
Que buscaba la protección de su amado.

A veces era tanta esta insistencia,
Que para que de una vez se durmiera,
La llevaba al establo para que se echara,
Él también en su panza se dormía.

La burrita con esta muestra de cariño,
Toda la noche así se quedaba,
Sin moverse y sin quejarse de nada,
Le gustaba que su patrón la amparara.

Don Pepito los magueyes cultivaba,
Diariamente, durante todo el año,
Capaba los magueyes en las mañanas
Para obtener el aguamiel que repartía.

Eran felices por todas las calles,
Don Pepito Burraflaca y su burrita,
Gritando "Aguamiel de maguey…"
Dos veces al llegar a cada esquina.

Cristóbal "El mono", le llamaban,
Porque siempre andaba bien peinado,
Amigo íntimo de Pepito Burraflaca,
Desde su infancia, niñez y adolescencia.

Brillantina de a quinto se compraba,
Para bien ensebar su espesa cabellera,
Siempre muy bien peinadito andaba,
Por tal hecho dicho apodo se ganaba.

Par de viejos simpáticos y picosos,
Que todo el mundo a bien apreciaba,
Porque al estar juntos se hablaban,
Se decían un santiamén de babosadas.

Que a la gente sin querer reír hacían,
De tantas cosas que éstos se decían,
Simulando estar siempre peleados,
Pero la verdad era que mucho se querían.

Entre bromas y bromas se trataban,
Pero si algún día uno de los dos faltaba,
El otro preocupado lo buscaba
Sin descansar hasta que lo hallaba.

Vivían uno frente a la casa del otro,
Cristóbal siempre malo de sus achaques,
De una enfermedad de hacía ya tiempo,
Que no lo dejaba que en paz viviera.

Nunca se le quitaron esos dolores,
Pero como si no los tuviera, disimulaba,
Sin embargo cuando a solas lo veían,
Dice la gente que parecía que lloraba.

Cristóbal de la casa a veces se salía
A escondidas se iba a una tumba a llorar,
Donde yacía su esposa, su viejita…
Que un día se quemó y no pudo salvar.

La gente decía que una amante tenía,
Pero claro estaba que se equivocaban,
Sin embargo, él nunca nada les decía,
Sólo se le veía que en las noches regresaba.

Pepito se mortificaba cuando no lo hallaba,
Pues acostumbraba llevárselo con él
A repartir por las calles el aguamiel,
Además, sin su amigo no podía vivir.

Don Cristóbal le demostraba una felicidad
Que él sabía que no tenía, pues sufría,
Tenía dolores que cada vez más lo mataban,
Además, por lo débil y por lo mal comido.

Una mañana, el cielo amaneció muy gris
Llovía y hacía frío, y todos lo notaban,
Se sentía una bruma que cubría las calles,

Sin que nadie supiera lo que pasaba.

El olor de este invierno no era igual
Al olor de los inviernos que ya pasaron,
Olor desconocido que de algún lado provenía
El sol de un gran temor esconderse pretendía.

Cristóbal no había dormido en su casa.
Pepito Burraflaca al salir a su corrida,
Fue a buscarlo a su casa sin encontrarlo,
Cosa rara, cosa desconocida que nunca pasaba.

Al entrar y ver el catre vacío y tendido
Pepito se fue a buscarlo, muy angustiado,
Sin saber dónde podría encontrarlo,
Malos pensamientos a su cabeza le venían.

¿Dónde andarás, por todos los Santos...?
Se preguntaba Burraflaca desesperado,
Corriendo ya sin poder ver del lagrimero,
A lo lejos vio un bulto que estaba acostado.

El pánico se apoderó de Don Pepito.
Llegando al lugar, la sorpresa no esperó,
Cristóbal yacía muerto frente a la tumba,
De su viejita a donde siempre venía.

Pero desde la noche anterior allí estaba,
Él ya sabía que iba esa noche a morir,
Sin decirle nada a nadie, se fue...
Junto a su viejita quiso ir a terminar.

El rosario que tenía en una de sus manos,
Se lo dio su esposa cuando murió...
En la otra unas florecitas apretaba,
Que seguramente a su esposa le llevaba.

Las desventuras de Pepito no esperaron,
Ese día fue el último de los días,

Que aguamiel por las calles circulara
De ese pueblo que nacer los viera...

Don Pepito Burraflaca y su burrita
Se la pasaban frente a la tumba de su amigo
La burrita amarradita a un árbol,
Él sentadito en un ladito, como testigo.

Le hablaba en silencio y no le respondía,
Una, dos, y no sé cuantas más semanas,
Sólo se les veía que pasaban caminando,
A él y su burrita hacia el camposanto.

"¡Dios proteja a este pobre hombre...!"
Decía la gente que los veía pasar,
Le ofrecían comida o algo de sustento,
Pero él todo rechazaba, nada quería.

Cristóbal significaba todo lo que quería,
Era en realidad, aparte de su burrita,
Todo en el mundo lo que él tenía,
Por eso, ya más nada le importaba.

Luego de meses, lo encontraron muerto.
Allí tendido en la tumba de su amigo.
El doctor dijo que murió de inanición
O de algo que le paralizó el corazón.

De Petronila ya nadie supo nada...
Seguramente se fue a morir muy sola,
Allá donde nadie pudiera detenerla,
Pues ya sin su amigo para qué vivía...

Los vecinos decían que por las noches,
El llanto lastimero de Petronila se oía,
Todos salían a la calle a ver si la veían,
Mas nunca de los nuncas, nadie nada vio.

Ahora sí que ya con ésta me despido,

De tanta tristeza y de tanta compasión,
Que en los pueblos de antes sucedía,
Que estas cosas se daban por montón.

Leyenda de un gran amor

Pues se juntaron
En una unión permanente,
Como fusión,
Que con el fuego candente,
Una aleación,
De dos metales pareciera,
Que no era oro,
Mas su brillo así lo mostraba,
Que no era plata,
Mas su belleza se asemejaba...
Ni más nada
De lo que se acostumbraba.
Tal era la pieza,
Que de tal unión resultaba,
A alto cielo,
Lo alumbraba y lo abrillantaba.
Al cerca estar,
Vibraciones palpaba y se jactaba
De cerca estar.
Una flama que se desbordaba.
Tanto su amor era,
Que no sólo a ellos los envolvía,
Sino también,
A los demás se les contagiaba.
¿De qué vivían?
No se sabía, sólo se amaban.

Murmuraban…
Que sólo de ese amor vivían,
Había mucha verdad,
Que así vivían y así sentían,
Aún al paso del tiempo,
El idilio lo vivían y compartían.
Días rompían,
Extravagantes noches de amor.
Noches rompían.
Despertaban buenos días de amor.
Noches y días.
De amor, amor, y sólo amor…
¿Qué, no comían?
Uno comía y el otro dormía.
El mismo despertaba,
Cuando hambriento se sentía.
Ambos despiertos,
Tan sólo sobaban sus cuerpos.
Así estaban,
Noche a noche y día tras día.
Eran sanos,
Mas una fiebre conocieron.
Era el solo calor,
Que sus cuerpos transmitían.
¿Cómo curarse?,
Sandía, papaya y plátano comían.
Así seguían y seguían,
Se olvidaban de sus deberes.
"¡Válgame Dios…!
Que éstos no salen un solo día.
Pos Dios sabrá,
Lo que los palomos hagan allí.
Ni las caras,
Reconoceremos cuando salgan.

De esa cuarentena,
Luego de este tiempo de faena.
Pobre mujer,
Éste, o la mata o se la acaba".
Así decían,
Chismosas viejas que pasaban.
"Se la acaba,
La dejará como una guayaba,
Mejor dicho,
La guayaba se hará más aguada,
Que la masa,
De verdulera desconchinflada".
Ja, ja, ja, ja,
Se reían de los acaramelados.
"¿Estarán vivos,
El par de pobres pichoncitos?"
Bueno pues,
Esa cuestión no les importaba...
¿Luna de Miel?
Que durara todo lo que durara,
¿Qué sucedería?
¿Embodamiento o embobamiento?
Aunque era,
Encerramiento o encanijamiento.
¿Poco comer?
Por mucho sexo enflacaron.
¿Dónde el amor?
Duró cuarenta y tantos días.
Tiempo pasó...
Una cuarentena se cumplió.
En un dos por tres,
Ella bien embarazada quedó.
Pues día a día,
Eran cinco o seis u ocho veces,

Que sexo hacían,
Si juzgamos al robusto garañón,
Que nada más,
A ella le daba el chicharrón,
Era fácil,
Que pronto quedara en cinta.
Yo creo que,
Todo fue porque no había tevé.
Sin nada ver,
A darle duro a lo aprendido.
Aquello fue,
Resultado de lo practicado.
Con sólo un mes,
A la panza echar un vistazo,
Parecieran…
Tres meses de embarazo.
Ya empezaron…
Los muchos díceres y diretes.
Ah qué vecinos:
"Qué pronto se comió el pastel,
Que si ella,
Por chiquita pronto la llenaría él".
Pero en fin,
A chismear acostumbrados…
Ya en la tienda
La peluquería, la iglesia o la plaza,
O en la esquina,
Mas ellos ni cuenta se daban.
En realidad,
El preocupado era el doctor,
Que creía,
Que era embarazo anormal,
A muy su juicio,
En dos meses vería los resultados.

Eran felices…
Ella demostraba que amaba,
A ese bruto,
Que siempre pensaba en su amada.
Sus almas,
En el sentimiento que gozaban.
"Es posible,
Sea mucho líquido amniótico",
Dijo el doctor,
"O que sean tres güercos adentro".
Mas sin saber,
A poco las cosas fueron muy mal.
Pobre d'ella,
Ya más no la daban por buena.
¿Qué pasaba?
Que a tres, ella no soportaba.
Todo el amor,
Que con mucho amor se dieron,
Ya terminaba.
¿Dónde estás corazón…?
Él lloraba…
Pues más que a su vida la amaba.
Ya no estaba,
¿Entonces ya para qué viviría?
Una noche,
Cuando la luna se escondía,
El arma tomó,
En lúgubre silencio se disparó.
Todo acabó,
De aquel dulce amor…
Todo acabó…
En una leyenda se convirtió.

Loco

"Te busco y no te encuentro,
No respondes si te invoco,
Te llamo y no contestas,
No me hablas si te hablo.
Dime, ¿a dónde te has ido…?

"¿Cuando el sol se ponga,
Podrá un día traerme,
O cuando éste se esconda,
El calor de tu pecho,
A mi pecho deseoso…?

"¿En la luz verte aparecer,
Del pálido velo de la luna,
Que benigno me pueda traer,
La calidez de tu aliento,
Para feliz volver a ser?"

Eran los versos que recitaba,
En el lecho de un hospital,
Un pobre hombre que amaba,
En su enfermedad gradual,
A una mujer quizá artificial.

"¡Eres cruel y malcriada,
Eres engreída y mal nacida,
Quizás tu cuerpo hoy respire,
Los aromas de otro hogar!
He aquí mi corazonada…"

Durante los años recluido,
No hubo día que no se acordara,
De aquella mujer que amaba.
¿Sería sombra o sería su amor,

Esposa, amante o su ilusión?

*"Que al fin y por la gracia
De Dios alabado he amado.
Siento ese amor maltratado,
Pues por tu rostro y tu llanto
Siento que me has abandonado".*

*La locura lo llevaba al delirio,
Fiebres constantes lo consumían,
Parecía sólo y sin familiares
Allí recluido como fantasma,
Ni un alma lo visitaba...*

*"Ahora me doy cuenta,
Que me has engañado,
Cantando la dulce canción,
Mientras sin darme cuenta,
Tu canción era tu traición".*

*Un día ya casi al atardecer,
Entró una madura mujer.
Decía que era su hija perdida,
Que él un día abandonara...
Que en su búsqueda la vida pasó.*

*"Atrevida ya te has mostrado
En mi tremendo descuido,
Y ahora mira como tiemblo,
Pues no estoy acostumbrado
Por una mujer ser abandonado".*

*La enfermedad un día lo enloqueció,
A su mujer trágicamente asesinó,
A la niña de dos años solita la dejó,
Él huyó sin saber a dónde iba,
Un día en este hospital apareció.*

Ella, ya después de tantos años,

De haber sufrido y de haber llorado,
Al haberlo hallado, sólo quería conocerlo,
Sólo estar un momento a su lado...

Tan sólo un abrazo que le dio...
En ese momento su padre expiró.

Loco por el Diablo

Había una vez un jacal en ruinas
Que nomás de verlo daba miedo.
Estaba en la orilla de un pueblito
Allá por donde empiezan las colinas.

Allí vivía un loco con sus tres hijitos
Como de unos ocho años en promedio,
Su esposa había muerto en un incendio
Cosa que lo dejó un poco loco y medio.

Dizque el Diablo se le apareció un día
En forma de una bola de lumbre,
De ser inmensamente rico le ofrecía
Si sus hijos le entregaba el hombre.

Eran como las doce de la noche
Cuando este suceso macabro sucedía,
Sus hijitos plácidamente dormían,
Sin saber, pobres, su destino por venir.

El loco con ser millonario se entusiasmó,
Por lo que al Diablo en tanto le aseguró,
Que esta noche el funesto trato se haría,
Comprometidos ambos en que cumplirían.

De a uno por uno a sus hijos agarró

De la viga más ancha del centro del jacal
Con un mecate grueso, en fila los colgó.
Por fin terminó y luego cansado se sentó.

Allí esperó a que aquél se apareciera,
Con la idea de que la promesa cumpliría.
Pero el Diablo nunca se apareció,
Esperó por días sin que nada sucediera.

Los cuerpos de los niños allí colgados,
Según el tiempo que muertos llevaban
Estaban en proceso de descomposición,
La fetidez se extendía por toda la región.

"Sabrá Dios qué pasaría en aquél jacal".
Todo el mundo se preguntaba al pasar,
Pero con la peste que de adentro provenía
Era seguro que un muerto allí estaría.

La verdad es que no era un muerto ni dos,
Sino tres los que descomponiéndose estaban,
El maniático frente a ellos todavía esperaba
Que el Diablo se apareciera y le cumpliera.

Aparte de loco, bien borracho estaba
Nunca se figuraba cómo iba a terminar.
Esa noche ya entrada la madrugada
Fantasmas inusitados empezó a ver…

Eran los fantasmas de sus tres hijos
Que venían a colgarlo a él también.
Como no encontraban en el Cielo entrada
Ya vengados su problema se solucionaba.

El olor nauseabundo llegó a cada hogar,
Los gritos macabros también se escuchaban.
Por miedo, nadie al jacal se acercaba,
Eran gritos y carcajadas de satisfacción.

Pasaron los años como pasa el agua del río,
Las paredes se han caído y el tejado roído.
A pesar de eso aún se ven los cuatro cordeles
Que las vigas de aquel jacal han sostenido.

Dicen que la gente al pasar, aunque sea de día,
No ven, se pasan de largo corriendo sin voltear
Porque a los curiosos, se los carga la maldición
Del aquel loco que al Diablo riquezas pedía...

Advertencia

Ya con esta me despido,
Considerando esta situación,
De tener presente este suceso,
Que por años se le recordó...

Es mi deber prevenirles,
Y al mismo tiempo advertirles,
Que aquello que leyenda era,
En realidad luego se transformó...

Es en el pueblo donde vivo,
Que es donde todo esto sucedió,
El jacal ya no es el jacal que era,
Sino un campo de diversión...

Los que divertirse allí pretenden,
No aguantan ni pueden soportar,
El olor nauseabundo que persiste,
En todo el ambiente alrededor...

Ya las autoridades no pueden,
Quitar ese aroma que perdura,
Que es parte de la maldición,
De haber desaparecido el jacalón.

Los Beatles

Una vez que entraron a mi vida,
Ya nadie jamás los pudo sacar...
Me asentaba muy bien su poesía,
Su música era la que yo quería oír.
Gracias a Dios que el idioma Inglés,
Fuera el lenguaje segundo de aprender,
En todas las escuelas y todos los colegios,
No quedaba más remedio que estudiar.
Pero ay, caray, con lo difícil que era,
Nadie podía siquiera algo entender,
Pues a las edades que nos lo impusieran,
Antes teníamos muchos juegos por jugar.
Habría pues que buscarle la manera,
Encontrar la mejor forma de aprender.
El maestro nos encargó para practicar,
De un cancionero, una canción seleccionar.
De un cancionero de música en inglés,
Para aprender yo copié una canción,
Que comencé por traducir y luego estudiar,
Aprender la primera estrofa de tres:
"En el pueblo donde yo naciera,
Había un hombre que a los mares surcó,
Nos contaba que su vida la pasaba
En un submarino de amarillo pintado..."
Cuando entendí bien lo que tradujera,
Mi alma se llenó de mucho entusiasmo,
Una perenne inquietud por saber más,
A manera que la canción entera aprendiera.
Válgame Dios que me dio un gusto tremendo
Cuando por primera vez en la radio la escuché,
No podía creer que podía, yo en inglés cantar,

Desde entonces mucho la canté sin cansarme.
Mi gusto por aprender inglés comenzó,
Pues quienes cantaban la singular canción
Satisfacían mis gustos por la música,
Sus demás canciones me hacían una invitación.
Con su música y sus letras, mucho gozaba,
Muy pronto aprendí varias de sus canciones,
Para mí, juro que eran obras maestras,
De las cuáles, ninguna me disgustaba…
Su influencia quedó en mí bien marcada,
Aprendí inglés en situación afortunada,
Mi pensamiento cambió dramáticamente,
Con su filosofía dominaban mi mente.
El tiempo pasaba y la vida continuaba,
Mi gusto por escucharlos nunca cambiaba,
Me casé, llegué a adulto y luego envejecí,
Ellos siguen cantándome en mi almohada.

Lo único que yo amaba

En aquel baldío monte un día encontré,
Un viejo espantapájaros destrozado,
Que al verlo me recordó mi niñez,
Cuando en las labores me refugiaba,
Para contarle a mi amigo de paja,
Sobre mis tristezas y mis alegrías.

Le gustaba platicar y yo escuchaba,
Esas viejas historias que me contaba,
O no sé si yo solamente imaginaba,
Que me hablaba cuando se movía,
Cuando el aire en un vaivén lo mecía,

Que parecía que conmigo caminaba.

Frente a él yo me recostaba y me reía
Al ver que su cabeza tapaba el cielo azul.
Mientras él se balanceaba yo le contaba,
Mis cosas malas y no se enojaba,
Nunca me pegaba como mis papás,
Era el ángel guardián que no me dejaba.

Siempre en las mañanas de verano,
Cuando el sol apenas despertaba,
Lo veía desde lejos que allí estaba,
No se movía para que yo no pensara
Que se fue y me había abandonado,
Solo gustoso me esperaba donde estaba.

Yo le contaba mis historias de amor,
Las margaritas deshojaba frente a él,
Que decidían si ella sí o no me quería,
Me pedía entristecido que no me fuera,
Pero también comprendía que un día,
Un viento de primavera me llevaría...

El tiempo pasó, crecí y mi vida cambió,
Él se quedó allí sembrado entre los surcos
De aquél campo que ya no se sembraba,
Que ya nadie veía, ni por allí pasaba.
Se mantenía viendo hacia el horizonte,
Esperando que un día yo volviera.

Pasaban de nuevo las estaciones,
El verano volvía a quemar las plantas,
Que alrededor de él germinaban...
Mas la tierra en el invierno se enfriaba.
La primavera traía nuevas esperanzas,
Él se cansaba de ver que yo no llegaba.

Después de cumplir mi cruel condena,

Cuarenta años recluido en un manicomio,
Al fin pasé los exámenes y me aprobaron.
Me abrieron las puertas a este mundo
Y por fin libre en él me abandonaron...
Que en vez de ayudarme, me dañaron.

Yo no sabía lo que podía yo hacer,
A dónde ir, con quién platicar, cómo vivir.
No contaba con nadie de mi familia,
Mis padres y hermanos se habían ido,
En este mundo yo era un desconocido,
Un desadaptado, por todos desapercibido.

Recordé que en algún lugar de un campo
Escribí en un árbol de grande tronco
Unas palabras infantiles para mi primer amor,
Debajo de su grande y verde enramado,
Como un tesoro que yo había escondido,
Fui en aventura para tratar de encontrarlo.

Allí estaba el árbol ya sin hojas en sus ramas
Con la piel de su tronco casi desencajada,
Apenas se veían unas cuantas palabras,
Que decían: "Contigo estaré toda la vida..."
Mi mente se abrió y recordé de repente
A mi amado espantapájaros y lloré...

Buscando en aquel monte lo encontré,
Al viejo espantapájaros destrozado,
Al verlo me recordó mis días de niñez,
Cuando mi mente en él yo refugiaba,
No pude abandonar a mi amigo de paja,
Lo llevé al pequeño cuartito donde yo vivía.

Le conté todas mis historias pasadas,
Él también su vida contaba, y yo le creía,
Yo me reía, y lloraba, y de alegría gozaba,

Pero luego que los vecinos les avisaron,
Vinieron por mí y de nuevo me llevaron,
Me separaron de lo único que yo amaba.

Desde entonces, de pena comencé a morir,
Sin morir, y vacío y sin alma he quedado...

Luto

Muchos siempre reían, y muy contentos,
Asistían a tomar café por las tardes;
Otros, murieron antes de que su cabello,
Por fin y apresurado, de plateado se pintara;

Otros, guardaron silencio y allí se quedaron,
No tan fácil reían, pero fácilmente lloraban;
Otros, de nuevo con el café se entretenían,
Al mirarse a los ojos, la verdad ocultaban;

Otros, simplemente ya no quisieron asistir,
Se fueron desapareciendo poco a poco,
Debido al dolor de su alma y su tristeza,
De no tener con ellos a aquellos amigos,
Que en vida siempre fueron su consuelo,
De aquéllos que se llevaron el afecto,
La comprensión, la lealtad y su amor.

Desde entonces el café está de luto,
Perdió lucidez, alegría y esperanza,
Pero los que estamos y aún vamos,
Nos hacemos el propósito de quitar tristezas
Llenarlo todo de alegría y de emoción,
Que todavía nos queda rato para disfrutar,
Hoy y siempre de nuestra eterna amistad.

Magia

Magia Negra, Magia Blanca,
El portento de la Naturaleza,
Poderes que la mente sobrepasa,
Soportados por imaginación franca.

Sobrenaturales influencias astrales,
Personificando criaturas infernales,
Espasmos de las almas cautivadas,
Espíritus poseídos por animales.

¿Consideráis que es todo palabrería?
Es seguro que dudáis de mis asegunes,
Por considerar mis sapiencias comunes,
Mas tengo a vos algo más que contar.

Ahí tenéis al legendario Mago Merlín,
Encantador, hechicero e influenciador,
Del poderoso Uther, Arturo y Pendragón,
En cuyo mandato estaba su actuación.

¿Qué me dirás de aquellos días febriles,
En que el primero de los místicos sabios,
Encontró en la comunicación los medios,
Entre este mundo y las huestes invisibles?

Es la esfera diáfana de la materia,
Unida a la esfera del espíritu puro,
Ciencia misteriosa por vulgo desconocida
Cuya celosa profanación es reservada.

Acomodo natural de las fuerzas eternas,
Conjuradas desde el deseo más profundo,
De aquél que con su mano levantada,
Mueve un hombre, un ejército y al mundo.

Magia: estruendo de evocaciones mentales,
Conjuros siniestros de voces guturales,
Simpatías suplantadas en armonías,
Entre seres de lejanías y cercanías.

Hombres a sí mismos abandonados,
Expuestos a la realidad inexistente,
Prolongaciones de palabra y de mente,
Por lo que ha enloquecido tanta gente.

Os pongo aceites y ungüentos olorosos,
Os arrullo, os susurro al oído y os canto,
Hazañas de Palmerín y Tirante el Blanco,
Disueltas en la bruma de un camposanto.

Magia Blanca hay en tu mirada,
Que me tiene dominado con su encanto,
Magia Negra hay en tus hechizos,
Que envuelven a mi alma con su canto.

Oh, Magia Negra y Magia Blanca,
Conjuro interminable de pasiones,
Dulzuras de tu cuerpo que me invocan,
A conjurar un beso, de tu boca a mi boca.

Mágico café

Así como ese bálsamo cura,
Hay pociones que son de altura
En tanto que una infusión remedia.
Un café caliente es bebida pura,
Tranquiliza, no conduce a la sepultura,
Pero no lo tomes ni frío ni viejo,
Porque en vez de tranquilizarte,
Te pone de un humor disparejo,

Que en lugar de besar a tu mujer,
Le das una cachetada, y a quien besas
Es a la pared que frente a ti tienes,
Y si estaba muy fuerte la poción,
Así fue la cachetada que a ella diste.
Frío y viejo es un veneno lento,
Te crispa los cabellos de la cabeza
Dando vueltas te pone los ojos,
Que aunque tú lo quieras y desees,
Esta noche no te dejará dormir.
Las ideas se empiezan a generar,
Entonces toma café pero del bueno
Ya verás que pasarán cosas raras.
El café habla y piensa, te observa,
A veces se ríe de ti y otras te procura,
Con su magia escondida te entiende,
Nunca se pone en contra de tu lado,
Todo lo que de él te tomas actúa,
Te transforma, créemelo, te cambia
Mientras cuenta no te das, ni te enteras,
Pero él siempre te dará sabiduría.
Hay un sueño que me aturde,
Cual aroma que me engaña,
Me aletarga y me enajena
En los brazos de una pena.
Mas no enredes a mi mente,
Conozco tus afanes sugestivos,
Divides a mi noche de mi día
Justo al despedir tu aroma...
Que sus espirales viajan a mí,
Pronto se incuban en mi pecho,
Al grado que mi cerebro enloquece,
Y he de beberte porque me muero.
¡Oh maravillosa bebida...!

Tú forjas en mí tu magia agradecida,
Déjame gozarte y tornar a ser
El ser que siempre tú me haces ser.

Mil noches de pasión

¿Seré yo el caballero de tal doncella,
Que mi alma obedece para ser bravía;
A quien dedico gloria en cada victoria;
A quien en cada batalla por ventura,
Aunque la suerte viniera en desventura,
Ella es la que recibe todos mis laureles,
Aligera de mis pensamientos la espesura,
Me hace entender la razón de mi vivir;
Me hace sufrir la locura de mis pasiones,
La morbosidad en espera de sus ocasiones;
Aquélla que espera desesperada mi llegada,
La que angustiada, cual flor seca sin rocío,
No hace más que pensar y rezar por mí;
Es de ella de la que yo estoy en amorío?

Mas por las veces que me habéis tomado,
Viene a haber mucho juicio en la razón
Que yo empiezo por descubrir y declamar,
Que es esa doncella por la que podéis morir,
Es la misma que en las batallas prodigáis
Que con vuestros pensamientos protegéis,
Por la que igual sufrís, lloráis y os alegráis;
Por la que con ansias noche a noche sufrís,
Pero en sus moradas deseáis desnuda encontrar,
Para untarle en su delicada piel ungüentos,
O fomentos para darle calor, calma, suavidad,
Suave sopor a su cuerpo, ansioso de teneros,

La misma que con una mirada desmoronas,
Y se deja amar por vos, hasta explotar...

Si es la doncella a la cual te habéis referido,
No dudéis ni un tanto que a vos ha amado,
Desde que todo este cuento ha comenzado,
No dudéis ni otro tanto, que ella esta noche,
Ha de recibiros con obscenos y eróticos deseos.
A según vuestras dulces y hermosas palabras,
Si esta noche venís, seguro que un muerto habrá,
O dos, según si la Pasión a alguien asesine,
Pues desde que me cautivó tu soneto y canción,
Y al saber de tan dulce y tan deliciosa razón,
Mi pecho se llenó de un fuego y de una emoción,
Que ahora y siempre vos tendréis que apagar,
Sólo con tu cuerpo en el mío, y tu aliento en el mío,
Tu amor y mi amor al fin serán bendecidos...

Como caballero afirmo lo que yo asevero,
Así que, zanjada la regla de común compostura,
No tendré que gritaros más que os he amado,
Tenemos juntos mucho camino que andar,
Desde la salida del sol hasta que se ponga,
Regla por la que tenemos mucho por trabajar,
Nocturno, desde el anochecer hasta el amanecer,
Así lo siento y es como lo vais conmigo a vivir,
Mientras mi dama seáis y conmigo queráis ir.
Ser mi compañera es tarea ardua y amarga,
Mas soy Caballero que os tratará con esmero.
Mi Orden y vida van por encima de mi ser.
Mi querida dama, os ruego abrid lecho amable,
Conformaos conmigo en mil noches de pasión.

Mi manera de ver la vida

Luego de pasar por la casa de mi suegra,
Que de hablar, a esa mujer no la paras,
Yo solamente agachando la cabeza,
Simulando que la escuchaba, pero no,
Salí del jacal dejándola hablar y hablar,
Mientras yo sólo caminaba sin escuchar,
Lo que aquella mujer no dejaba de decir.
Sin pensar en ello, rumbo a mi jacal,
Me fui imaginando que una fuerza maligna,
Me atrapaba por mis temblorosas espaldas,
Con tanto miedo, aceleré el paso hasta llegar,
A donde me sentiría protegido y resguardado:
Era mi jacal y allí me refugié cerrando
Tanto puertas como ventanas, y todo,
Como para asegurarme de no escuchar,
Aquella diabólica voz que escuchaba,
En el trayecto del caminar hasta mi casa.
En la mecedora me acomodé, fumé, y soñé…
"Qué felices a los hombres nos haría,
Que una ley se impusiera y se respetara,
En la que sólo se permitieran casorios,
De dos personas que no fueran normales,
Que ellas fueran ciegas y ellos sordos,
Así no habría problemas cual ninguno…
Ellas no verían los actos hombrunos,
Ni lo que a sus espaldas hicieran, o bien
En su propia presencia aquéllos harían.
De esta manera tan certera no habría forma
De que las esposas se pusieran celosas
Por no ver a los hombres lo que hicieran,
Que si fuera que por lo de ciegas no vieran,

Pero de casualidad otras viejas chismosas
Les contaran, tampoco habría problemas,
Porque de todo lo que la recién enterada
Al sacrosanto marido le diera a comunicar,
Ya sea fuera para reclamarle o para regañarle,
El hombre no oiría, pues bien sordo estaría,
Que escucharle simplemente nunca podría.
Ya después del tal trato tan encantador,
He llegado a la seductora y grata conclusión
Que así, qué felices matrimonios se harían...
Todos contentos, sin descubrir argumentos,
Ni para pelear, ni para lidiar, ni para rabiar,
Ni para al sacrosanto marido mortificar:
¡La felicidad sin par de un muy feliz par!".
Esto que acabo de soñar, después de cavilar,
Lo acabo de pensar en este corto caminar,
Quedará entre mis principales pendientes,
Para transmitir este concepto de suma calidad
A aquellas personas pudientes y adecuadas,
De ésas de las que imponen tantas leyes,
Que las hacen valer, con muy cumplido deber.
Logro algo importante por la Patria hacer.
Bueno, después de haber cumplido con mi deber,
Que quede para el resto de la humanidad
Establecido que "solamente ciegas con sordos
Serán en adelante por Cupido engatusadas".
Pero lo que yo buscaba realmente era otra cosa
Habiendo sido ya casado y luego enviudado,
Qué me quedaba por hacer, que no era
Buscar matrimonio de nueva cuenta,
Pero se contradecía con lo que antes resolvía:
"Yo pregunto, si la felicidad se pudiera encontrar
Al vivir en matrimonio formado de talante tal",
Pero al mismo tiempo me respondo que quizás no.

Porque creo que de eso no hay garantía,
Porque la mujer es mujer como quiera que sea,
Siempre se ajusta a las cualidades femeninas,
Sea así y sin motivo alguno de ser diferente,
Así que un acoplamiento de Cupido como tal,
Ni siquiera el matrimonio formarse podría,
¿Pos a ver, díganme cómo éste sería?
Así que adiós, a la felicidad amada,
Así que adiós, a la felicidad buscada,
Aquí no podrás ser ni hallada, ni encontrada,
Sigue entonces buscando que es muy posible,
Que en la otra esquina puedas encontrarla...
Pero a propósito de lo que dice mi suegra,
Que desde que murió su hija, me cuida,
Pero no me cuida, me esclaviza, y encarcela,
Me pone trabas y me hace cuentos que ni qué,
Parece como si fuera su hijo adolescente,
Que me tiene bien medido hasta el último diente,
Tanto me dice, que mejor bajo la cabeza...
¿Estaré bien o estaré mal? Creo no escuché bien,
Porque mi plan siempre ha sido no escuchar
Lo que no me viene a bien querer oír,
Pero con lo que escuché de ella, que dicen
Que ando de coscolino, y sin andarlo,
De descomponedor de casorios, sin serlo,
Que de placer en placer, sin haber verdad
En todo eso que ella viene a confirmar.
¿Si mera verdad fuera y yo ni siquiera
Puedo darme cuenta de mi realidad?
¿Estaré acaso cometiendo pecado mortal?
Sin saber la sincera verdad de mi moral.
Si así lo fuera, que Diosito me perdone,
Que si es como dice ella que es, y si así es,
Yo debo de estar muy mal, pero que caray,

¿Cómo sé, si lo que busco no ha de cambiar,
Cómo sé si lo que hago me viene a ayudar,
Pues entonces cuál pueda ser la realidad?
Yo creo que sin errar, lo mejor es callar,
Ni oír, ni ver, lo que me han de criticar
Los demás y que me han de argumentar,
Porque si he de proceder como ellos dicen,
Al cabo de un tiempo que me lo vean hacer,
Ya no les va a gustar, y luego van a cambiar
Van a decirme que lo que yo estoy haciendo,
Que ellos mismos dictaron, ya no es correcto:
Otra vez me habrán de criticar diciéndome
Que ahora en otras cosas me debería de fijar
Que de otras maneras yo debería de actuar...
Esto se convertirá en cuento de nunca acabar,
Mientras a mí me convertirán en su marioneta,
Que a su disposición siempre van a encontrar,
Que siempre actuará como a ellos les guste.
En verdad no creo que así yo debo de vivir,
O sea viviendo a la diestra de los demás,
Porque si ellos lo habrán observado y medido,
Yo no soy el tipo que anda dictando a nadie
Cómo debe de vestir, o cómo debe de comer,
O de amar, o de rezar, o pelear, o de andar,
De manera que si yo con nadie me he de meter
Para sugerirle sus procederes y sus andares,
¿Por qué he de someterme haciéndoles caso
A las indirectas que ellos me vengan a decir?
Me debe de quedar bastante bien claro,
Que yo soy yo, que yo no soy la sumatoria
De las mentes contradictorias de los demás,
Ni la escoria de morbosidades de la gente.
"Nunca pierdas de tu vista ni de tu mente
Qué es lo que buscas, y para encontrarlo,

Te habrás mucho de equivocar, pero qué'liase,
Otra manera habrás de buscar y de hallar,
Y por otro lado seguramente te habrás de ir,
Pero eso sí te digo, con los dimes y diretes,
Que los demás te han de acoplar, con eso,
A la mismísima verdad, nunca vas a llegar".
Entré a la casa y me senté en la mecedora,
De madera con tejidos de palma, me acomodé,
Encendí un cigarrito de mariguana,
De los que acostumbraba cada semana,
A veces dos, dependiendo de cómo anduviera,
Solamente para estos ratos me los fumaba,
Para calmarme al final de la jornada, y reposé,
Estaba tan cansado por todo el traqueteo
Que había tenido durante todo el día...
Si a eso le agregas la friega de las pastillas
Que a diario tengo qué tomarme para aliviarme
Pues es el caso que muy agotado ya me sentía,
Hasta se podría decir que exhausto estaba.
Fumaba, y continuaba con mis pensamientos,
Que hasta la lectura del Quijote se me olvidó,
Pues así, pronto bien dormido me quedé...
De lo cansado, ni se me vino a la mente
Ni uno de los sueños de los que acostumbraba,
Pero aún así, ya no me despertó nada,
Sino hasta el otro día, entrada ya la mañana,
El sol de tan luminoso, quemaba la alborada.
Si me levantaba era porque ya no aguantaba
El calorón que me quemaba, así que me levanté,
Me lavé, me vestí, y de todo lo que cavilé,
La pura y meritita verdad, ya ni me acordaba.

Mi más ferviente deseo

Hoy encontré un papel sucio y doblado,
Escondido en un rincón de mi pasado,
Donde he guardado lo más significativo,
Lo que en mi recorrer hubo sangrado.

Vaya sorpresa que me he llevado,
Al leer de nuevo del papel el contenido.
Nacido de aquellos años de inocencia,
Que todo se ve desde otro punto de vista.

"Quiero ser tan grande como mi Abuelito…"
Escrito estaba con letras bien pintadas,
Como para no olvidar jamás lo que quería,
Sin percatarme que el tiempo pasaba y pasaba.

Las tardes llegaban y al Lucero yo esperaba,
Una tras otra, no paraba de contar las lunas,
Una navidad más, y otro año más yo añoraba,
La escuela por fin, parte del pasado ya formaba.

Un año tras otro año, y mi vida cambiaba,
Argumentos, angustias, afanes, conveniencias,
Secuencias, ausencias, vivencias, discrepancias,
¿Cómo poder detener lo que ahora me asustaba?

Un hijo, y otro, y otro, que a mi vida llegaban.
Eran los trofeos que por crecer, Dios me regalaba.
En silencio y en medio de la nada yo discernía.
Me preguntaba cómo todo esto se pasaría.

Cierro mis ojos, veo atrás y me pongo a recordar
Los momentos tan felices que siempre viví,
Pero sin llegar a dudar, lo feliz que en mi niñez fui,
¡De cuánta felicidad disponía, sin poderme percatar!

Desnudo, ante el silencio de mi propia alma,
Ante las tristezas oscuras de mi soledad vacía,
Vuelvo a leer aquel papel que me encontré,
Nacido de aquellos años de inocencia.

Seguramente algunas decepciones he tenido,
Tendré mil razones para haberlo así vivido,
Pero por mi vida, con un deseo siempre he navegado,
Que ahora, por leer aquel papel, lo he recordado:

Me quedo mudo, pues a sesenta años después,
He de reescribir en otro papel aquel viejo deseo,
Con tinta que esté bien pintada como aquélla,
He de escribirlo que acallar más, ya no puedo.

El deseo que siempre he tenido es éste,
Desde que se fue mi inocencia:
"Quiero volver a ser tan niño,
Como cuando quería ser como mi abuelo".

Mi moral

Así que adiós, felicidad amada;
Así que adiós, felicidad buscada,
Por aquí no has de ser hallada,
Sigue buscando que es posible
Que en otra esquina pueda estar.

¿Yo estaré bien o estaré mal?,
Porque mi plan desde siempre
Ha sido no escuchar lo que no
Me viene a ganas querer oír.
Pero con lo que he escuchado,
Que dicen que ando de coscolino,
De descomponedor de casorios,

Que ando de placer en placer,
Sin serlo, sin estarlo, sin hacerlo.

¿Pero si es verdad y yo ni siquiera
Me doy cuenta de mi realidad?
¿Estaré haciendo pecado mortal?
Yo sin poder saber la verdad,
La sincera verdad de mi moral.
Si es así, que Dios me perdone.

Claro que debo de estar muy mal,
¿Cómo saber, si yo lo que busco
No lo he de poder cambiar;
Si lo que hago me ha de ayudar,
Cuál es entonces la realidad?

Creo que sin errar, mejor callar,
No oír y no ver, lo que los demás
Me han de criticar y argumentar,
Porque si hago como ellos dicen
Que debo proceder, y al tiempo
Luego que me lo vean hacer,
Es claro que ya no les va a gustar,
Luego van a cambiar, y a decir,
Que lo que yo estoy haciendo,
Ellos mismos estaban dictando,
La verdad es que no es correcto.

Nuevamente me van a criticar
Diciéndome que en otras cosas
Ahora yo me debería de fijar,
De otra manera debería de actuar.

Entonces esto se va a convertir
En un cuento de nunca acabar,
Yo voy a ser su simple marioneta,
Que a su disposición va a actuar,

A como a ellos les venga a gustar.

La verdad es que no creo así vivir,
Estando a la diestra de los demás,
Porque si ellos lo han observado
Y ya me lo habrán bien medido,
De lo cual estoy bien seguro,
Sabrán que no ando dictando
A ninguno cómo debe de vestir
O cómo debe de comer, o amar,
O de rezar, de pelear, o de andar.

De manera que si yo con nadie
Me meto para sugerir su proceder,
¿Por qué entonces he de hacer caso
A lo que ellos me vengan a decir?
Que quede claro, que tú eres tú,
Que tú no eres ni serás la sumatoria
De otras mentes contradictorias
Ni de la gente morbosa, escoria.

Nunca pierdas de vista y mente,
Fijamente qué es lo que buscas.
Si por buscar, te has de equivocar,
No importa que te equivoques,
Otras maneras habrás de buscar...
Por otros lados te habrás de ir,
Pero eso sí, con los dimes y diretes
Que los demás te han de acoplar,
Con eso, de verdad, nunca vas a llegar.

Mi Papá

Yo veía a mi papá como un gigante,

Como un dios, un héroe, o un atlante;
Que si no era lo que a mis ojos parecía,
Qué importaba, si me llenaba de alegría.

Cuando me veía, cuando me abrazaba,
Cuando me besaba, cuando me cantaba,
Cuando en sus fuertes brazos me cargaba,
Cuando los domingos a la feria me llevaba.

Si se iba a la corrida y no me avisaba,
Yo me sentía que él ya no me quería,
Me sentía que me había abandonado,
Y triste sufría la espera hasta su llegada.

Donde claramente veía que aún me quería,
Que me amaba y que nunca me dejaría,
Pero mi corazón de niño lo absorbía,
Porque acostumbrado a su estampa estaba.

Yo sufría de mi alma y de mi corazón,
Yo era un niño introvertido y temeroso,
Pero mi papá era mi remedio y mi gozo,
Aunque miedo le tenía, porque imponía.

Mucho yo a él siempre me aferraba,
A todas partes, yo le acompañaba,
Y a pesar de que muchos amigos tenía,
Yo como tanto lo amaba, celoso me ponía.

Confieso que para mí solito lo quería.
Si alguno de mis primos se le acercaba,
Yo sufría que sobre mí, a él lo prefiriera,
Yo callaba, y guardaba mi triste pena.

La vida siguió con tristezas y alegrías,
Mas llegó la hora de soportar su agonía,
Que para mí era romperse la armonía,
Que entre él y yo, estrechamente existía.

Se fue… Para siempre de este mundo,
Dejándome en el pecho el deseo profundo,
De volver a sentir su calor y su confianza,
Su cercanía, y todo lo que de él yo amaba.

Mas ese hombre me dio amor desmedido,
Y hasta ahora, y creo que para siempre,
Es el mejor personaje que mi vida ha tenido,
Porque demostró no ser un simple hombre…

Sino un ángel que de mi vida nunca se ha ido.

Miseria humana

¿Será posible que en este mundo,
El mando lo tengan los que matan,
Los que roban y los que mutilan,
Los que asedian y los que odian?

¿Será que el poder lo obtienen,
Gracias a ser "mentes decididas"?
¿Pero por decidirse a ser despiadados,
Logran un nivel de "Iniciados"?

Somos tan miserables, que…
A Dios no lo comprendemos…
Somos tan arrogantes, que…
Más que los demás nos sentimos…

Cosas que yo no logro entender…
Siendo que somos la misma especie,
¿Por qué es tan diferente el proceder
Si la diferencia es tan sólo "Poder"?

¿Será que lo que Dios nos diera,
Y que a otra especie no proporcionara,

Lo que está causando el sufrimiento,
Es el Libre Albedrío y pensamiento?

Somos tan implacables, que…
A nuestros hermanos damos muerte…
Somos tan imbéciles, que…
Creemos que tener más nos hace fuertes…

¿Es Pensar, equivalente a Matar?
¿Es Libre Albedrío un arma mortal?
¿Cómo entonces podremos apreciar,
Las dádivas que Dios nos vino a dar?

Unos abusan para hacerse campeones,
Otros, a los demás con armas someten.
Mientras que los que en verdad las usan,
De sus nobles corazones los otros abusan.

Somos tan desagradecidos, que…
Damos la espalda a Dios y a la razón…
Somos tan increíblemente ciegos, que…
En el Infierno está ya nuestro corazón…

¿Dime Padre, dónde me puedo yo esconder
De las armas que a la gente nos diste,
Si unos para matar las irrumpen,
Y otros para protegerse las embisten?

¡Ah, esta especie humana tan equivocada!
¡Ah, esta especie humana tan sorprendente!
¡Ah, esta especie humana tan imprudente!
¡Ah, esta especie humana tan desobediente!

Somos tan inhumanos que…
Vamos a la luna pero no salvamos una vida…
Somos tan insensatos que…
Dios nos creó, y para él no tenemos cabida…

¿Dime Señor dónde puedo esconderme

De tanta impiedad, de tanta miseria,
De tanta ceguedad, de tanta arrogancia
De tanta desgracia que me aqueja?

Mientras tanto, los muertos de estos cuentos,
Dejaron aquí todos sus cargamentos...
Fueron al más allá. ¿Qué encontraron?
Sólo Dios sabe a qué se enfrentaron...

¿Habrá qué preparar nuestros argumentos?

Mi viejita

Si supiera ella que la amo...
Si el aire que a su rostro roza,
Si el sol que a su cara acaricia,
Si la luna bella que a ella mira,
Le dijeran que yo la amo...

Como visita llegaré temprano,
Me bañaré y arreglaré con gusto,
Estaré con ella mucho tiempo,
Comeré con ella, y sin quererlo,
Pero queriendo tomaré su mano.

Si supiera que yo la amo,
Si supiera que lloro por ella,
Si supiera que no vivo sin ella,
Que su ausencia me atormenta,
Que me hace tanta falta...

Mis hijos ya se han ido,
Pero cuando vienen a verme,
Siempre me ven llorando,
Que desesperados me dicen siempre:

"Olvídala, piensa que ya es difunta..."

¿Muerta...? ¿Que la dé por muerta?
Si supieran lo que aún la amo...
Si supieran que sin ella no vivo...
Quieren que la dé por muerta
Para que así termine mi sufrir...

No pierdo la dulce esperanza,
Que el día menos pensado me vea,
Que ella me hable por mi nombre,
Que ella me diga que me quiere,
Tal y como yo la quiero a ella...

A veces cuando voy a verla,
Me la he de encontrar dormida.
Entonces, para mi buena suerte,
Se deja tocar y acariciar su pelo,
Me pongo a llorar junto a ella...

Recorro mi vida junto a ella,
Lo que vivimos y juntos soñamos,
Nuestras ilusiones y nuestros secretos.
A veces pienso que mi vida se acabó,
Sin ella, yo no soy quien antes era...

Yo sé que para morir poco me falta,
Mas lo que quiero es estar con ella,
No importa que no sepa quién soy,
Pero yo sí sé quién es. Es mi mujer...
Mi ángel, mi misma alma, mi corazón...

Y ellos me piden que la dé por muerta...
Lo único que ahora me atormenta,
Si es que pronto llego a morir,
Es saber quién la va a acariciar
Como siempre la acaricio yo...

Si supiera ella que la amo...
Si el sol que a su cara acaricia,
Si la luna bella que ella mira
Le dijeran que yo la he amado...
Si lo entendiera, antes de morir...

Mi viejo barrio

Debajo del cubrevientos aquel,
Detrás de los sillares de un corral,
Corríamos todos en manada,
Donde estaba la cita pactada.

Unos con resorteras y piedras mil,
Otros con pedazos de zoquete,
Excrementos de vaca y de caballo,
Y uno que otro con un reguilete.

La guerra se celebraba,
Amistosamente en aquel rincón,
Donde nadie nos regañaba,
Ni teníamos ningún temor.

Dos pandillas se enfrentaban,
De dos barrios diferentes,
Con finalidades de determinar,
Quienes serían los gerentes.

Viejo Barrio, Barrio mío,
Que dejaste tanto al alma mía,
Misma que te añora y te reclama,
De juerga y diversión aquellos días:

Las juntas secretas en la esquina,
Los rezos y posadas con Micaela,

Las rondas infantiles en las calles,
El juego de pelota en cuatro esquinas.

Tráeme otra vez esos recuerdos,
Que vuelvan de nuevo sus encantos,
Quiero jugar Lotería con mis tías,
A la Treinta y una ganarles a mis primas.

Hoy quiero saltar a la Bebeleche,
Subirme con Mariel a aquel mezquite
Saltar a la cuerda un chocolate, sin perder,
A las estampitas con engrudo pegar...

Barrio antiguo, barrio de mi corazón,
Voy a visitarte y me escondo en un rincón,
Allí sentado me pongo a recordar,
Aquellas cosas que hoy me hacen llorar:

La campana de la salida escuchar,
De mi escuela que siempre he de añorar,
La Marcha Zacatecana del Cine Principal
Apúrate que la película ya va a empezar.

Quien ahora pueda observarte,
Jamás se imaginaría lo que nos diste,
En pocos años el Cielo nos regalaste,
Y como si fuera poco, no te cansaste.

Que mi perro me mordiera permitiste,
Que los abuelos murieran, y no protestaste...
Así como mucho diste, otras cosas nos quitaste.
Pero todo es parte de lo que en mí dejaste.

Barrio querido, mi Barrio amado,
¿Qué será de mis amigos del pasado?
¿Cuántos estarán vivos, cuántos esfumados?
¿Qué me dices de mis maestros amados?

¿Dónde están las gallinas y los caballos?

¿Dónde las vacas y los chiqueros con marranos?
No hay en el árbol ni palomas ni pichones,
Ni en los patios norias, ni pilas, ni excusados.

¿Qué nuevos regalos traerá Padrino Reyes?
¿Qué consejos nos dará hoy Doña Lolita?
¿Con qué ocurrencias saldrá hoy la Tía Cuca?
¿Vendrá hoy a inyectarme Doña Enriqueta?

¿Jugaremos a la noche Turista con Marica?
¿Cantará hoy Licha regando la banqueta?
¿Alcanzaré a Papá para irme a la corrida?
¿O me quedo, y me voy después de la comida?

Los perros nos perseguían sin cansancio,
Vamos que ese miedo jamás lo podré ocultar.
"Cuídate de pasar por los magueyes,
Porque sus púas se te pueden clavar…"

Mamá, ya deja de estarme regañando,
Te prometo que no lo volveré a hacer.
Ahorita regreso, porque voy al molino,
El nixtamal de Güelita hay que moler.

Viejo Barrio, barrio mío,
Has prendado en tu seno al alma mía,
Te llevaré por siempre en mis recuerdos,
En mis años, en mis meses y en mis días.

Todo pasó en un abrir y cerrar de ojos,
La vida se ha ido en un par de segundos,
Parece que todo fue un hermoso sueño,
Escrito en las páginas de mi mente.

De donde a veces alguna abro y la leo…
Luego recuerdo…
Luego me pongo a llorar…

Morir de amor

Sírvame otro café, Camarera,
Que quiero acabar con mi pena,
Con este castigo que deja mi condena.
Quiero más café, para poder quemar
Esta alma que me pesa y me abraza.

Hoy, en este especial día de café,
Juré aguantarme y no quejarme,
Pero al verlos a ustedes tan alegres,
Llenos de fe, regocijo y felicidad,
La envidia me corroe y no puedo,
Claramente como ustedes, no puedo ser,
Siento que no puedo compartir,
Las bondades que la vida nos da,
Porque no traigo en mi pecho placidez,
Sólo lo traigo lleno de tristeza
Con una pena tan grande que me mata,
Que no encuentro la manera de quitar.

Desde que se fue, me entró la tristeza,
Ya más no he podido ser como era,
Quiero destrozarme la garganta
Con ese infierno ardiente del café,
Quiero quemarme hasta la sangre,
Para no vivir ya ni un día más...

Todos callados escuchamos sus tristezas,
Nadie levantaba la vista para mirar,
Aquellos ojos tan llenos de lágrimas.
Nadie se atrevía ni siquiera a hablar,
El silencio y la tristeza eran absolutos,
¿Cómo poder ayudar donde no se podía?

La comunicación se había ya cortado.

Todos se retiraban sin decir nada,
Nos despedimos mirándonos a los ojos,
Ya no supimos nada de los demás.

Al otro día nos llegó la mala noticia,
De la muerte súbita de nuestro amigo,
Causada por una trombosis cerebral,
Motivo del exceso de alcohol tomado.

Si con el puro café no apagó su pena,
Fueron dos botellas de aguardiente,
Las que mitigaron su cruel condena,
Pero acabaron con su pobre vida...

Morir de esperanza

"Después del otoño, el invierno llegó...
En ese día, el sol se oscureció,
No más primaveras... Volvió a amanecer,
Pero ella... Ella mi alegría se robó.

"En soledad se transformó mi ilusión.
El color blanco mi cabeza pintó,
Desde el día que destrozó mi corazón.
Mas la tempestad me trajo serenidad.

"Desde mi ventana veo nublado
El cielo que mi sol no quiere alumbrar,
Oculto está tras de mi oscuro recuerdo...
Ojalá su albor me vuelva a iluminar.

"Por las noches buscando alguna estrella
Que mis tinieblas no quieren descubrir
La vida se me pasó pensando en ella...

Pobre mi corazón, nunca pudo cambiar".

Después tan sólo puntos suspensivos,
Unas cuantas rayas sin lógica ni orden,
Sobre ella, desechos de parajillos…
La tinta corrida, por la lluvia de anoche.

Qué breve me parece esta historia
Escrita en una sola y vieja página
Que encontré en el jardín de esa casa
Donde un hombre estaba en la ventana.

Dicen las gentes que pudieron verlo:
"Murió sentado viendo hacia el cielo,
En la ventana donde siempre estaba,
Con sus ojos abiertos… Algo buscaba".

Muerto en vida

Hoy primitivos pensamientos
Predican en mi nativa mente,
Vadeando las fronteras oscuras
De mi efímero y letal corazón.

Ilusiones perdidas que revelan,
Quizá, un cúmulo de ansiedades,
Contenidas en capullos de deseos
Guardados en un viejo rincón…

Anhelos de un espíritu invencible
Asaltando un alma y un corazón,
Sonando una campana a cada soplo
Y aliviando las penas en un sillón.

Yo me pregunto si entró a mi alma

O si mi alma se dejó profanar,
Por el goce de cándidos placeres
Que prometió el amor, sin avisar.

En el tiempo quedaron los gozos
Que de mis brazos se resbalaban,
Volaron como heridos pavorreales
Desde el día que tomaste mi mano.

¿Cómo compartir lo que no tuve?
¿Cómo sin amor, se es privilegiado?
¿Cómo remendar un corazón lacerado?
¿Cómo revivir lo que ya es pasado?

Qué poco de mi alma ha quedado,
Mi mente nativa quedó indemne,
La felicidad voló a cualquier parte:
Si me diste cariño, no fue conocido.

Todo acaba en esta oscuridad,
Siete colores confundidos en uno solo,
Si era blanco, se quedó muy atrás,
Llevando mis penas en un costado.

Qué vida tan deplorable ha sido,
Sin escrúpulos, harto de haber vivido.
¿Ilusiones?, el camino abandonaron,
¿Estrellas?, en el camino se apagaron.

Una vez dijiste que estabas cansada,
De pedir, de implorar y de no recibir.
¿Para siempre a lo mismo regresar,
Y dejar tu alma sola y desesperada?

¿Quisiste que reventara tu pecho?
¿Tornaste mezquindad en piedad?
Con un cerebro tan seco y vacío,
No había nada más qué pensar.

Aquí se acaba una breve historia,
De quien nació y murió a la deriva,
Sofocado en sus propios pensamientos,
Y ahorcado por deseos no cumplidos.

Noche de amigos

Noche de licores y ambiente de canciones,
En esta velada de sustancia y consecuencia,
He de intercambiar con ustedes ocurrencias
Por compartirles mis monotonías,
Que afloran de mi alma emociones.

Somos los mismos de hace muchos años,
Nuestra amistad fijada por juramentos:
"Amigos por siempre felices y contentos…"
Desde entonces siempre compartimos,
Momentos bellos e incansables sueños.

Las amarguras, las penas y desencantos,
Forman parte del vivir donde aprendimos
A iluminarnos con antorchas desde adentro,
Buscando esperanzas y al cielo mirando,
Acompañándonos siempre y respetándonos.

Nuestras vidas, sus añoranzas y recuerdos,
Esas claras memorias que aún me alumbran,
Cuando en mis atardeceres surgen penumbras,
Que me impiden tranquilo el tomar vuelo,
Que incitan a mis pies ponerse a caminar.

Nunca en la vida sentí el miedo merodear,
Porque con mis amigos cercanos o lejanos
Acompañado mi espíritu se conformaba

De aquéllos, que quise como hermanos,
Al calor de los momentos más sanos.

Pero esta noche, todos aquí reunidos,
Cuando ya el ocaso nos ha perseguido,
Hemos de unir de nuevo nuestras manos,
Darnos aquel cariño y afecto de hermanos
Que nos uniera en pos de tantos anhelos.

Brindemos por la amistad duradera,
En esta noche fría pero placentera,
Que juntos recordemos aquellos tiempos
De nobleza fraternal y de estar contentos,
Compartiendo pan, vinos y quimeras.

Gracias a todos por ser mis amigos,
Por esos sueños narrados una y otra vez,
Que vuelcan y revuelcan a mi alma,
Que han llenado de luz mi escenario,
Llevándome muy atrás en el calendario.

Gracias les doy, por esa luz tan sabia,
Que a mis sendas cerradas les abriera,
Mundos de buen humor, de risas y palabras
Que alejaron de mí, todo mal innecesario.
Gracias una vez más queridos amigos…

A ustedes que a lo largo de mi vida
Me han entregado su infinito aprecio,
Hoy les regalo en una hermosa melodía,
Con mi canto bordado de poesía,
Esta parte de mi vida verso a verso.

Amigos que me ha regalado la vida,
Amigos para siempre continuaremos,
Amigos hay mucho más tiempo que vida,
Abracemos el pasado y sus promesas
Que tuvieron en nuestras almas cabida.

Esta noche las manos entrelacemos...
Porque no nos separemos, roguemos.
Todas nuestras promesas redoblemos,
Y por este futuro inminente brindemos,
Que esta noche la bienvenida le daremos.

Abracemos para siempre al porvenir,
Traiga lo que traiga, será bendecido,
Que nuestra alianza garantice unión,
Que nuestra unión garantice satisfacción,
De vivir la vida en la mejor condición.

Levantemos nuestras copas de licor,
Brindemos hoy una vez más,
"Por nuestra fuerte unión..."
Y por ésta, nuestra eterna amistad,
Que es parte de lo que Dios nos dio...

No habrá más primaveras

Niños tristes y sin padres,
Niños que son explotados,
Que día a día mueren,
Hambrientos, y sabiendo
Que hay pan y comida
Para todos en otros lados...

Llagas que cierran
Las heridas que encierran
Las palabras que se fueron
En un viento lisonjero
De los labios cariñosos
Que en arena se hundieron...

Hombres muy armados
Luchan y a otros matan,
Dejando desamparados
A hijos y a esposas,
Mientras a sí mismos se matan
Por infames beneficios...

Dos ojos en la noche,
Silenciando aquella voz,
Que ya más no se oye,
Ahogando en el silencio,
Una flama que se apaga,
De la vida que se acaba.

Gobernantes burlándose,
Ocultando la justicia
En impuros beneficios,
Haciendo llorar a miles
Que dejan sin casa,
Sin techo y sin comida...

Aliento de sucios besos
Destruyendo en primavera
Una flor en su capullo,
Apagando para siempre
La flama de su juventud
En una vida que acaba...

Gente matando gente,
Secuestrando, sobornando,
Maltratando, odiando,
Descuartizando, ahorcando,
Ganándose así se la vida.
Mientras otros, llorando...

Súplicas de mil gritos
Por tan sólo una sonrisa,
Ocultando los recuerdos,

Olvidando los "te quieros",
Silenciando los olvidos
De amores ya perdidos...

Hombres y mujeres,
Niños, adultos y abuelos
Muriendo inclementes
Por no tener dinero
Afuera de un hospital,
Donde el rico es primero...

Lágrimas y lamentos
De vidas que terminan
Su novela apenas iniciada,
Con hasta sangre derramada
Pintan en los cielos
Una nube desgarrada...

Orgullo de hombres
Que se sienten superiores,
Incapaces de perdonar,
Pero prontos a matar,
Incapaces de amar,
Pero prontos a destruir...

Caminantes sin destino
Coartados en la nada,
En la oscuridad del camino,
La navaja en su garganta
Su suerte le ha marcado,
Con una manta quedó tapado...

Enfermedades que hieren,
Que matan y destruyen,
Que mutilan y martirizan,
Que se contagian y asesinan,
Que despiadadamente matan

Dejando sólo melancolía.

Con el sudor de la frente,
Por un trabajo suficiente,
Ahí va el pobre desvalido
Llevando dinero a su gente,
Asaltado en una esquina
Por un "astuto" diligente...

Muchas más enfermedades
Con un cruel y penoso propósito
Que es destruir las almas:
Son la envidia y la avaricia,
La desidia y la hipocresía,
La injusticia y la corrupción...

Una lluvia por la mañana
A un alma está despertando
Apagando en las entrañas
El fuego que está quemando,
Provocándole mucho dolor,
Su pecho se está sofocando.

Esas guerras sin sentido,
Sin propósito definido,
Sólo ambiciones llenan,
Sólo por poderes lograr,
Sólo por una satisfacción:
Tener más que los demás...

Confusión, desorden, creación,
Evolución, tumultos, saturación,
Aniquilación, guerra, revolución,
Hambre, sed y degradación,
Humillación, impiedad, crueldad,
¿Cuál será la solución? ¡Salvación...!

¿Dónde quedó el Amor;

Dónde quedó la Hermandad,
A dónde se ha ido la Paz,
Dónde está la Amistad,
Dónde la vida verdadera?
Yo no creo que salga el Sol...

Ya no habrá más Primaveras...

Nombramiento de Caballero

El Sacerdote:
Ante Vos, Dios Todopoderoso,
Que todo lo veis y todo lo sabéis,
Que de Vuestra mirada nadie se puede esconder,
Mirad a todos nosotros aquí reunidos
Bajo Vuestra presencia terrenal y celestial.

Dadnos la luz y las palabras necesarias,
Para terminar lo que hemos de comenzar,
En día tan importante para este hombre,
Cuya búsqueda en Vos la habrá de fundar.

He aquí que Os pedimos que nos honres,
Con Vuestra guía y presencia para bendecir,
Intenciones que aquí Os venimos a implorar,
Por Nuestro Señor Jesucristo, Vuestro Hijo,
Que ni hoy ni nunca nos ha desamparado,
Que ha estado siempre de nuestro lado...

Por Él Os pedimos que nos bendigáis,
En esta empresa tan singular y específica,
Que no tiene más que el Bien procurar,
Ante este Bien...
A Vos los hombres se han de acercar.

Bendecid a este Caballero que a Vos se acerca,
Por medio de sus nocturnas oraciones,
Con las cuales, al rezar las ha de practicar,
Siempre el beneficio al prójimo ha de procurar.

En tanto que por medio de la oración,
Que en Vos su alma se venga a regocijar.

Por eso Os pedimos, Señor, que bendigáis,
En Vuestro Nombre y en el de Jesucristo,
El nombramiento de este guerrero a ser Caballero
Que no tiene otro más propósito,
Que honraros, adoraros, bendeciros y santificaros,
Como los demás, que en ello fundan su esperanza,
Haciendo el Bien sin mirar a quién,
De ofreceros a Vos, día tras día sus oraciones,
Sus sacras odas, sus bendiciones y canciones,
En beneficio de los demás...

Sea pues en Vuestro Nombre
Nombrado Caballero este hombre
Cuyo nombre Vos pondréis en el Cielo.

Tomando la espada y mirando al Cielo:

Por el Poder que Dios me otorga
A través la espada de este Guerrero...
Por la nobleza de sus sentimientos,
Por la grandeza de su voluntad...

Yo os nombro Pionero y Caballero
De esta Orden de Caballería,
Con la dicha que un día podréis ser,
Paladín de una nueva forma de vivir...

Así como de una nueva forma de actuar,
Para llegar a donde queráis llegar,
Para proteger y ver por los demás,
Para el bien del prójimo procurar.

Amar a Dios sobre todas las cosas…

Mientras la espada la mueve
Y la golpea en sus hombros
Al mismo tiempo a Dios ruega
Para que su petición Dios escuche:

En el nombre de San Jorge Bendito;
En el Nombre del Padre,
Del Hijo y del Espíritu Santo,
Quedáis nombrado Caballero…
Caballero de esta Orden de Caballería…
He aquí que vuestro estandarte
Queda establecido en este Decálogo
Al que amaréis y respetaréis
Que protegeréis en el nombre de Dios,
Ante el cual, seréis leal y obediente,
Todos los días de vuestra vida.
¡Que así sea…!

¿Juráis ser fiel a este estandarte?

Si lo juráis,
Entonces procederé a leeros el Decálogo:

Hoy, en este esplendoroso día,
Ha nacido para el mundo un nuevo Caballero,
Cuya voluntad y deseos de superarse serán
Día a día mejores que el día pasado:
A Dios dedica su grandiosa empresa
Por medio del cuidado y su entrega al prójimo.
Dios bendiga a este Caballero,
Lo guíe bajo el mandato de estas diez leyes
Establecidas para su buena fortuna
En el siguiente y Santo Decálogo:

Uno: Tendréis Fe en Dios y daréis gracias por todo lo recibido.

Dos: Seréis Fuerte para al débil defender.
Tres: Seréis Leal a vuestro Rey y a vuestro reino.
Cuatro: Seréis Justo y la justicia repartiréis.
Cinco: Seréis Humilde ante toda situación.
Seis: Seréis Generoso sin hacer distinción.
Siete: Seréis Franco y diréis siempre la Verdad.
Ocho: Seréis Noble de sentimientos y de corazón.
Nueve: Tendréis Valor y Coraje para realizar
Cualquier empresa santa y necesaria a la Orden.
Diez: Tendréis Misericordia por todos los demás.

¿Juráis ser fiel a este Decálogo?
"Lo juro…"

Para la que se fue…

¿Dónde están los ojos que me miraban?
¿Dónde está la voz que me cantaba?
¿Dónde aquélla que consejos me daba?
Pero te fuiste con el viento que pasaba.

Mas se fue, y sé que ya jamás volverá,
¿Quién en su regazo me consolará?
¿Quién pondrá en paz mis pensamientos?
Es corto el tiempo y el desorden pasará.

Dónde te escondes, ¿a dónde te has ido?
Mira que el amor llegó a mi corazón…
Un nuevo canto mi alma ha cantado,
El amor llegó y la tristeza me quitó.

Tú que te fuiste también me cantabas,
Susurra a mis oídos con tu hermosa voz,
Tanto en diciembre como en enero
Esos consejos y regaños que me dabas.

Esa triste madrugada, muy temprano,
El canto de la alondra no escuchaste,
Tu corazón se hizo de piedra y te fuiste...
Sin un adiós... En silencio me dejaste.

Si pudieras saber que te he extrañado,
Si pudiera enseñarte lo que he logrado,
Seguramente te sentirías muy feliz...
Yo lo estaría más, si estuvieras a mi lado.

Una corona y un crucifijo de espigas,
Frente a tu retrato colocaré y me hincaré,
Un rosario a la Virgen por ti rezaré...
Luego que me duerma, contigo soñaré.

Y yo que en balde busco tu semblante,
Sé que un buen día habré de encontrarte...
Te dejo unas flores en memoria del amor,
Que durante tu vida a mí me brindaste...

No seas malo, Papá Tiempo, sé sereno,
No lastimes más mi pobre corazón,
Recordando a la que nació un dieciséis,
A la que un día, me tuvo en su seno...

En las noches brumosas de Octubre,
Salgo y camino descalzo en las penumbras,
Árido y desnudo te busco entre las veredas,
Pero sólo encuentro sombras y tinieblas.

Escondido detrás de aquella tumba,
Pretendo esperarte y volver a verte,
Mi alma se aferra a que un día vendrás,
Pero la razón dice que contigo me llevarás.

Un día comprendí que debiste haberte ido,
Al fin entendí que no debía de retenerte,
Perdóname y pide mi perdón, te dejo libre...

Ve a la luz que Dios te hubo prometido.

Placer de la venganza

Pues verá usted, mi Rey y Señor
Lo que yo ahora le explico,
Que esto es como un juego erótico,
Pues con mi mal comportamiento,
Castigo y tortura serán procesamiento,
Mas con eso, una provocación siento.

Entre más haya que ser provocado,
Tanto más es el placer por mí sentido,
Pues en la provocación está el castigo.
Del castigo la provocación surge de nuevo,
Total que en provocación y castigo,
Se resume mi placer y el vuestro.

Al iniciar tortura veo fuego con premura,
Leña verde y húmeda que habéis mandado
Para quemarme como a un condenado,
Sin importarte mis penas y mis quejidos,
Vos me habéis desconocido y sentenciado,
Me habéis olvidado y hecho a un lado.

Mirad mis heridas de golpes no merecidos,
Mas vos saboreáis la sangre que ha brotado,
Del contacto de mi piel con umbral ardiente,
De repente, un nuevo sentimiento se siente,
Alguna venganza que no puedo describir,
Que es como una combinación de odio,
Amor, piedad y compasión, al tiempo,
De deseo, posesión, dominio y protección,
De cariño, desdén, miseria y destrucción.

En tal sedición, las mentes embrutecen
Por el candor de la siniestra situación,
Que comienza nuevamente con violencia,
Pero ahora por deseo y por demencia...
Manos embrutecidas abren mis heridas,
La intención enrabiada muerde insaciada,
Vuestra espada afilada busca acomodo disipada,
Donde encuentra en mi cuerpo la herida.
Quiere penetrar más por goce, y sin entrar,
Busca sin piedad mi sufrir, y lo encuentra.
En esa violencia descomunal desenfrenada,
Mi alma y la vuestra se queman en infiernos,
De piras encendidas de odios y venganzas,
Que nos llevan a la vibración máxima,
Del placer de poder mutuamente matar
En un éxtasis que yo llamo sin igual.
Ha de hacernos regresar para volver a vivir
A terminar bajo condición de odio latente...

¿Habéis visto mi Rey y Señor Caballero,
Por qué a pesar de la presente tortura,
No he de guardar la menor compostura,
Por reducir mi pensamiento a descompostura?

Qué es la vida...

Como dijo Don Pedro Calderón:
¿Será la vida una ilusión,
Una sombra o una ficción,
Y el mayor bien es pequeño
Que toda la vida es sueño
Y los sueños, sueños son...?

O como John Lennon cantara:
"La vida es lo que te sucede
Mientras ocupado te encuentras
En otros planes por hacer".

No sé cómo debo conducirme,
Ni tampoco sé qué debo pensar,
Qué es lo que debo de hacer,
O a dónde tengo qué acudir,
Para mitigar esta pena mortal,
Este dolor letal que me elimina.
El tormento no me deja dormir,
Mi alma no puede descansar,
Busco a Dios pero es en vano,
Pues no me puede ya reconfortar...

Él estaba tan frágil y pequeño...
El doctor dijo que no pudo más.
No resistió a la última prueba,
Su corazoncito encasillado, paró,
Inmóvil, como metido en su cueva,
La tierna vida de mi hijo se llevó.
El aviso del doctor me desplomó,
Por unos momentos no supe de mí,
Alguien insistente, me despertó.
Desperté no creyendo estar aquí,
Quizás en otro mundo navegando...

Lloré implorando ver a mi niño...

Se había enfermado de leucemia,
Desde hacía unos años para acá.
Mientras la enfermedad crecía,
Su vitalidad cada día disminuía.
Dejó de ir al parque a jugar,
Dejó la escuela, ya no podía asistir,
Sus amiguitos a diario lo buscaban,

Les mentía diciéndoles que no estaba.
Él, muy apenas cuenta se daba,
Su debilidad lo mantenía en cama.

Su cuarto estaba muy tétrico y frío,
Yo quería de él despedirme al menos,
Antes que al anfiteatro lo llevaran.
Al ver su carita pálida como la cera,
Quise en ese mismo momento morirme...
Me acerqué indeciso a tocar su pelo,
El que por las excesivas terapias,
En grandes cantidades se le caía.
Recogí los que había en la almohada,
En mi bolsa como tesoro los guardaba.

No había pasado mucho tiempo,
Que tuvimos un trágico accidente,
Mi esposo y mi hija murieron,
En ese preciso y justo instante.
Ernesto mi hijo quedó impactado,
Quedando un tiempo inconsciente.
Desde entonces quedó marcado,
Con esa enfermedad incurable.
El tiempo se llegó tan rápido,
Que la vida se me pasó esperando.

¡Oh Dios... Qué tormentos he sufrido!
"No te apenes Mamita, no te apures..."
Me decía momentos antes de morir,
Muy flaquito ya de no comer,
"Ya casi no tengo ningún dolor,
Ahora todo lo veo con mucha luz..."
Cuando apenas los ojos podía abrir,
Me indicaba con dificultades,
Levantando con trabajo su bracito,

Que allá estaba su hermanita viéndolo,
Y su papá detrás de ella, esperándolo.

Las lágrimas no me permitían ver...
"Mamita: Te pido con todo mi corazón,
Que si mi cuerpo pudiera servir,
Quizá alguno de mis órganos regalar,
Para que alguien se pudiera salvar,
Que sea para algún enfermo niño o niña,
Que se encuentre en esta misma situación,
Para que les pueda servir para que vivan,
Un día o dos o más cerca de sus mamás,
Que es lo mismo que yo quise tener,
Sólo estar contigo al menos un día más".
Eso fue lo último que le pude escuchar.

Sálvame Señor de esta eterna soledad...
La soledad acrecentó mi sufrimiento,
Despertaba siempre con el mismo lamento,
Mi alma no tenía ni calma ni descanso,
Afloraba mi llanto en todo momento.
No podía yo más y mi pena en ascenso,
Evitando que durmiera y que pensara,
El dolor de mi cabeza me desplomaba,
No encontraba nada que calma me diera.
Hasta que un día tuve un desvanecimiento
Quizá causado por el curso de mi tormento.

Permíteme ver a mi hijo una vez más.
No creo en los fantasmas ni en esas cosas,
Pero pareciera que lo que vi fue realidad,
Mi hijo estaba frente a mí como de verdad,
Diciéndome lo feliz que estaba por allá...
Que jugaba con su hermanita diariamente,
Que su Padre le prodigaba cariño eternamente,
Que Dios a su lado lo tocaba tiernamente,

Cumpliéndole todos y cada uno de sus deseos.
Y me decía que su deseo más ferviente,
Era que yo estuviera con ellos presente…

No sé cuánto tiempo se tuvo que pasar,
La realidad es que cuando pude despertar,
Mis dolores, las penas y todo mi lamento,
Se convirtieron en una visión del firmamento,
Donde una luz blanca y brillante me cegaba,
Mi piel palpaba que esa luz me acariciaba…
Me sentía que no era yo la que allí estaba,
Era mi espíritu, pues nada me aquejaba…
Al final de aquella visión estaba mi hijo,
Con los brazos abiertos esperando mi llegada.

No sé si he vivido o he soñado…
Vi hacia atrás en mi fantasmal recorrido,
Miré la vida que dejaba tras mis pisadas.
Tantos sufrimientos y lágrimas derramadas,
Que en realidad no sabía lo que significaban,
Me recordaban que la vida no la pude entender…
Que si fue una sombra, un sueño o una realidad,
El mayor bien fue pequeño frente a este sueño,
Que en el sueño mismo de poder la vida soñar,
La muerte que este sueño representaba…
Fue el mejor regalo que Dios me pudo regalar.

Entonces, ¿qué es la vida?, yo me pregunto…
Como dijera Don Pedro Calderón de la Barca:

"La vida es una ilusión,
una sombra, una ficción,
Y el mayor bien es pequeño,
que toda la vida es sueño
Y los sueños, sueños son…"

Qué tercera edad ni qué nada

Sí, es muy cierto que pasar de cierta edad
Ya representa para algunos, el estar viejos,
Pero eso no significa que estemos limitados,
Porque las edades, son tan sólo números.

¡Que ya estamos en nuestra tercera edad…!
Eso dicen los que creen saber todo al respecto,
Los que conocen ampliamente las personas,
Los que creen poder determinar la existencia.

Quizás podamos tener ciertas limitaciones,
Pero deben ser físicas, y no creo que muchas,
Porque con relación a nuestra mentalidad,
Tenemos todas las capacidades y potencias…

Tenemos sueños e ilusiones, deseos y objetivos,
Que nos dan motivación, el impulso y las ganas
De actuar, buscar y conseguir lo que deseamos,
Porque aún tenemos pródigamente la Actitud.

Jóvenes o viejos, siempre habrá cosas nuevas,
Siempre algo por descubrir, que nos sorprenda,
Que disfrutemos, que nos llene y nos satisfaga,
Sólo habrá qué tomar los riesgos necesarios.

A veces gente como los doctores nos convencen
Que quizás ciertas cosas no son para nosotros,
Cuando en realidad sentimos el deseo imperioso
De animarse, de dar el salto sin complicaciones.

Aún tenemos en el alma ese valor, esa audacia,
Esa osadía para las aventuras de antaño,
Que no podemos quitar del fuego del corazón,
Tan sólo porque así es nuestra naturaleza.

A veces basta con escuchar la voz del interior

Que es suficiente para que reanimes tu valor,
Así se desencadena con ello tu entusiasmo
Tus ganas por vivir los sueños de tus deseos.

Si no sale como lo esperabas, ¿qué más da?
Tuviste el valor y el honor de haber intentado;
Pero si en definitiva lograste lo que tú querías,
Pues ya tendrás mucho que contar a tus nietos.

Que dicen que ya somos de la Tercera Edad...
Sin duda lo somos, pero lo que nosotros somos,
Nadie lo tiene ganado, nadie más que nosotros:
Con toda la Actitud al paso de nuestros años.

Recuerdos de una vida

Es mucho lo que vivimos,
Es mucho lo que sufrimos.
Son muchas las vivencias,
Muchos los pensamientos,
No puedo dejarlos por ahí,
Todo lo de cuando niño
Déjame llevármelo conmigo,
Pa'emborracharme con mi apá,
Cuando me daba mi cerveza
En la cantina de don Memo...
"Tómese una m'hijo,
Que ya usté es muy hombre".

No puedo ir tirando todo
Por caminos que yo recorra,
Como los regaños de mi amá
Que enderezaba mis cuentas

"Juro que no lo vuelvo a hacer",
Si no, otra chinga me daba.

Los pellizcos de la maestra
Me hacían que entendiera,
Completa toda la Gramática.

No he de tirar los recuerdos,
Me quedo con unos cuantos...
Yo creo que tú los guardas,
Desde el primer beso que te di,
El día de tu cumpleaños,
Eso pos, se nos pegó a los dos,
Qué caray, y juimos p'al arroyo.

A luego te corrieron de tu casa
Y pos te juites conmigo,
Y pos, en onde te metía
Si no tenía ni pa'mí solito.
Total por ai nos acomodamos
En un jacal que nos prestaron.

Luego cuando nació el pelón
Ya se andaba petatiando
De la tos del pecho que le dio,
Tú también casi te m'ibas
Cuando te picó aquella víbora,
Si no juera por doña Juana,
Sabrá Dios qué hubiera sido.

Quiero traer en mi bolsa
Algunos recuerditos,
Como el rosario de tu amá
Que te dio de sortilegio
Para que cuidara de mí,
Luego pa'cuidarte yo a ti...
Ah cómo me quería tu amá.

¿Te acuerdas aquella noche
Que rodamos por la barranca?
Ya meros nos petatiábamos,
Pero la burra de Matías
Pobrecita, se murió todita.
Una estaca atravesó su panza.
Me tardé diez años nomás
Pa'podérsela pagar…

Jué entonces en la Hacienda
Cuando te dieron trabajo
Pa'que me ayudaras pa'l diario,
Ai poco a poco nos reponíamos
Aunque así pasaron unos años.

Pero cuando ya créibamos
Que todo estaba bien,
Se nos vino la de malas
Cuando Blas el de Chago
Anduvo rondando a la niña.
Cabrón de mala sangre,
Pos la niña tenía doce años.

Un día me lo encontré
Ya ves, con su mala estampa,
Como pa'que a mí me doliera,
Gritándome que la niña
Ya había sido desflorada.
Cosa que a mí me martirizó
Como si me clavaran una daga.

Pa'pronto que me endiablo
Se me mete lo jijo y lo cabrón,
De la funda saqué el machete
Para antes de que él se juera
Lo traspasé por la mera espalda

Y quedó partido en dos.

Así me lo llevé al cañón,
Con las tripas colgándole
En la carretilla de la chamba.
Pos ya para cuando llegamos
Andaban las auras rondando.
Nomás lo aventé al voladero,
Mil zopilotes lo persiguieron.
Me estuve un rato pa'ver todo.

Se jueron juntando más buitres,
Yo veía cómo se lo devoraban.
Ya en la nochecita seguían,
Casi como a eso de las diez
Me juí a dejar la pastura
Y a luego me jui pa'la casa.

La cosa se ponía cabrona
Todos preguntaban por él,
El que más era Chago, su apá,
Que era el único que sabía
Que Blas a mi hija quería.
Yo nada le dije a Martina
De lo que hice esa noche,
Ni a Nicolás ni a la niña.

Pero se veían más dificultosas
Las relaciones con esas cosas,
Porque Chago, desgraciado,
Hablaba de más en todos lados.
Las autoridades no lo escuchaban,
Porque Chago tenía mal la cabeza,
Pero así no dejaba de molestar,
Y de tanto, casi me vuelvo loco.

Hasta que Martina me lo notó.
Ella, pa'ayudarme con todo esto,

Sin decirme ni una palabra
Se encaminó a casa del Chago
Yo no sé qué justas le haría,
Ni qué sería lo que con él hablara,
Luego se supo que se había muerto,
Que's que de unos calambres
Que le dieron en el pescuezo.
Nadie supo cómo fue que se murió.

Un tiempecito después de eso,
Decidimos irnos muy lejos
Ya pa'olvidarnos de todo,
Reformarnos y darle a nuestra vida
Un nuevo panorama…

Quería yo acabar con todo,
Borrar todos esos recuerdos
Que me machacaban la testa,
Nunca jamás me dejaron en paz,
Pero no, no me animaba,
Pos allí dejé uno que otro
Pa'que me hiciera compañía.

Nico y la niña crecieron mucho,
Nunca me perdonaron lo que hice,
Pa'luego se fueron y me dejaron solo,
Luego de que Martina murió.
Ahora los que me acompañan
Son todos esos recuerdos,
Que conmigo irán en el camino,
Por el resto de mi vida…

¿Será por las verdades que oculté?
¿Será por las muertes que causé?
Pos ora estoy solo como perro,
Con los recuerdos que me persiguen

A cada paso que dé, y donde esté
Por donde quiera que yo vaya,
Como fantasmas que me invaden
Que me atormentan en mi morada.

Recuperación inesperada

Sesenta días encamado,
Convalecencia e incomodidad,
Pensamientos no bien situados
Viajando por espacios inusitados.

Despierto a veces, o soñando,
A veces a alguien reconociendo,
Consintiendo o a veces negando,
Irrealidades se está figurando.

En medio de tajante angustia
Desesperación y a medio tedio,
La mente de un cristiano
Hace su viaje cotidiano:

En la ladera de un río
Yo veía una joven bella,
Su boquita era carmín,
Sus ojos como estrellas.

Ella pasaba y le pregunté
Que quién estaba con ella:
"En mi pisar no hay más huella
Que la sola huella de mi pasar".

Caminando por el río,
Observé a la muchacha bella,
Sus vestidos de oro y plata,

Como el sol el pelo le brillaba.

A la joven volví a preguntar
Que quién vivía con ella:
"Para yo vivir conmigo
Me basta con estar conmigo".

La gente contaba de una niña
Que en el río se aparecía
De día muy brillante se vestía,
Y en las noches más resplandecía.

La particularidad que tenía
La hermosa niña bella,
Era que del alma se adueñaba,
A los que su canto les cantaba.

Le volví yo a preguntar
Que si a alguien ella amaba:
"Amo al viento y amo al sol,
Amo al cielo y amo al mar".

Caminó hasta desaparecer,
Yo me fui detrás de ella,
Pero más no la pude ver,
Lejos se ocultó la doncella.

A la luna blanca le cantaba
Una canción muy entonada
Pero triste, que encantaba
A todo aquél que la escuchaba.

Aquél que su canto entendía
Caía en espasmos de melancolía,
Ya no despertaba y se dormía
Hasta aparecer un nuevo día.

Aquella noche tan oscura
Insistente me acerqué a la rivera,

Para ver su luz tan pura,
Que desde lejos resplandecía.

Allí estaba la niña tendida
En una cama de alhelíes,
Rodeada de luciérnagas y candiles,
Con aromas de cándidos abriles.

Envolvente era todo aquello,
Su mirada hacia mí lanzaba
Y su blanca mano me tendía
Para que yo me fuera con ella.

Yo insistía en no morir
A pesar de su llamada,
Prefería sufrir y subsistir
A tener que irme con ella.

Al instante reaccioné,
Al punto me desperté,
De la cama me paré,
Un nuevo aire respiré...

Hoy amanece un nuevo día,
En él se adivina nueva vida,
En la vida hay nueva esperanza,
En la esperanza mi mudanza.

No he de morir, yo me decía...
Quiero ser libre como el viento,
Quiero volar con mi alma,
Viendo anhelante y siempre...

Hacia un nuevo amanecer...

Romance del duende enamorado

Al final de un día un poco nublado
La tarde se vestía de rojo y dorado,
Las nubes hacia el poniente describían
Un paraíso como nunca imaginado.

Los rayos del sol se veían marcados,
Pintados, como por un pincel encantado,
Justo cuando al final de su jornada
Aquél se escondía detrás de la montaña.

Arriba, la luz brillante de un lucero
Daba aviso a sus hermanas las estrellas,
Escondidas en sus recintos celestiales,
Para que sin miedo ya salieran y brillaran.

La noche pronto tendió su negro manto,
La amante escondida, de repente apareció,
Tan bella que se veía en el horizonte,
Rozagante, desde el oriente se levantó.

Brillaba más que la plata encendida,
Más que el oro puro reflejaba su fulgor.
Muy orgullosa por exhibir su belleza,
Abría sus alas desdeñosa y presumida.

Aquél que la veía, admiraba su belleza
Nadie podría negar nunca su grandeza,
Verla era llenar el alma con un poema
Con un suspiro, lleno de emoción.

Todas las noches buscaba en los bosques,
Al duende con quien siempre jugaba.
El pobre creía que la luna lo quería,
Y éste, noche a noche por verla se moría.

Al descubrirla tan bella, le gritaba:
"Luna hermosa, luna blanca, luna buena,
Que has decidido hoy brillar para mí,
Sáciame de tu amor, quítame esta pena".

"Pobrecillo del duende", pensaba la luna,
¿Cómo decirle que no podía corresponderle?
¿Cómo decirle que no podía complacerle?
Noche a noche observaba al pobre inocente.

Si la luna se escondía detrás de una nube,
El duendecillo pronto se entristecía.
Luego la luna nuevamente se descubría,
El duende al verla otra vez sonreía.

"Pícara, juguetona, sinvergüenza", le decía
Cada vez que la luna se le escondía
El duende la seguía y la seguía,
Toda la noche, y nunca se cansaba...

Durante el día el duende dormía
Pues toda la noche despierto se la pasaba
Admirando a su luna que tanto amaba.
No comía, mientras su salud desmejoraba...

Las haditas del bosque se preguntaban
Que qué cosas al duende le sucedían
Pues cada día lo veían más triste,
Divertirse con él, ya no podían...

El duende nada decía ni contestaba,
Sólo callaba y callaba, dormía y callaba,
No podía decirles el secreto que guardaba,
Que era lo que lo desmejoraba.

Una vez la luna en su esplendor brillaba,
Encima del lago su reflejo dibujaba.
Él creyó que la luna para él bajaba
Al lago, esperándole para que la tomara.

Al descubrirla tan bella, le gritaba:
"Luna hermosa, luna blanca, luna buena
Que has decidido hoy bajar para mí,
Regálame tu amor y quítame mis penas".

Creyó que si de ella se apoderaba,
Ya jamás las penas lo abordarían.
Decidió en su caminar detrás de ella,
Aprisionar su luna que en el lago estaba.

Pobre de aquel duende tan inocente,
Al caminar y caminar por el profundo lago.
Se fue hundiendo a medida que avanzaba.
La luna desde arriba solamente lo miraba.

Al amanecer todo estaba muy triste...
Las haditas del bosque lo buscaban.
Ellas supieron que a la luna amaba,
Que nada ni nadie su querer le quitaba.

Angustiadas estaban de tanto esperar,
Ya más no quisieron en ese lugar estar,
Se fueron a otros bosques a buscar,
Otro duendecillo con quien jugar.

Pobrecito del duende enamorado,
Nunca obtuvo ese amor tan encantado.
Mientras que la luna noche tras noche
En los bosques desesperada lo buscaba.

En medio del lago donde muriera
El duendecillo que su luna buscaba
Una fuente muy grande creció,
Símbolo de un amor que no se dio.

En las oscuridades sólo se escuchaba
El cantar de una triste alondra,
Que con su amargo llanto recordaba

Aquel romance que mucho se cantó...

Tra la ra rai la ra, Tra la rai rai la ra ra:
"Luna hermosa, luna blanca, luna buena,
Que has decidido hoy brillar para mí,
Sáciame de tu amor y quítame esta pena".

Era la leyenda que siempre se contaba
Entre los habitantes del bosque encantado
De aquel duendecillo enamorado
De aquella hermosa luna plateada...

Romance de un ángel desahuciado

En sueños la pequeña se concentraba,
Sueños que sólo ella soñaba y horas se pasaba
Dándose vuelo en la mecedora sin hacer nada.

En las mañanas se iba al patio de la casa,
Para saludar a tantas flores y tan hermosas,
Había margaritas, azucenas, coyoles y rosas.

Los tiernos rayos de sol excitaban las gotitas,
Que el rocío había formado en la madrugada,
En todas las florecillas produciendo estrellitas.

Con sus destellos ella se extasiaba, se divertía,
De una en una en sus manos las tomaba,
Les pedía que mil deseos le concedieran...

Creía que eran diminutos y alados querubines,
Visibles, que todas las mañanas la esperaban,
Para regocijarse con su presencia, y la acariciaban.

Se iba paseando por el patio con las florecillas,
Para verles sus chispitas con los rayos del sol,
Con ello disfrutar de sus lúcidos destellos.

Bailaba sin cansarse y entonaba mil canciones,
Que alegraban a todos los que la escuchaban,
Se divertían al verla cantar y bailar así.

A los angelitos, de sus amores les platicaba,
Les decía que Dios le dio las bendiciones,
De conocer aquel día al hombre que amaba.

Muy pronto les daría las buenas nuevas,
Un día, cuando encontrara la plenitud
De ese amor que quería con gratitud…

"Confío en que mis deseos se van a cumplir".
Dios la escuchaba cuando eso decía a los destellos,
La complacía para aliviar su triste futuro.

En bellos colores transformaba sus oscuros días,
De azul celeste estrelladas noches le regalaba,
Con tantas fantasías que de otro mundo traía…

Le gustaba contar sus sueños a las luciérnagas,
Que eran unas mujercitas pequeñitas y aladas,
Aparecían en el ocaso como pequeñas hadas.

Al ver que las observaba, vergüenza les daba,
Sus lucecillas detrás de los árboles escondían,
Volaban tras ellas: "Juguetonas", les decía…

De jugar y correr tras ellas no se cansaba,
Para atraparlas con la palma de su mano.
Para allí contarles todos sus sueños.

Hasta que acababa de contar sus fantasías.
Les preguntaba si en el reino en que vivían,
Alegraban el corazón de gente entristecida.

Del jardín, ella era la flor más perfumada,
Por qué tenía qué ser de entre todas ellas
La escogida que primero se marchitara…

Decía la Nana: "Pobrecita, mira que flaquita",
La amaba pues había nacido en sus brazos,
Sentía tanta tristeza que estuviera enfermita.

Pobrecita, lloraba sin que nadie la viera,
Pues la quería como si su propia hija fuera,
¡Maldita enfermedad que nadie conocía...!

Era un encanto, era un terroncito de azúcar,
Era de los que la conocían, la adoración,
Un ángel que Dios mandó para su bendición.

Pero que estuviera enamorada de ese hombre,
Eso sí que no, definitivamente no lo permitiría.
Si Nana era refunfuñona, ella más terca era.

Tales pensamientos no se los quitarían:
"¿Por qué tus palabras mis días no iluminan?
¿Dónde está el amor que a mi alma domina...?

"Seguro en un sueño perpetuo, no quiero despertar...
¿Allí es donde estás corazón? No oigo tu palpitar
Dime que estás vivo y siempre feliz me harás..."

Él contestaba: "No te dejaría aunque quisiera...
Pero el tiempo esquivo me priva y me detiene,
Mientras tanto, gocemos de nuestra quimera..."

Ella le decía: "Si tú sufres, tu sufrir es mío,
Si tienes esperanzas, tu esperanza es la mía...
Yo sólo te pediría una sola cosa, vida mía...

"Ven a mí una vez más y alégrame el día
Que no hay más cosa que me llene de alegría.
Si me lo concedes, del mundo feliz partiría..."

Una tarde en la arboleda, él le tomó la mano,
Para llevarla a sus labios y besar su dorso.
Apenada tapó su cara con su otra mano...

No sabía si era un regalo de las haditas;

No sabía si su larga espera era premiada...
Pero ahora estaba de alegría colmada.

Una alegría para ella desconocida.
Sus ojos brillaban como luceros del cielo...
Era entre dos, su íntimo secreto de terciopelo...

Ella quería ser feliz... Necesitaba ser feliz...
La vida se lo reclamaba... Y se lo exigía,
Como si supiera que en breve moriría...

"¡He de ser feliz...!" Con frecuencia pensaba.
"Regálame tu ser, concédeme tu pensamiento,
Déjame anidarlos en mis adentros.

"Si lloro, si duermo, si sufro, o si muero...
Mientras la vida dure, quisiera a mi lado atarte...
Para encontrar la puerta, después morir..."

Un silencioso domingo ella con él se escapó...
El hogar de sus padres por el del amor cambió,
Se alejó cantando: "Quiero ser feliz..."

Su familia y las Nanas no dijeron nada,
Sabían bien que poco para el final faltaba
También querían que feliz terminara...

"Sea mi destino deleitarme en tus brazos,
Déjame saborear sonetos de amor sedientos,
Lléname de la poesía que enloquece al alma mía...

"Colma a mi pecho, que muere y no muere,
Porque no acabe el delirio de no morir,
Mientras he de aspirar tu aroma dominante...

"Que me pide así morir voluntariamente,
Y se muere porque morir quiere, este lecho,
De violetas envolverán con su encanto...

"A mi cuerpo privado de fuerza, de esencia,

Para terminar de sufrir, y al terminar,
Por fin, me dejaré morir en esta cadencia..."

"Así me la llevé y así la traje: en mis brazos..."
Él les decía a todos los presentes en la casa.
Lágrimas expresaban las palabras no habladas.

Era el crepúsculo de un día de primavera...
Las estrellas tristes en el cielo aparecían...
El lucero vespertino hoy brillar no quería...

Recostado en el pecho sin vida de su amada,
Lloraba con toda pasión, de dolor, de tristeza
Con que era permitido que un hombre llorara...

¡La había amado tanto, pero tanto...!
Que ella había formado parte de su piel,
Y ahora no sabía lo que sin ella haría...

Partió su Ángel terrenal... Su dulce Alondra...
"¿Dime Alondra, por qué no cantas ya más,
Aquella canción de amor que solías cantar?"

"Dios mío, por favor haz que vuelva mi amor,
Porque sin ella moriré... Sin mi triste Alondra...
Di que me la traerás... Que volveré a ser feliz...

"Alondra de mi corazón, no te alejes de mí
Consuélame con tu canto, vuelve a cantar,
Arrúllame con esa triste canción de amor..."

Vestida con un hermoso vestido blanco,
Que era de su madre el vestido virginal,
Estaba en el jardín con la Luna blanca...

Las luciérnagas con su aroma despertaron,
La extrañaban desde que se había ido...
Las haditas que de noche sus sueños bordaban.

Ahora en su lecho mortuorio la acompañaban
Haciendo una dulce danza de lucecillas,

Pues ya más con ella no jugarían.

Durante la noche en su delirio le velaron,
El macabro sueño de muerte a ese Ángel,
Que para dar bendiciones Dios había enviado…

He aquí que da término este romance:
La niña enamorada que Dios convirtiera en Ángel,
Y que vivió el sueño que sólo ella soñaba…

Sombras del pasado

Pues bien, aquí sigo, sentado y consumido,
En estas viejas tierras que me formaron,
Hasta que el polvo de los años me cubra,
Me ahogue por completo y yo ya no respire.

Me quedé solo en este pobre y viejo pueblo,
Donde todos mis sueños y mis quimeras,
Que en mi juventud alborotaran mi cabeza,
Siguen en mi mente atormentando mi senectud.

A veces me siento triste, a veces quejumbroso;
Cuando estoy solitario me pongo nervioso,
Se da cuenta mi amigo, el amigo de siempre,
El fantasma que me hace ronda en cautiverio.

Lo veo cerca y lejos, al lado poniente y oriente,
Lo busco sin negar pretender a su lomo subirme.
Me pongo a observar hacia atrás como ausente,
Vuelvo a verme a mí mismo desde mi pasado…

Mas sobre mi rostro brillar el sol se ha negado,
El mar se ha mudado detrás de esas montañas…
Yo ahora busco en las sombras de mis años,

Aquel rostro que en el mío solía refugiarse...

El aire es fresco y fluye entre mis sienes,
Limpiando lo que se ha quedado escondido,
Mi pensamiento así es como se esclarece,
En este momento mi realidad reaparece...

Las rosas rojas que mis manos te ofrecieran,
En este corazón aún guardan sus fragancias,
Que aquellas sábanas blancas perfumaban;
Y tantas veces nuestra desnudez cubrieran.

Habla de mí mismo, así como yo me veo,
Miro hacia adentro y mis lozanías descubro,
Miro las barreras que huir nunca me dejaron
De este pequeño valle donde todavía existo.

¿Qué soy?, ¿quién soy?, ¿de dónde vengo?
Me pregunto a veces sin poderme responder,
Me analizo sin llegar a ninguna conclusión,
¿Podré creer que soy un juguete del destino...?

Quizás sea una marioneta suspendida de los años,
Que otros han movido siempre a su antojo,
Vivo sin vivir en mí, viendo a quienes me pisaron,
Sin hacer nada, viendo a quienes me ultrajaron...

Hubo quienes por mí se procuraron y me amaron,
Me dieron su calor y un sentimiento, y en definitiva,
Me hicieron sentir dependiente de ellos para existir...
Pero ya todos se fueron y aquí solito me dejaron.

Las alas del destino muy lejos ya me llevan,
Pero mi alma a una esperanza sigue aferrada,
¿Es acaso que aún hoy y aquí espero tu llegada?
Cierto es que las sombras del pasado me engañan...

Mas sólo he observado... Miro a mi alrededor...
Escribo en mi mente todo lo que ha sucedido,

Como si fuera el periódico mural de los hechos,
Que marcaron en mi vida los acontecimientos.

Aunque la luna su resplandor en mí oscureciera,
Aunque el cielo sus matices para siempre escondiera,
No evitarán que recuerde tu mirada en mi mirada,
Y el calor de tu alma cuando en la mía se clavaba.

Sueño nocturno

Noche, noche mágica,
¿Qué nos traerás ahora…?

Cada noche un ensueño,
Cada noche un episodio…

Cada noche un amor,
Cada noche una pasión…

Dame Noche, tu encanto,
Que no amanezca pronto…

Deja que magia y embrujo
Me sigan conmoviendo…

Dame el embeleso infinito,
Encanto del sueño nocturno…

Sueño trágico

Mi querido y hechicero hidalgo,
Mi arrogante y dulce Lanzarote,
Mi altivo y adorado Campeador,

Mi deseado y codiciado Quijote,
Mi Tirante el Blanco Conquistador,
Hermano y compañero amado...

Muchas cosas decirte he querido,
Pero aunque quiera no he podido,
Pues el miedo invadió mi corazón,
Que el perderte, o no volver a verte,
Mucho lo he temido, y a buen tiento
Que has encontrado el momento
De atizar en mi alma este tormento
Que sofoca mis sentidos sin dejarme
Ni hablar, ni sentir ningún aliento...

Por no saber de tu bella poesía,
Ni de tu sano y santificado verso,
Me consumía aquel sentimiento
Perverso, y sentía que te perdía,
Que te ibas a tierra desconocida,
Donde para humano alguno
No hay cabida, y por lo que ves,
Sin manera de poder rescatarte
De aquella bruma desconocida,
Lo que es peor... Sin poder asistirte.

Yo sin poder concebir la idea
De en tu ausencia poder vivir,
Mas Dios le ha dado un descanso
A mi sufrir tanto, y ha iluminado
Nuevamente las fibras de mi sentir,
Al saber que tú me has contestado.
Por mejor decir, que me has hablado,
Que te has incorporado, y como antaño,
Ambos sentados, platicando en el lecho,
A saber lo que de mí, has de saber,
Que soy hombre en estado angustiado,

Tan desesperado y maltrecho, que
Ya extrañaba a mi Señor Caballero.

A mis oraciones Dios ha respondido,
Tú al fin has despertado de tu sueño.
Alegría y bienestar me has dado,
Sin contar que con ello, el miedo
Debería de eliminar, y la angustia
Ya más no quiero experimentar.
Por favor queda al pendiente de mí,
Que cosas muchas necesito contarte,
Pues en los pesados días pasados,
Con la angustia y miedo de no tenerte,
Grandes, oscuros y fatales momentos
Han llegado a mi impaciente mente,
De sueños y pensamientos extraños,
Bosques encantados y playas de ensueño,
Noches de plenilunio, estrellas brillantes.

En medio de nosotros, cosas extrañas,
Indescriptibles, no tienen forma ni figura,
Que sólo son como enanos, o gnomos,
Duendes, dragones, o seres jamás vistos
Ni contados por poetas ni trovadores.

Por lo que te pido mi amado Caballero
Que no dejes de mantenerte despierto,
Pues presiento que tales cosas y sueños
Aspiran apartarnos. Quiero espantarlos,
Ya más hacer no puedo, por eso te pido
Que no cierres los ojos, que estés despierto
Cuanto puedas, pues en cuanto yo puedo,
Sólo en momentos, me siento aliviado
De verte así, y a mi lado, no quiero
Ni volver a pensar que te pierdo

Como cuando creía que te perdía,
Y el sueño se repetía y se repetía...

Sueño 1

Un día soñé
Algo que nunca olvidaré.
Aquella noche dormir no podía,
En mi lecho vueltas me daba...
Luego repentinamente despertaba
Por la pesadez de tan raro sueño,
Pero volvía a quedarme dormido
Y retornaba al mismo sueño,
Justo al punto donde me quedaba
Cada vez que despertaba.
Era tan espeso, pesado y repetitivo
Que no lo voy a olvidar nunca
Por ser un sueño tan significativo...
En el sueño soñaba que caminaba
Por una vereda de una selva
Que creo que estaba embrujada...
Hacia el lado derecho no había nada,
Era sólo la bruma que flotaba
Que parecía que era un mar inmenso
Cuyo final a la vista no se encontraba,
O quizás era un gran cieno profundo
Coronado de un vaho nauseabundo.
Viendo hacia el lado izquierdo,
La espesura de los árboles secos
Que el paso a cualquier hombre
Que intentara caminar impedían,
Me preguntaba: ¿Por dónde pasar?

¿Pero, a dónde había que llegar?
Estaba solo, en medio de algo
Que no estaba bien definido,
Ni siquiera reconocía los lugares
Donde caminando estaba...
Volteaba hacia mis pies y sólo veía
La angosta vereda divisoria
Entre aquellas dos inmensidades,
Era sólo el camino hacia adelante,
Pero no podía verle sus finales,
Sino sólo un par de pasos al frente;
Si hacia atrás la vista tornaba
Todo era oscuro como si desapareciera
Al ir caminando, lo juro,
Como si fuera una gran pantalla
Que va borrando el paso que vas dando,
Semejante a ir olvidando lo vivido
Para que de una vez por todas
Todo se quedara en el olvido,
Oscuro, siniestro y apagado...
Viendo más hacia adelante,
Sólo bruma se divisaba,
Semejante al futuro que no afloraba,
Que estaba allá donde estaba,
Esperando siniestro y extático,
Por alguien ser descubierto,
Pero estaba tan distante
Que no prometía ningún amparo...
Sólo el cielo podía verse claro,
Era hermoso, de un azul celeste
Pálido, por un blanco aperlado
Y casi, en partes intensificado,
La periferia completamente dorada...
Visión que a un éxtasis invitaba,

Como el obtenido y contemplado
Después de una oración intencionada.
Pareciera que de la observancia
De esa hermosura que dominaba,
Te trasladara a la visión de la Pureza,
Con sólo mover hacia arriba la cabeza,
Tal parecía que podía ser alcanzada,
Pero en realidad estaba tan alejada…
Fue entonces que yo lloraba,
Porque en medio de aquel éxtasis
Se perdía totalmente mi mirada,
Quedando mi alma extasiada,
Entonces más y más lloraba,
Porque dentro de mí muy bien sabía
Que todo eso en segundos acabaría,
Como acaba la dicha y la alegría,
Que no es posible para siempre
Disfrutar de su alegoría…
Luego, de cada uno de los cuatro polos
Que se veían dorados en el cielo,
Surgieron como el fuego candente,
Cuatro dragones voraces y gigantes
Con el hocico sediento y atacante,
Cada uno de un color diferente,
Pero con las alas tan doradas,
De un dorado muy brillante,
Que se apresuraban hacia mí,
Indefenso en el punto adecuado
Donde nada había para refugiarse,
Ni a ninguno de los lados moverse…
Si hacia la izquierda me desplomaba,
La espesa selva me esperaba
De donde jamás saldría;
Si hacia la derecha me movía,

Al mundo de las profundidades me metía,
Del vasto infinito de la bruma
Aunada al cieno nauseabundo...
¿A dónde iría para poderme salvar?
No podía regresar,
Porque el pasado, ya se había borrado,
Y no había camino para andar,
Lo sé, y entonces así me quedé,
A la diestra de los amenazantes dragones,
Sintiendo el fuego que emanaba
De sus hocicos humeantes y flameantes...
Cuando de repente desde el firmamento,
Un nuevo dragón aparece volando,
Más grande aún que los anteriores
Con un fuego incinerador en su aliento,
Pero éste de un color negro tan intenso
Como el de las oscuridades invidentes,
Con el rojo de fuego en sus alas batientes.
En su lomo, un jinete venía montando,
Era un caballero de la Edad Media,
Gallardo, temerario y valiente,
Batiendo el látigo que la bestia obedecía,
Con yelmo y máscara de oro refulgente,
El cual se dirige hacia donde yo estaba
Al momento en que los otros dragones
Dispuestos a atacarme se preparaban...
Con su arrogancia, potencia y fuerza inmensa,
Los arremete, los embiste y los quema,
Para posteriormente matarlos.
En eso, se transforman éstos en humo
Que desapareció muy de repente,
Con lo que ya pude verme libre
De aquel miedo que me circundaba,
De aquellos ataques inesperados y violentos,

De aquel fuego candente que brillaba,
De aquellos hocicos arrogantes e inmensos
De aquellos dragones atacantes
Que a mi piel y a mi alma quemaban,
Quedando a dispensas de aquel caballero
Montado y sujeto de aquel feroz dragón,
El cual me tomó entre sus garras
En donde quedé protegido y aprisionado,
Llevándome hacia el infinito lejano
De donde dicho dragón había salido...
Entonces, desaparecen caballero y fiera,
Sin que yo cuenta me diera,
Sin saber hacia a dónde se fueron,
Me dejaron en medio de la bruma,
Sólo flotaba en medio de la nada,
Donde para todo bien, y en suma,
Vine yo a mí mismo a encontrarme.
Solo me sentía, abrumado y temeroso
En medio de aquel infinito cielo alumbrado,
Que hinchaba a mi alma profundamente,
Cosa que todo mi ser extasiaba;
Con sólo la blancura de la inmensidad
Para donde quiera que yo volteara...
Muy lejos se escuchaban voces risibles,
Rumores en forma de ecos.
Que yo intentaba reconocer
De quiénes esas voces procederían,
Pero no las lograba identificar,
Sólo sé que se burlaban y se reían.
Traté de olvidar todo lo que vine a escuchar,
E intenté mi atención desviar...
Me concentré en la blancura de la nada,
En aquella inmensidad donde estaba,
Que a ningún lado me llevaba...

Quieto me quedé flotando,
Como en una nube volando.
Pronto me sumí en un sereno sueño
Dentro del propio sueño que soñaba,
En el cual una luz más blanca y brillante
Llenaba ahora mi mirada…
De súbito desperté justo al momento
En que la luz del sol de la mañana
Que por la ventana entraba,
El rostro me iluminaba,
Directo a mis párpados esa luz daba,
Hacia mis pupilas esa luz penetraba.
Me di cuenta que en mi lecho estaba…
Llorando le di las Gracias a Dios
Por regresarme a casa, donde yo habitaba.
Creía que a pesar de ser tan bello aquello
Que mi vista vio y mi alma admiró,
Ya no regresaría a donde yo pertenecía,
Que así suele pasar con algunos
Que penetrando profundo en un misterio,
Llegan tan hondo que ya no pueden regresar,
Luego para siempre quedan en cautiverio
De su pobre alma en un inmenso calvario
Que toda la eternidad ha de durar.

Sueño 2

Una de esas noches de aburrimiento,
Desde temprano me he dado a soñar,
Y como siempre en mi sueño a viajar
Sin olvidar tomar a mi papá de la mano,

Para ir a lugares donde sólo hay diversión,
Sin nada de injurias ni reproches humanos.
Nos hemos dado por allí un descansillo,
Que eso en sueños es portarse como pillo,
Hacer lo que en la mente nos nazca,
Ir aquí o allá o ir al arroyuelo de pesca.
De cuando en cuando a algún duendecillo
Aventar una flechilla sin que sepa quién fue,
Despistadamente como no queriendo mirar
En pos de ver la cara del flechado,
Su figura y su estado, y mientras que
Yo entusiasmado, y mi papá enojado,
Investigando si se ve regordete y abusado,
O que si es poco ágil y achaparrado,
Que si es enano con bigote o es barbado,
O pelo corto, largo o barbilla de candado,
Pero qué importa cómo luzca el agraciado,
Si como sea para jugar me ha de gustar,
Pues no hay osillo, duende o enanillo
Que para jugar pueda dejar yo de elegir,
Habiendo de a cientos y docenas
Bajo tiempos y condiciones amenas
En el bosque a cualquiera he de atrapar,
Que para jugar a cualquiera he de pescar,
Bajo la condición de niñito travieso,
Pero considerando que viene mi papá,
El que pesque será para los dos jugar,
Pero quien sea, nos hemos de conformar,
Igual jugar en el sauce que en el alcatraz,
O en la cascada o en la cueva del dragón.
Vaya que me encontré uno muy simpaticón
Regordete y parece que en el juego muy tenaz,
Que desde hacía un buen rato nos miraba,
Con carita muy sonriente y con antifaz,

Pensando estaba en eso del querer jugar.
Pues esperando mi señal le envié invitación
Al movimiento de mi cabeza,
En dos segundos se dispuso como presa.
Se acercó y una mano me tomó y la apretó.
La de mi papá también la agarró y aprisionó
Para llevarnos a la casita de su árbol y nos metió,
Después de un ademán, una pregunta me lanzó,
Preguntando si quería que me hiciera magia,
Yo sí quería, pero sin saber sus pretensiones,
Pensaba que un conjuro lanzaría...
Pues bien y en menos de un minuto
El duende desaparece de las habitaciones
Sorprendidos y antes de darnos a la fuga
Sólo pudimos dar tres pasos adentro,
Miedo nos dio y en la cama nos trepamos...
Nos protegimos los dos, uno al otro,
Con dardos uno y flecha el otro, preparados
Para descubrir al jugar con una moneda
Quién primero la lanzaría en caso de necesitar...
Pero eso qué importaba si no entraba en la jugada,
Sólo era para el miedo despistar...
Al momento sentí presencia, como de espanto,
Fantasma o el duende vivo o muerto
Pero en lugar de uno, tres se aparecieron...
Cada uno vestido misteriosamente de un color,
Un duende me decía que escogiera un color.
Yo preguntaba en qué consistía el juego a jugar,
Me contestaba que una sorpresa me iba a llevar,
Nada más que me fijara en el color para atinar,
Que de acuerdo al color que yo escogiera,
Sería el premio que me iba a ganar.
Uno era blanco, otro era rojo y el otro azul.
Le pregunté a mi papá cuál escogería...

Dijo que a esa pregunta no respondería;
Que la elección yo tomarla debería,
Pues sabía lo que cada color representaba,
Como lo sabía, sólo advertirme podía
Diciendo lo que cada color simbolizaba:
Blanco es la ausencia y es la nada,
Rojo es sufrimiento, sangre derramada,
Azul esperanza y felicidad no encontrada.
Sin pensarlo dos veces me decidí por el azul
Pensando en la posible esperanza
De mantener a mi papá siempre a mi lado,
Pero al mencionar el color del enano escogido,
Los tres desaparecen del estrado.
En lugar de darme el resultado esperado
Se transforman en humo encantado
Que nos invadió y flotamos en la nada...
De pronto estábamos en las nubes
Todo era hermoso y encantador,
Como si fuera una visión celestial,
De pronto, nos iluminaba una luz radiante,
Que al verla cegaba nuestra mirada.
Así ciego como estaba, a mi padre buscaba,
No lo veía, aquella luz me encandilaba.
Busqué y busqué y nunca lo encontré...
Solo, yo lloraba, y la luz me guiaba...
No supe hacia adónde me llevaba...
Voltear hacia atrás no se permitía
Sólo hacia delante en pos de la luz radiante,
Que de pronto esa brillante luz que me guiaba
Era la luz del nuevo día, que me despertaba.
Yo muy angustiado lloraba y lloraba
Sin saber que era lo que me sucedía
No quería despertar, porque miedo sentía.
Yo buscaba desesperadamente a mi papá,

Que como siempre ya conmigo no estaba...

Sueño 3 Mundamor

He aquí el que ha de rimar que dice:

Caballero de Armas es mi Señor Mundamor,
Dotado de vastas cualidades en lides del amor,
Como en batallas mi Caballero siempre es vencedor...
Mas no se diga en cama y en bastidor,
Que a más de dos arremete el pendenciero,
Hasta lo más hondo llega en el juegorreo...
Pero sólo una es digna del dicho caballero,
Que de noche a noche espera sin ponerle un pero,
La quiere y lo quiere como es su esmero...
He aquí que su dama a Mundamor Caballero,
Después de mucho pensar y discurrir,
Al caballero decide seguir y en los campos juntos compartir.
En batalla se unieron y para siempre enamorados,
En bravas batallas durante días se batieron.
De todas aquellas funestas embestidas,
Los dos en el campo tirados se veían...
Al despertar la mañana vestida del nuevo día,
Uno encima de la otra bajo el rocío yaciendo,
Al despertar y por no sé qué magia de hechicero,
Sus caras frente a frente se quedaban viendo,
Con un deseo ferviente de unirlas en beso postrero.
La magia, el hechizo o no sé qué tipo de diablura,
Hizo que en ese momento luego de tanta desventura,
Sus armaduras retiran y se abrazan con soltura,
Sintiendo ella sustancia dura bajo su cintura,
Y en mucho menos que el gallo cantara,

La una arrinconada y recargada a un tronco,
El otro amándola como un toro tosco,
Caen de nuevo enhiestos y sin fuerza,
Sus sucias caras mirando y sus ojos brillando,
En un beso unidos su amor se están jurando...
Desde entonces Mundamor y su dama,
Por la magia de aquel mismo hechicero,
Uno del otro siempre viven al tanto,
De que su amor sea el más duradero...

Contesta el caballero al escudero que es el rimero:

Que os reconforte como a mí esta gesta
Que en mi alma para siempre he de guardar,
Pues si en combate soy fiero caballero y destructor,
Hoy me rindo postrero ante tan gran dulzor.
Me dejas sin palabras mi escudero,
Me siento en mi aposento envainado con este son,
Tal es el efecto de vuestra gesta la canción.
Mas, tremenda desgracia es la distancia en este momento,
Pues a mi dama tan cerca no la siento,
Aunque en eso se conforma mi aflicción...

Contesta el escudero alentador, que es el rimador:

Oh, Caballero mío, qué triste destino,
Cuando has de venir, ella ha de ir;
Cuando ella ha de venir, vos habréis de ir.
En ese ir y venir, todo es un deseo y un anhelo,
Sin embargo, en las noches de luna,
Mostrad vuestra imagen deslumbrando,
A contra luz vuestra tez desnuda y fría,
Para ser por ella tomada y acariciada,
Que así os quiere ella cada día.

Así contesta el caballero pendenciero:

Pues si tanto me ha de querer,

Yo digo y ordeno lo que me habrá de hacer:
Habrá de ponerme en frente d'ella,
Habrá de quitarme todos mis ropajes,
Habrá de quitárselos ella también,
Que habrá de besarme, y mucho amarme,
Tantas veces hasta no ver lo que ha de pasar...
Que yo le pida más y ella se habrá de girar,
De espaldas hacia mí sin pedir ya más...
Sedienta de tanto amar, sin más que adorar,
Que sus manos me acaricien con suavidad,
Entonces, que sin más ni más,
Dejarla hacer lo que le plazca,
Que si me mata o me hiere ella manda,
Que haga pues conmigo lo que quiera...
Pues a su merced estoy,
Todo mi ser y mi alma y mi cuerpo le doy,
Así que si ha de ultrajarme o pegarme,
O tomarme y matarme, es su antojo,
Que me haga lo que me haga,
Me tome como me tome, es muy su gusto,
Aún así y con todo eso, no me enojo...

Esto contesta el escudero rimador:

Tal declaración bien merece para su merced
El mayor de los reconocimientos,
Más aún, pues vuestras palabras son no sólo deseo
Sino el sosiego del que nada ha de temer ni pedir
Pues ya la vida le dio a su merced,
Todo aquello que pudiera exigir...
No debe pues preocuparse,
Por cuántas cosas habrá de hacer,
Que cuando toca, toca hacer,
Por donde quiera que se le vea,
Tantas veces lo habrá de hacer,

Que un cordel con cascabel le he de atar,
A fin que vuestro mareo no lo haga extraviar.
Y otras damas vaya entonces a invitar.
Creo que lo mejor será despertar...
D'este sueño que no nos va a alimentar,
Que así y sin tardar, mejor irse a trabajar
Pues ya es hora del trasero mover,
Como igual yo he de hacer,
Poder comer y de hambre no perecer,
Como siempre alrededor de las diez,
¿Qué le vamos a hacer?
Que triste es el madrugar,
Pero si ya toca, ¿pues qué hay que hacer?
Mas si no se ha despertado,
Ni mucho menos bañado,
Porque bañarse hoy sí toca...
Entonces qué tarde se le irá a hacer,
Para llegar, entonces tendrá que correr...
Yo por mi parte no me he de mover,
Pos en mi trabajo estoy sólo con ver
Descubrir que no hay carreta por atender,
Así que siendo esa la circunstancia,
Sin darle yo mucha importancia,
Un ratito en cama pa'completar de dormir,
Total acá nada nuevo hay por descubrir,
A ver si en un ratito que me quede más,
Algo además se me pueda ocurrir,
Para después que se los vaya yo a contar,
Pero no ahora, porque tarde ya es.
Pero en la ocasión postrera,
Que no demoraré en descubrirles
Qué contaré en la oportunidad primera.
Ya fue demasiado, ya con esto le paro,
Porque si no, no tendría yo descaro

De llegar tan tarde a recoger el mandado.
Que si llego tan tarde, ya se verá,
Porque Doña Catalina, mal se pondrá
Es muy seguramente que me regañará…
Pero esa cosa del regañarme
Siempre sucederá, porque de acordarme,
Me regaña desde que tenía mocedad,
Además, derechos tiene sobre mí,
Por eso, y a decir verdad,
Me voy directo a su jacal,
Recojo lo que me ha de dar,
Mejor muy calladito, y sin atrás mirar
Apurándole al paso pa'pronto llegar
Buscando y procurando no escuchar
Lo que me ha de gritar,
Hasta a mi jacal no llegar,
Al fin y con ello mi pellejo salvar.

Sueño 4 Discusiones del Escudero

Bueno, bueno, bueno…
Al parecer sigues de pendón,
Aunque eso es mucho decir,
Por eso el cura que te demanda
Hacer mil y una penitencias,
Bien sabe él, el porqué…
Te lo manda hacer como advertencia,
Ya ves, para que ya no tengas la insistencia
De caer y caer en pecado nuevamente,
Sea por paciencia, menos por violencia.
Que a todo eso que creas o digas, te dice

Éste, tu Señor Caballero,
Con los cojones puestos sobre la mesa,
Para que no haya más sorpresas,
Que si continúas haciendo de pillo
Hasta detrás de la capilla, morcillo,
Entonces ¿dónde te reluce el jornal?
¿En casa y conmigo cómo querrás cumplir
Si te la machacas todo el día
En puro arrebato pueril?
¿Ahora de esto, qué me podrás decir?

Caballero...
Que de Usted he aprendido
Tanto la manera de cantar,
Como la manera de pelear,
De pillar, de chupar, de correr,
De defender, de batallar
Montar y hasta de besar y amar...
No me salga, por piedad,
Con angustias inocentes
Lamentos y tristezas incongruentes
De que ahora me desconoce
Que también, a la vez me reproche
Todos esos momentillos traviesos
Que Usted también tiene
En aquellos ratillos ociosos...
¿Pero dígame Usted si no son sabrosos?,
Que a la buena de la ventura,
Por suerte, y en raras ocasiones,
Le sale a uno la aventura
Con alguna que otra ladrona
O con alguna que otra cabrona,
Pero eso es y será lo de menos,
Porque en menos de que canta un gallo
Se acaba el placer al menos,

¿Luego qué hacer con esta cuita?
Desaparece como de rayo,
Regresando a la pregunta de antaño:
¿Qué significado barato puede tener
Ese rato por medio de ese trato?
¿Se le da importancia a ésta
O a la otra ingrata,
A la que no amas ni respetas,
Pues sólo en ellas buscas,
En un rato hacerte la rata:
En ellas descargar el voluptuoso,
El erótico sentimiento que vibra
El que manda y descompone,
El que pilla, desmorona y mancilla
Mi cuerpo, que es mi sagrado aposento?
No, no y no, no debe ser,
Ni se le debe dar importancia al acto,
Buscando que ninguna ingrata entra
En la parte de nuestro pacto,
Que como ha sido, sólo a Usted
Respetuosamente respeto y caso hago,
Que como ha sido, sólo a Usted
Siempre he querido y reclamo,
Porque día a día, y noche a noche,
Que sólo Usted de mi corazón,
De mi alma y voluntad es el amo…
¡Valga mi Caballero!,
Que Usted es mi ejemplo y mi guía,
Mi decencia e indecencia,
Que sólo por Usted he de ir al cielo
O al infierno con indiferencia,
O al lugar más recóndito
Donde se reconozca mi esencia
Por causa de su enseñanza

De las Órdenes Sacrosantas
Ésas de las Caballerías
De los Caballeros Andantes...

Mi estimado Caballero, otrora escudero
Que además de ser un "majadero",
No me quejo del sustrato que dejo
En tu ancestro quehacer del diario,
Mas no me compares,
Que yo no tengo esos procederes
De los cuales ahora me hablas,
Pues los pocos ratillos que tengo
No los empleo en chiquillas,
Sino en velar armas como mandan
Los cánones de mi templanza,
Que la Orden así lo manda.
Eso sí, y sólo si por mi deber cumplido,
Me cepillo de vez en cuando
A Doña Josefa o a Doña Beatriz,
Me da igual el nombre de la emperatriz,
Pues en mi Orden Sacrosanta,
Imperante es acabar con malandrines,
Así como con otros osos, gnomos y dragones,
Que quieran causar morbos y males,
Cuando de una mujer quieren abusar,
Que para eso me pinto yo en este trajinar,
Aunque si en batalla he de triunfar
Para con esos males acabar,
Es menester a mi dama llegar
Que he de entregar ofrenda tan singular,
Ante sus pies debo de mostrar.
Viéndome en forma postrado ante ella,
Verás que no se la queda sin gozar,
Pues me reclama el panorama,
Me pide y se ofende si no se le ama,

Pues según la excelsa madama,
Afirma que si en batalla he de triunfar,
Luego que si ofrenda he de entregar.
Luego postrado ante ella he de quedar,
Pues queda incompleto este razonar
Si luego entonces ¿no se le ha de amar...?
Dime pues, mi encorvado escudero matrero,
¿Cómo caballero nacido del honor,
Tanto como también muy justiciero,
A su dama habría de despreciar,
Cuando es visto que ese precioso manjar
A sus fuertes brazos se ofrece
En ofrenda tal que ella desea besar y amar,
E igualmente ser besada y ser amada?
¿He de ser yo el que decline
Cuando petición tan preciada
Ha de ser por mí refutada?
¿He de ser yo el que todo esto arruine?
Te equivocas, tonto e insensato,
Te confundes, ufano mentecato,
Que "Del honor nace la gloria,
Mas el amor guardar en la memoria..."
Ya más no te confundas, insolente,
Pues debes tener presente,
Que acto tal de un Caballero
Tan solemne y dedicado,
Cuyo significado es el deber cumplido,
No es comparable a acto descuidado
Ruin y despreciado,
De escudero marrano y pendenciero,
Cuando uno por cumplir
Con una necesidad sublime,
Se somete a satisfacer las peticiones
De su dama que ha estado

Tan guardada en oración,
Al pendiente de su caballero,
Que en lucha vitorea ser campeón.
Al momento de entregar ofrenda,
Menester es que a su dama
Le cumpla toda enmienda,
En vez de que cuando el otro,
Por satisfacer sus necesidades
Tan ruines y vulgares
Se entrega a amoríos singulares,
En los que no hay ni sacrificio
Ni espera, ni premio, ni dilación,
Ni amor, ni entrega, sólo por diversión...
Dime, por todo lo demás...
A ver, ¿qué me vas a revocar?...

Perdone Usted mi Señor Caballero,
Perdone mi estupidez,
Perdone mi modo de pensar tan rastrero,
Perdone mi manera de vivir,
Perdone mis andanzas de escudero,
Pues con ello Usted sabrá
Que siempre he sido un liendrero,
Un baboso, y gato de basurero,
Luego no me culpe por mi ignorancia,
Ni por mi poca cultura,
Que poco he sabido de su Orden,
De las Caballerías su estructura,
¿Pero aclare si es lo mismo
Que pase noches en vela orando,
Que con Damas y Señoras
Toda la noche follando?
¿Que si una batalla se va ganando
Que como ganada la dé,
Luego que con su compungida Dama

A follar toda en la noche se ve...?
Con esta confusión se me cuatrapea,
Pues mi cerebro en seco se menea
Tratando de hallarle una solución
A esa sin razón que con justa razón
Me tiene atolondrado y sin pensar,
Que a mi mente nunca deja en paz.
Por lo anterior, sale la pregunta tenaz:
¿Dónde está la envergadura
De tan noble embestidura?
¿Tendrá razón Usted al decir
Que vela armas por las madrugadas,
O tendré yo razón al decir
Que de madrugadas juega a las Damas
Sin iluminación, sin luz y sin velas,
Ni con las armas veladas,
Sino con las armas encarnadas?
Entonces, mi Señor, resuelva Usted
Este juicio al que no encuentro solución,
Pues por mi baja condición
No atino ni desatino a encontrar
El son de esta canción...

Es fácil, mi patán escudero,
Pero que no me haces tonto,
Porque creo que tú sabes
Mucho más de lo que admites,
Lo he sacado como conclusión
Por lo que a mí me remites,
Pues siendo tan claro lo que dices,
No creo que confusión haya
Ni acepto que repliques,
Pero aún así,
Pues que no debe ser cuestión baladí,

Procedo a aclarar vuestro incierto,
Irreverente, y confundido credo:
Verás que como Caballero
De una Orden tan singular,
He de guardar armas
Antes de batalla entablar,
Pues como Paladín contra injusticias
De malandrines, enanos, gigantes
Y ladrones he de combatir,
Vamos que vos así lo has visto
Y así lo podríais describir.
Mas así como he de tener noche en vela
Para asegurar victoria en batalla postrera,
Así también tendré noches de asueto
En que de mi noble y dedicado ejercicio
He de dejar por momentos en precipicio
Luego olvidarme tan sólo un poco
De todo esto que yo enfoco...
Sintiéndome que libre puedo estar,
Me rebajo a condición singular
Para luego venir a intentar pensar,
Sin salirme del Reglamento
Que siempre marca mi pensamiento.
Por eso, ni pensar que he de actuar
Como un ruin escudero vulgar,
Pero tantas necesidades tengo,
Iguales que las tuyas o las de otro patán,
Sin ser como ellos y sin aventajar,
Por eso, al sentir lo que siento
Necesito también eso en un momento,
Un poco de solaz con ellas me paso,
Justo me apego a su territorio,
Pero si en el mío estuvieran,
A juzgar por el juego petitorio,

Que a colchón con seda me sonaran.
De esta sencilla manera queda explicado
Lo de ese malentendido son
De vuestra oscura y confusa canción.
Pues antes que nada,
Has de entrar en razón
Que he de cumplir con mi obligación
De velar armas en sede de mi cantón,
Cual manda la Noble Orden
A la que debo gran devoción.

Todo está bien y comprendido,
Sólo algo se me pasó no entender,
Porque Usted no lo vino a mencionar.
Contésteme a esta pregunta,
Que es la que saca la punta
De mi pensamiento podrido.
Si a bien me la habrá respondido
Contentísimo yo habré quedado,
Entonces daremos esto por terminado,
Pero mientras no esté aclarado,
Este enredo me tiene el triángulo, cuadrado...
¿Usted reza por combatir con malandrines,
Que al derrotar en campo de batalla,
A una princesa, o dizque pureza,
Es a quien le dedica su empresa
Entonces, al encontrarse frente a ella,
Resulta que viene a hacerla su presa?
Conteste Caballero... Que si es así:
¡A mí que me muelan los cojones!
Pues a admitir no logro atinar
Si para matreros derrotar,
A doncellas encontrar y follar,
Tenéis antes noches qué rezar,

Seguidamente a aquéllas ofrendar
Para acabar a las mismas ensartar...
Perdón Señor por mi atrevimiento,
Perdón por mi rastrero vocabulario,
Pero sin duda, a lo que se pueda ensartar,
Pos ensartar, que hasta al derrotado
Lo habrá de perforar.
Nunca dije que con lanza y espada,
Que eso lo dejamos para otra platicada...
A Dios doy gracias que en el camino
No me he quedado enfermo o molido,
Porque a según se lo he notado,
Usted es mucho de cuidar,
Suerte he tenido de no comparecer
Cuando Usted esté confundido,
¡Que si me arrisco y me descuido...!
Perdonando mi ignorancia,
Que necesito mucha paciencia
Para entender bien a mi pertenencia...

Veamos pues, y por último
Intentemos un "salmus vulgaris"
Para que la explicación quede
Justa a tu bajo "coeficientus cerebralis".
Primero: Yo Caballero de Orden Sacro Santa,
He de velar armas desde el anochecer
Hasta que el sol acaricie
Las primeras horas del nuevo día.
Lo cual cumplo con devoción,
Y lo hago aquí en mi cantón
O donde se me presente la situación.
Segundo: Por la Orden de Caballería
A la que mis servicios presto día a día,
He de tener una dama, para que por supuesto,
Le entregue yo mis victorias

Que sirva para guardar en las memorias
Los sucesos y todas las historias,
Si es que alguna de ellas tengo,
He de visitar en noche cerrada,
Antes de que se escape la madrugada,
Es decir, que no se haga de día.
¿Comprendes "mentis compactus"?
Ahora bien, que te quede bien claro
Tan sólo cumplo como caballero
En justa contra toda cosa injusta
Ese es mi trabajo de caballero,
Sin evitar ser descortés
Con el sexo que del nuestro es al revés.

¡Oh, Mi Señor...!
En fin...
Dejemos este asunto embrujado
Para cuando yo esté más estudiado,
Pues no entiendo ni doy con bolas
Ni en procesos que vengo ni que voy
A encontrarle las tripas al jaleo
Mejor lo dejo en paz, pos claro no veo,
Pero bueno, mi Señor,
Me importa un bledo a quién mata,
Remata, se empata o contramata,
Con que no sea a mí a quien remata...
Acuérdese: conmigo no vaya a meter la pata,
Ni la espada, ni lo otro, por supuesto...

¿Pero qué es lo que no has entendido,
Escudero zopenco, arruinado,
Atolondrado y malagradecido,
Si te lo he explicado más de un terceto,
A como Dios razones me haya dado?

Pero cómo quiere que yo entienda
Ya ve, a esta monserga
Que le hemos dado muchas vueltas,
La verdad ya me he cansado
De las tantas ideas revueltas,
Tanto suyas como mías.
Ahora pues, si me es permitido,
Después de tanto desatino mal entendido,
Lo diré por última vez
En resumen desde donde comienza,
Cuando Usted me confiesa de su trabajo
La piadosa naturaleza,
Que es corregir y resolver entuertos…
Pues bien, y por otro lado,
Como le conozco cómo es de aventado,
Que a toda fina Dama,
Hasta a las diablillas las mete a la cama,
No hay duda que la naturaleza de su trabajo
Igual que la naturaleza de su destajo,
Me vienen a mí confusas,
Más aún cuando menciona
Las resueltas en batallas que quizás
Usted se refiere a vuestras hazañas,
Pues con ello, y que yo lo aprecio como caballero,
Además de como amigo ejemplar, pos ai'tá…
No atino a resolver esta confusión,
Luego con poco coco y mucha sinrazón,
Pues no entiendo ni comprendo
A quién se abrocha y a quien se mocha…
Por lo pronto, mi ufano proceder
A mí siempre me reprocha,
Cuando todo lo que intento yo hacer
No es más que lo que de Usted logro entender
Además de pasada aprender,

¿Mas qué me saco por esto imitar?
Que me dé mis buenas regañadas
De paso mis buenas latigueadas,
Que me dejan bien molido
Y jodido todas las madrugadas.
¿Me pregunto que por qué...?
Pues su proceder y mi proceder,
Son la misma cosa,
Pero a según la naturaleza del rango
Es la procedencia del culpable,
Lo cual se ajusta a lo que dicen
"Que según el burro es la pedrada",
El uno sale libre de toda culpa y penitencia
Por ser parte de una Orden de Decencia,
Mientras que al otro las culpas de ambos
Se le inculpan por proceder de bajo rango,
Baja estirpe, baja estampa, y sin nombre
Sin que nada tenga que lo disculpe.
Luego cuando vayamos con el Padrecito
A confesar nuestros errores,
Al saber el rango el confesor
De cada uno de los confesados,
A mí me acusa por los pecados míos...
Pero no nomás por los míos,
Sino también por los pecados suyos,
Por los de sus amores, y de paso,
De las damas de ellas que Usted se faja,
También por las primas d'ellas...
Por las camareras y sirvientas d'ellas,
Que a éstas, soy yo el que me las fajo,
Por los de sus primos y sus sobrinos
Que a ellos quién sabe quién se los faje
O a quienes ellos se fajen.
Pues por ser de altos rangos,

Todos ellos aunque pecadores igual que yo,
Hay que aclarar que ellos no pecan,
Sólo se divierten en lo que hacen
Que con mortal pecado no prevalecen,
Mientras que yo, diciendo y repitiendo,
Que soy pecador igual que ellos,
Pero que por ser de bajo nivel y rango,
Pecados tras pecados he cometido
Por estar con Usted tan comprometido...
Válgame que ahora sí, a según el Padrecito,
Yo soy el que por sus acciones debo pagar,
Igualmente por sus desacuerdos con Diosito
Tanto de Usté como de todo aquél
Que a Usté le llame familiar...

Sueño 5

En las tristezas de aquel anochecer
El sol ya detrás de la montaña,
Reflejaba colores en las nubes,
Rojos, marrones, ocres y dorados.

Recordándome mis dolores y pasiones,
Mis ya pasadas ambiciones y sueños,
Aquellos sueños que en mi juventud
De mis fantasías eran los dueños.

Era la melancolía que me invadía
Cansaba mi cuerpo que dormir quería,
Sin pensar que muy lento me llevaba,
A otro sueño dentro de mi sueño.

Un raro sueño que mi mente llenaba,
De un mundo y un futuro diferente,

Donde sin límites mi alma volaba,
Esa noche sin dejar al cielo de mirar.

Veía un cielo oscuro cuyo manto hería,
La blanca luna de pálidos rayos,
Que descubierta por las estrellas
Brillaban de ira en contra de ella.

El suave sol casi apagado y escondido,
Su luz aún a aquella luna proveía
Riéndose de la brillantez de la ira,
Con que las estrellas a la luna acusaban.

¿Por qué no brillas? Titilando le decían,
¿Por qué no aprovechas la oportunidad?
El sol te alumbra sin tener necesidad,
Resurge, vuelve a alumbrar, le pedían...

Enmudecido doblaba mis rodillas,
Elevando una oración al Señor.
Yo me decía: "A mí me ha pasado igual,
E igualmente una estrella me acusaba".

No hay perjuicios no hay preocupaciones,
No hay nada que te pueda afectar,
Sólo la luz refleja brillo en las miradas,
Mientras el amor aflora y fluye por todo ser.

Un niño a los demás reparte flores,
Las mujeres riegan jardines de amores,
Aves chicas, grandes y multicolores,
Sus trinos ofrecen en sus esplendores.

Son voces que susurran a mil oídos,
Invitan y seducen a tomar el vuelo,
Un aire que es el mismo de siempre,
Las muestra sugerentes y gentiles...

Me pregunto qué ha sido de mi vida,

Yo mismo me contesto angustiado,
Si esta vida es realmente la vida,
He de vivir por siempre apresurado.

Me detuve un rato y miré al cielo,
Respiré profundo el aire perfumado,
Mis ojos se nublaron y me dio miedo,
Con aquella luz que a mis ojos cegaba.

Me tomó de las manos un desconocido,
"Tú eres como el oro", me decía al oído,
"Una joya en bruto para ser moldeada,
Un alma blanca que necesita ser guiada".

"Tienes un fuerte e indómito corazón,
Tienes un espíritu eterno y valioso,
Tienes el poder de todo el universo,
Tienes la piedad a un lado de la razón".

"Mira el cristal que empaña tu visión,
Hay mucho más después de las palabras,
Mucho más aún, después del simbolismo,
Toma la Gracia, está a tu disposición".

Mil relojes mostraron tiempos recorridos,
Mi padre, mi madre, todos se han ido...
Los vi desde aquella luz, iluminados
Diciendo "El tiempo jamás ha regresado".

"Dinos, ¿Qué es lo que te ha faltado?
¿Dónde las buenas intenciones quedaron?
¿Por qué despreciaste lo que te dieron,
Tu familia, tus hijos, y tus anhelos?"

"No esperaste a que todo tuviera sentido
Cuando en ti depositar se hubiese podido
El néctar de las caricias que aún están,
En estas manos, esperando poderte tocar..."

"*Pero diste la espalda repentinamente,*
Tal que el camino lo perdiste rápidamente,
Seguiste, y te escondiste, sin ver atrás,
Tornando al vacío, mismo del que saliste".

Pronto a mis ojos humedeció el llanto,
La tristeza invadió mi sentimiento,
¿Qué hacer para redimir este lamento?
Inútil era pensar en regresar el tiempo.

Los engranes del molino de mi vida,
Machacaron la agonía de mi muerte,
De mi sangre las paredes se pintaron,
En el mausoleo, al filo de mi suerte.

El epitafio que solemnemente lloraba,
No me permitió retirar aquel cristal,
Que durante mi vida mis ojos cubriera,
Y la verdadera luz ver no me permitiera.

Luego que lo perdí y desesperado lo busqué,
Mi ángel guardián finalmente apareció,
En la tumba donde yo yacía, me miró,
El epitafio que me describía, recitaba:

"*¡Qué solo y frío tu cuerpo se quedó!*
¡Qué extraño silencio en tu corazón!
¡Qué vacío tan grande en ese cráneo!
¡Qué de gusanos esa piel procreó...!

"*¡Qué de pecados lleva tu pobre alma,*
Que no levanta el vuelo en el camino!
¡Qué errado recorrer te hizo aquí yacer!
¡Cuánto sufrimiento has de soportar!"

Yo veía cómo mi camino escrito estaba,
Cómo mi vela finalmente se apagaba,
En esa tumba donde yo descansaba,

Pero yo, ni vivo ni muerto estaba.

Mi ángel guardián adquiría otra figura,
De repente era aquel desconocido,
Que súbitamente de la mano me tomaba,
Y en mi vida mil consejos me daba.

¿Es que en realidad no estaba muerto?
¿Es que sólo veía la película de mi vida?
¿Es que sólo veía mi estado final?
¿Es que el estar vivo sanaría mi herida?

No supe cómo, pero desperté,
En la almohada me acurruqué...
Por mucho tiempo después...
Después ya no hablé... Mudo quedé.

Sueño 6

Mi alma se empeña en volar,
En cambio, mi cuerpo, en caer;
Mi corazón camina en lo alto,
Pero yo abajo, y aquí, cabizbajo,
Viviendo otro de mis sueños,
Que en la noche golpea abrupta
Los rincones mismos de mi mente,
Con las mismas espaciosas aspas
De los mismos molinos que muelen
Mis pensamientos y los extraen,
De mi misma vida, metida igual,
En el hoyo donde siempre está,
En ese lugar donde ya no hay más
Espacio a dónde poder moverse,
Así parece, que en el lugar ése,

Ya no quepo, por ser tan estrecho,
No yo, sino el lugar donde estoy,
Mis piernas mover no puedo
Ay, ay, me desespero, sin poderme
De un lado o del otro acomodar,
Con la boca abierta al respirar,
Tan reseca, pues siempre roncar,
Sin poder en tanto despertar.
Mi alma respira un aroma floral
Que el aire iracundo ha traído,
Proveniente de la misma página
De aquél libro que antier hube leído,
Cuyo final no estaba terminado,
O quizá, alguien lo había robado,
Dejándole sólo a la imaginación,
El lugar en que nunca he pensado
A dónde el muerto de ese libro,
Se había ido a refugiar de ellos,
Los que en el libro lo persiguieron,
Aunque sin estar seguro, muerte le dieron.
El muerto viendo para todos lados,
Con aquella corona de crisantemos,
De donde emanaba el aroma que vino
Que el suave viento me trajo violento,
Es el lugar donde el sueño comienza,
Allá, donde mi alma ahora vuela.
Estando allí, muerto me hace sentir
Igual que el muerto de la novela.
Esto es lo mismo que siempre sentí,
Mientras mi cuerpo vivo estaba,
En aquel mundo donde me movía,
Pues a mi alma andaba buscando,
Y mientras todo estaba observando,
No quería tomar nada de nadie,

Pues nadie en realidad tenía nada,
A pesar de que todos decían tener,
Lo que tienen mientras su vida dura.
Formados, de uno a uno, todos morían.
Así que no había nada que tomar,
Pero ahora me siento como prisionero,
En un mundo de miseria y misterio,
Donde ni siquiera sabes diferenciar,
Lo que está vivo y lo que está muerto,
A pesar de que suenen por tres veces
O por cinco, o nueve, o hasta doce,
Las campanadas en un Si Bemol bofo,
De aquel reloj que adrede retumba,
Que es por demás, no se deja escuchar,
Como si fuera antiguo cinematógrafo,
Que puedo fácilmente ver pero no oír,
En una cabeza tan hueca como la mía
Que por andar rodando en este día,
Seguro no recuerda que cumplo años.
Me pregunto, cuántos serán los que he vivido,
Dentro de mí, deben de ser ya muchos;
Si los vividos fuera de mí, otros tantos,
Entonces es más difícil llevar las cuentas,
Cuando un corazón se obstina en latir,
Unas veces dentro de su cuenca natural.
Hay otras cuencas fuera de esa natal,
Que en cada latido que da, sangre no da,
Brota tan sólo, ágil, un lánguido suspiro,
Con la esperanza de que alguien,
Regrese el tiempo de aquel reloj,
El de campanadas bofas en Si Bemol
Cuyas campanadas recuerdan una canción,
De negras letras recién compuestas,
Dentro del efecto de esta pesadilla,

Que pasa frente a mi estrecho lecho,
Diciéndole adiós a mi alborada.
Ella, obstinada en no desaparecer,
Insiste en descubrir el inesperado final,
Del libro macabro que antier leí,
Que parece que hoy lo estoy soñando,
Más no tengo ganas de escudriñar,
Iré cuando me sienta seguro de ir,
A visitar lo que no sé ni qué es...
Aunque el viento insistente me susurre,
Que es bueno y seguro para mí ir allí,
No quiero ir, yo sólo busco mi alma,
Mi cuerpo la busca, mas no encuentra,
Creo debería aprovechar así a mi alma,
Dejarla por esos lugares donde anda,
Que no para de andar volando,
Cuando yo ando abajo descubriendo,
Lo que mi corazón está suspirando,
Sin poder encontrarle una solución,
A esa ansia diminutiva de pasión.
Aquí quiero dar un paso y no doy,
Para subir al volumen un poco más,
Alguien que no veo, le vuelve a bajar,
No escucho ni bien ni completa la canción,
Que escribió el despistado amigo Dylan,
Una triste tarde que el tiempo se tragó
Donde hablaba de su amigo Juan
Que sufría del mismo trance que yo,
Sin saber quién era ni lo que pasaba,
El indigente sólo sabía que allí estaba,
Como también aquí lo estoy yo,
A la deriva, pisando el equivocado escalón,
Viendo a un demonio que sube y baja,
Para darle a esa alma un quemón.

Me pregunto ¿qué querrá decirme?,
Sin una contestación poder darme,
Quizás pudiera imaginar que estoy,
Participando en una actuación,
Siendo pues, o no siendo de esa forma,
La película se proyectará en Panavisión,
Mas lo importante de esta realización
Es que el que actúa no parece que sea yo,
Sino el que tiene adentro mi corazón,
¿Luego, qué le voy a hacer, reír, llorar?
¿Para qué rayos he de ponerme a llorar?
Si como quiera a mí me van a enterrar,
Dentro de mí este corazón que tengo,
Parece que sin sangre sigue latiendo,
Sin escuchar de los pulsos el sonido,
Porque el actor que lo contiene se ahogó
Parece ser que debajo de aquel lago está,
Allá en la cima de aquella montaña,
Que es el cráter del volcán de su pecho,
Encima del cual las nubes parecen gigantes
Peleando entre sí para conquistar
Un alma que entre ellos vuela y se escapa
Sin poder a ningún lado llegar.
Salgo de ese parecer yo por así quererlo,
Ya no aguanto esta desesperación,
Entre más pronto, es mejor despertar,
Mi cuerpo yace sin alma y sin corazón,
Y de aquel ataúd no ha podido salir,
Caprichoso se quiere reacomodar,
Para poder entonces un poco dormir,
Pues el tormento de soñar sin dormir,
Incrementa un poco más mi ansiedad.
Un miedo atroz me sigue y me sugiere,
Encontrarme en unas lejanas fronteras,

Que no son los lugares a los que he ido,
Mas sin embargo, parece un lugar conocido,
Parecido al pueblo donde hube nacido,
Pero no es el mismo, quizá sea el lugar,
Que vi en una película o en otro sueño,
Aunque nunca aprendí su nombre,
Ni cómo de allí salir, ni cómo llegar,
Donde el límite del sueño comienza;
Es allí donde el límite también termina,
Lo que enfatiza que muchas cosas,
De las que dudas siempre en la vida
Las vas aprendiendo al todo ir acabando,
Más el sueño en que te pierdes no acaba,
A pesar de que al amanecer haya luz,
Luego tocas a tu corazón en tu pecho,
Para ver si no ha dejado de latir,
Mas si es que late, que suene el tun tun,
Como en realidad debería de ser...
Para así no dejarme ese turno perder,
Por haber abandonado mi corazón,
Para así no dejarme ese turno ganar,
Que en el sueño tuve para no morir.
El cuerpo lo siento como cortado,
Mi la respiración parece que se agota,
Abro la ventana y veo tanta gente,
Apresurada caminando a la estación,
Yo me apuro también para salirme,
Pero antes tomo mi aposento espiritual,
Siento que hoy es un día para rezar.
Aún, sin poder despertar parece ser,
Que de un sueño a otro me vine a meter,
Porque mi alma sigue en las alturas,
Mientras mi cuerpo la decide tumbar,
Le dice: "Ya iremos a las alturas de nuevo

Cuando despierte y me pueda concentrar".
Te veo y vaya que aún sigues a mi lado,
Ya es tarde y no te has levantado,
Tus desnudos pechos despiertan mi deseo,
Tu hermosa cara y tus labios beso.
Es con ese beso que siento estar vivo,
Al saber que todavía puedo depositar,
Todo mi ser en tu plena intimidad...
Una vez que de poseerte me he hartado,
Ahora sí creo que ya he despertado,
Del siniestro sueño que hube soñado,
Al parecer ya se me acabó el miedo,
Pues ahora veo que conmigo tú estás.
Creo a donde quiera que yo vaya,
Muy seguro estoy, que tú conmigo irás.

Sueño 7

De todos los que íbamos en el viaje,
Sólo mi alma quedaba sin haber caído,
De aquella nube que nos transportaba,
Mas, sentí que se detuvo el carruaje.
Mi pie a una montaña se aferraba...
Cierto, yo desconocía por donde andaba,
Quizá era un nuevo lugar por conquistar,
Así que me agaché y besé el suelo,
Me levanté y vi todo a mi alrededor,
Era tan hermosa la vista del paisaje,
Que en tanto decidí un nombre ponerle,
Le llamé Planeta Tierra con todo amor,
Pues me enamoré de lo que había visto...
No percibía que estaba en movimiento,

Pero lo supe porque la noche pasó a día,
Cuando la montaña al Sol saludaba…
Al ir descendiendo de altura vi mil animales,
Todos de diferentes formas y tamaños,
Graciosos y todos de colores muy hermosos
Que vivían en una perfecta armonía,
Parecía que me conocían y me amaban,
Me demostraban una paz que no conocía…
Al ir bajando me di perfecta cuenta,
Que los animales realmente se escondían
Arriba, ¿pero de qué…? Me preguntaba,
Sin que la respuesta a mi mente llegara.
Abajo veía una nube negra alrededor,
Era como un humo muy denso y arenoso,
Que se mezclaba con el azul del cielo,
Lo hacía verse como un caprichoso velo,
Separando la pureza de lo fangoso.
Al pie de la montaña vi cúmulos de basura,
Entre naturaleza que se veía como muerta.
Veía gente pobre, buscando algo de comida,
Peleándose entre ellos por arrebatarla,
Como si fuera purgatorio de hombre sufrido,
Olores repulsivos se percibían y ahogaban,
De muerte que entre los montes se sentía.
Yo lloraba, porque la muerte me recordaba,
Parecía que a mi alma de cerca la corroía,
Pero pude alejarme rápidamente corriendo,
Llegué a una tierra sólida y construida,
Edificios por doquier y automóviles andando,
Nadie se saludaba ni se volteaba nadie a ver,
Era como vivir en un mundo desconocido,
Donde nadie supiera que otro existiera,
Sólo cada uno un rumbo fijo mantenía,
Sin ver si el otro estaba llorando o sufriendo,

La malicia de injuriador o de propia ofensa,
Sin detenerse a pedir perdón a cualquiera;
Parece que van purgando sus pecados...
Bien me acomodo especulando lo que pienso,
Porque ellos no saben lo que les viene,
Hasta que crucen las puertas del umbral...
Dios mío, que vi grupos de niños robando,
Quizás por gusto o por sus necesidades,
¿Serían hijos de padres vagabundos?
Nunca lo supe, pero otras cosas pude ver,
La ciudad parecía como un gran refugio,
Pero sin animales en calles ni en el cielo,
Los que parecían animales eran los hombres,
Cuyos rostros eran enormes y feroces,
Que parecían tragarse entre unos y otros,
No respetaban ni parentesco ni nada...
Viejitos pidiendo limosnas en las esquinas,
Sabrá Dios si hijos o nietos ya no tuvieran,
O si los tuvieran, a ellos no les importaran...
Detuve entonces a un policía para reportarlos,
A ver si a un asilo de ancianos podría llevarlos,
Pero el policía lo que hizo fue despojarlos
De las limosnas que habían recolectado.
Más tristeza de la que tenía llegó a mi corazón
Al ver a los pobres viejitos que lloraban.
Tomé un autobús para recorrer la ciudad,
Al final de los asientos iban dos adolescentes
Cínicamente haciendo el amor como casados,
Les dije que gravemente estaban pecando
Más gravemente serán después atormentados,
Él desnudo se paró, se rió y de loco me tildó,
Dio golpes a mi vientre que me doblegaron,
Me retiré sin ver para atrás por vergüenza.
Me di cuenta que no entendían mi lenguaje,

Volví a llorar y a querer del sueño salir.
Me esforzaba, pero no podía despertar,
Y en la cama muchas vueltas me daba,
Sin poder alejarme de la pesada irrealidad.
Entré en conflicto conmigo mismo, y preocupado
Vi a mi alma en medio de una batalla
Donde defenderse o retirarse no lograba
Sólo los ataques de demonios sentía,
Era terrorífica aquella sedienta necesidad,
Esos demonios carcomiendo mis entrañas,
Por amores desordenados sacados de mi carne,
Con el fuego de ellos que me quemaba…
No era más que la esencia de mis pecados,
Nunca acababa la materia por quemarme.
Yo decía: ¿cómo esconder mis maldades?
¿Quién en mis pesadillas rogará por mí?
La visión de esa ciudad se amplió a mi vista,
Volteaba a ver a la vuelta de cada esquina
Allá veía perezosos punzados con aguijones,
Golosos atormentados con hambre y sed,
Amadores de lujurias rociados con azufre,
Envidiosos mordidos por perros rabiosos;
No había hombre que no fuera atormentado,
Soberbios y avarientos se les veía oprimidos
En más de cien años de amargas penitencias…
Me preguntaba, siendo uno de los que penaban,
¿Dónde está el consuelo y dónde el sosiego?
Medio que volvía a despertar, y en eso
Me refugiaba en una pequeña meditación,
Para adivinar qué podría el sueño significar,
Pero yo mismo me encontraba con mi realidad.
¿Dónde están mis hermanos y amigos?, decía,
"Se fueron con los bienaventurados", contestaba,
Quería pedirles perdón porque los angustiaba,

"Es demasiado tarde, ya se han ido", contestaba.
En silencio yo lloraba y me impresionaba,
Decía: Qué triste suerte tenemos los disolutos,
Los que no pudimos padecer levemente,
Si una pequeña penalidad me hace impaciente...
¡Qué alegres van allá todos los devotos...!
Al fin, necesitaba la luz para despertar,
Y desperté llorando cuando el sol ya quemaba,
No parecía que hubiera ilusión en mi mirada,
Me acerqué a la ventana y vi el mundo...
Ese mundo al que yo pertenecía, y era igual
Al mundo que en mi sueño me atormentó,
Que comenzó en ese viaje que prometía
Un paraíso montado en aquella nube...
Muy angustiado y con los ojos llorosos,
Junté mis manos y alcé la mirada al cielo,
Pidiéndole a Dios que nos perdonara,
Por el mundo que todos hemos demolido...
Por el mundo de mi propia mente,
Que mis propios pecados han derrumbado...

Sueño 8

Las haditas tan llenas de alegría,
Me sonríen y me hacen caravanas,
Pues en estas visitas matutinas,
Voy al bosque a caballo de cacería.

Las ingratas juguetonas perniciosas,
Hacen susurros cerca de mis oídos,
Lanzan voces y trinos muy repetidos,
De pajarillos y de voces cotidianas.

En los susurros escucho y apreso,
Tu imagen, cual si fuera bendita,
Sintiendo tras mis orejas tu aliento,
Con tus brazos rodeándome el dorso.

Motivo suficiente para alejar mi paz,
Tal que ellas ya saben cómo actuar,
Para mi voluntad y mi mente relajar,
Y a mi cuerpo sexualmente excitar.

Haditas sinvergüenzas y traviesas,
Me trajeron de la nada a mi amada,
Abriéndole el camino por la vereda,
Buscándole lugar en mi pensamiento.

Allá, muy cerca de aquella montaña,
Veo su imagen afuera de la cabaña,
A donde ha tomado el curso mi paseo
Guiado por su aromática fragancia.

Haditas traviesas, saben su paradero,
Porque la trajeron desde más temprano,
Para mí la refugiaron en el ladero,
Del jacal, a donde irá este guerrero.

Vaya que al llegar lo que descubro,
Envuelto en fino lino transparente,
Exponiendo su figura al rayo de sol,
Su cuerpo desnudo por mí anhelado.

Ya habiendo conseguido su empeño,
Entro al jacal detrás de sus pisadas
Que incesantes se dirigen a su lecho,
En cuya sábana desea yacer mi pecho.

Esa magia ingrata que por ti me induce,
A costa de tu deliciosa fragancia olorosa
Embriagado de una erótica locura,

A poseerte libre y sin ninguna atadura.

Crecía en mí este desesperante anhelo,
Al comenzar a sentir mi piel sobre tu piel,
En mi boca tu exquisito y cálido aliento,
De besar tus labios de rojo terciopelo.

Las haditas encantadas con la visión,
Ocultan muy ruborizadas entre ellas,
Sus caritas mientras esperan con emoción,
El momento de la sutil culminación...

Un quejido proveniente de tu garganta,
Les avisa que la culminación pronto llega,
Que mi hombría empeñosa e incesante,
Ya consiguió su propósito en esta misión.

A pesar del delicioso dolor, pero jubilosa,
Desdeñas a las curiosas hadas chismosas,
Presumiéndoles de la extremada satisfacción
Que mi hombría causa a tu profundidad.

Las ingratas se desesperan por escuchar,
El acelerado palpitar de tu corazón,
Que al momento menos pensado se manifiesta
Con gritos angustiantes que piden piedad.

Las morbosas haditas, percibiendo cerquita
Se aíslan en un rincón echando un destello,
De luz repartida en miles de chispitas,
Como iluminando los dos cuerpos aquellos.

Sin poder resistir más, los dos amantes,
Gritamos juntos como locos desafiantes,
Con la atención de las hadas sorprendidas
Que del susto salieron despavoridas...

Mi cuerpo descansando sobre el tuyo,
Vestido estaba con una cubierta de luz,

De chispitas de colores de mil matices,
Que las haditas excitadas repartieron.

Escondidas tras la reducida ventana,
Estaban ellas sonriendo las morbosas,
Haciendo entre ellas un par de apuestas
A que habría más actitudes malsanas.

En tal momento las excitadas eran ellas.
Enviaron a una de ellas encima de mi cuerpo,
Que insistente mi hombría deseaba despertar,
Pero sin reaccionar yo, sentía sólo cosquilleo.

Mientras la hadita complacerme pretendía
Desde el lecho hacia la ventana yo observaba
Lo que a las otras tres haditas excitadas,
Muy pronto el destino les preparaba...

Tres gnomos que abajo las observaban,
Tan activos como hacía un rato yo estaba,
Pretendían atraparlas con cordel a cada una,
Para descargarles su hombría que se notaba.

Mientras la otra hadita jugaba y se divertía
Tratando de darle vigor a mi agonía,
Vio que yo después de mucho, reaccionaba,
Pero era por el espectáculo que abajo yo veía.

Mi dama reaccionó al momento de verme así,
Montose sobre mí, cual si montara su corcel.
La hadita, entre nosotros quedó atrapada,
Moviéndose a los ritmos de nuestro trote.

Sin poderse escapar la pobre hadita atorada
No hacía más que chispitas de luz irradiar.
Las otras ausentes, sin saber lo que le pasaba,
Disfrutaban de los brutos gnomos, enamoradas.

Un pequeño cupido que por allí volaba,

Se apiadó indulgentemente de la situación,
Provocó con una flecha que tú me besaras,
Bajando del corcel, y liberando a la hadita.

Con aquella flechita que para mí enviaba,
Equivocadamente hirió a la pobre hadita,
La cual ya excitada, y extasiada de su amor,
Siguió al pobre cupido para reclamarle amor.

Llegó la noche y la luz no abandonó el jacal,
Los gnomos se encargaban de que las hadas
Lanzaran destellos de luz a cada estocada,
Lo mismo hacían cupido y la otra hada.

Después del acto bien dormidos quedamos,
De tantos amores ya no pude despertar,
Sino hasta que el sol acarició mi cara...
Era mi esposa la que a mi lado estaba...

La que al ver el estado en que me encontraba,
Debido al sueño de las hadas que soñaba...
Montose sobre mí, cual si montara un corcel
Mientras yo le pedía por piedad...

Que ya de mi corcel se bajara...

Sueño 9

Vaya, que bien dormido no quedaba,
En la madrugada, vueltas me daba,
Sin poder nunca el sueño conciliar...
Palabras e imágenes se repetían,
Sin poder yo muy claro repasar,
Lo que querían decirme o expresar...
Pasé la noche en puro retozar,

Mientras el pescuezo se me endurecía
Pues de ninguna forma cómodo me ponía,
Hasta que por fin, quieto me quedé...
En lapsos de momentitos muy chiquitos,
Mis pensamientos dieron más vueltas,
Que no sé cómo no quedé mareado,
Pero estoy seguro que quedé tocado,
Con estas cosas que vine a soñar...
Veréis vos, que siento y presiento,
Que en vuestra necesidad todo
Ya se ha tornado en morbosidad,
A saber por lo que acabo de descubrir.
Mas aquí el sueño se destila y se desata,
Transformando el tema en un dilema,
Ya veréis que es muy probable
Que consienta de cuando en cuando,
En que cuando la cosa me quema,
Es cuando también me duele, y si duele,
Es porque un extraño maleficio,
Se ha adherido implacable y recio
A lo que mucho duele y muele,
Aunque uno no es que lo consienta
Ni siquiera es que lo presienta.
Cosa que cuando uno se encuentra,
En las lides de estas batallas,
Tan sólo presiente como que se pierde
De jugar el turno y entonces es posible,
Que el adversario, encuentre talante,
Posteriormente para colmo de los males,
No por delante, sino por detrás,
Empieza a hacer el cuestionario,
Qué cosa, que de las respuestas
Se obtienen... No exactamente repuestas,
Sino gritos y horrores de demonios,

De los grandes y los menores,
Que salen de abismos de repente...
La verdad es que, la mera realidad,
Que acostumbrada no está la gente,
Por eso, es seguro que al ver
Dilema del que ni sabía el tema,
A la altura de su rango y manifiesto,
Que en esto de este supuesto,
No hay quien se defienda,
Cuando allá atrás y sin remiendo
Es donde se encuentra la tienda,
Que provee todo lo necesario
Para hoy y mañana el sustento,
De esta clara forma veo que Vos
Os manifestáis poco intranquila,
Por haber sido yo el cretino
Que os descubriera en vuestra ansia,
Que osara de manera malsana
Madrugar vuestra noble morada...

Mas he de poder reservarme
Éste, vuestro cometario tan precoz,
Que si no muy bien adecuado,
Quizás un poco mal enfundado,
Justo lo que vuestra solaz hilaridad
Merece en este justo momento.
Digo que no es cosa que os reciba
Simplemente por el hecho de recibiros,
Aunque de sobre aviso os serviría...
Tan sólo a un tiempo, en un lugar,
En un entrar y de una vez a matar,
Sin manoletinas, ni serpentinas,
De las que acostumbráis vos a usar,
Como si fuera a lo Santo Tomás:
Justo, certero, adecuado y nomás.

Mas me refiero a vuestra ausencia,
Que por no tocar y no presente,
Casi me muero, aunque me pique,
El mosquito por ser tan caprichosa,
Donde no deba de estar esa cosa.

Ande, vos que sois dicharachera,
Mi querida trajinera lavandera,
Que sabiendo las desdichas
De este triste y ausente corazón,
Nadie de vos me daba razón,
Y vamos que me hice pasar
Por un pobre pordiosero y ladrón,
De esa forma nadie me conociera,
Pero como sea la cosa y la forma
Ya nadie de mí se apiadaba
Para darme siquiera una pista,
Razón o sólo una corazonada,
De vuestro escondido paradero,
Que como os vengo diciendo,
Por no saber nadita de vos,
Es cierto que casi me muero,
Pero ahora que os encuentro,
Si no es que sueño y es verdad,
Ora sí que me muero por saber
Que me hacéis lo que me hacéis,
Salve Dios que he de comprobarlo,
Que bajo sábanas lo he de usar,
En tanto que a vos, a muy bien tratar.
Porque ha mucho que tengo
De no saber ni cómo moverlo,
Por lo que os repito bajo juramento,
Que si es vos quien decís que sois,
A las pruebas me remito, y os repito

Que habéis de quedar muy satisfecha
Por donde quiera que ponga el grito,
Cuando haya de comprobar el hecho,
De la necesidad de lo que vos deseáis…
Mas si vos no sois quien decís que sois,
Las cosas se pondrán al revés,
El que será usado será el vuestro a su vez,
Que para eso brinco de gusto,
Ya, a bien sabido conocimiento,
Que lo mío es como para daros un susto,
Que si os he de dároslo, pues he de dároslo,
Por lo que más os vale que lo seáis, si no,
Lo vuestro tendré que amoldarlo a lo mío.

Ay de mí, luna buena, luna bella,
Luna blanca, perdona la querella,
De este caballero que con ella,
Ofende y miente, tiende y destiende,
El más grave de los agravios
Que por amistad tan longa
No fuera a ser por mí perdonado,
Aunque menciono que debería ser cobrado,
Por osadía semejante
Por tal talante y tan deslumbrante
De apariencia que el bruto no sienta
Lo que por el ojo de una aguja penetra,
Pero respetando su situación, posesión,
Y galardón, con que tiene presa a mi persona,
Actúo como sumisa ante su gallardía,
Mi total cobardía, que no es mucha,
Pero la antepongo ante la maestría
Con que zopenco tan galante y fuerte
Se deshace de todos los oprobios
Penetrando con el acometido de su culpa,
De no poder reconocer si soy o no soy,

Que si sí soy:
Me acomete con la fuerza de cuando no soy
Que si no soy:
Me acomete con lo mismo que cuando sí soy.
Ahora que estamos en todo bien metidos,
Me apaciguo y decido irme por el oriente,
Como decís que es una moda por allí irse,
Que es la ruta a donde vos consciente,
En dante y pedante, dadme un sedante
Porque yo no quiero sentir ese dolor
Que pueda adjudicarme tal bruto andante
A mezquina insignificante, como lo soy yo,
Que ya he sentido dolor causado por su dante.
De la angustia de tan grave situación,
Cuando queda puesta ante mí
Al pendiente de lo que por accidente
O por puro atine batiente simplemente,
Ha de causarme un dolor delirante
Aquella cosa que mucho me apena
Deciros que le soy muy adicta...
Pero de eso luego más hablaremos.

En este momento, el perro del vecino,
Los pies me lamía y yo sentía
Un cosquilleo de muchos jalones,
Pero era mi vieja, que me daba empujones
Pa'que me levantara y fuera a jalar,
"Déjame tranquilo que no pude dormir",
Yo le dije, mientras ella con una escoba,
Empezó a pegarme sin descansar.
No me quedó más remedio que irme a bañar
Y aquél sueño delicioso dejar,
Quizás para otra noche de puro retozar,
Aunque no pudiera bien dormir.

Sueño 10

Hay un sueño que me visita,
Presente en mis noches serenas,
Que recuerdo todas las mañanas.
Va dejándome un sabor dulce,
Como si acabara de probar almíbar,
Puedo suponer que es del sabor,
Que me dejan las patrias divinas,
Que en mi nocturna irrealidad,
Es a donde voy precisamente
Entrando despierto con esa visión,
Sea en septiembre, sea en octubre.
En una de sus nubladas tardes,
El cielo encapotado volteo a ver,
A los rayos del sol ya decadente,
Colados en las nubes imponentes
Realzan las imágenes celestiales,
De esta visión que me entorpece.
Visión que, desde que yo era niño,
Atonta, pero mis fantasías embellece,
Haciéndome imaginar que arriba,
Los gigantes del cielo se extasían
Viendo y gozando de Nuestro Señor,
Acostado en un cúmulo de nubes,
De grandes almohadones de algodón,
Como la pureza, de blanco color,
Embellecidas por la dorada luz,
Que el sol refleja a los ojos de Dios,
Que no se cansa de bendiciones repartir,
Al yo recibirlas, lloro y jubiloso exclamo
Susurrando al Señor y Rey del Cielo:
"¡Oh, Señor, qué grande es tu dulzura,

Que regalas a aquéllos que te temen!
¿Qué reservarás para los que te aman?
¿Qué, para los que de corazón te sirven?
Inefable es lo dulce de tu contemplación,
Que domina de mis ojos esta visión,
¿Cómo te verán aquéllos que te rondan,
Quienes con ojos del alma te observan?"
Bañado en llanto a tu regazo me subes,
Mientras mi pecho pleno se extasía,
De un sentimiento noble y suave,
Tan suave como al tacto de terciopelo,
Tan suave como plumajes de ángel,
Cuyas alas acarician al pecador,
Sollozando cuando éste lo abraza,
Declarando al alma ser su protector,
Como los que veo por miles frente a Él,
Danzando las más hermosas melodías,
Que jamás hubiera antes escuchado,
Con letras de canciones celestiales,
Cuyas armonías, secuencias y cadencias
Pareciera que ellos mismos componen.
Las estrellas en el cielo van naciendo,
Cada una por separado brillando,
Su luz a cada uno de ellos enviando
De manera que en cada nota cantada
A la par una chispa de luz es emanada.
La luz viajaba y al Señor envolvía,
A mí me sostenía en su santo regazo,
Yo, sin poder hablar de la emoción,
Sólo con mi mente me comunicaba,
Él entendía bien lo que yo le decía:
Oh Fuente de lindura y perenne amor,
¿Por qué a mí me muestras tu candor?
Si yo no soy nadie, si Tú me criaste,

Para que te sirviera, me convertiste,
Me mandaste para que te amara.
Yo tan pobre, ¿qué puedo decir de Ti?
¿Cómo retirarme de Ti desde hoy
Si te has dignado a acordarte de mí,
Aún después de que me perdí,
Aún después de que perecí...?
Usas tu misericordia con tu siervo,
Me la das sobre toda esperanza,
Me la das sobre todo merecimiento,
Me regalas tu gracia y tu amistad.
El llanto no me permite más hablar,
Pero me permite ver a mi alrededor,
Lo que en el Cielo está sucediendo,
Los Santos frente a Él desfilando,
Todos, cada uno ante Él reverenciando,
Uno por uno, ante Él agradeciendo,
Sin cansancio, y sin límite de tiempo.
En la distancia, al ir desapareciendo,
Una luz azul todos iban arrastrando,
Que servía a las estrellas de sostén,
Provocando una pantalla azul índigo,
De belleza nunca jamás encontrada,
Era el Cielo mismo, era el firmamento,
Que Dios descubre en la noche estrellada,
Misma noche en aquella alborada
Que la Virgen daba a luz al Amado,
Al niñito Dios que una época marcaba,
Cuando por la guía de aquella luz
Los sabios ante Él se humillaron,
Se inclinaron y luego lo adoraron.
Mientras yo, estoy sostenido por Ti,
Sin ser sabio y sin merecer tu gracia,
Sin ser nada, ni nadie, sin ser Santo,

Un pobre y simple pecador insensato.
Pero me has tocado, me has hablado,
Hoy te has dignado a recibirme,
A mí, pobre e indigno, para unirme
A tus Santos y a tus amados siervos.
Tuyo es pues, todo lo que yo tengo,
También las cosas con que te sirvo,
Aunque no alcanzo a comprender,
Por qué, Tú me sirves más a mí...
Creaste los cielos y la tierra para mí,
Has destinado los ángeles a mi servicio,
Aún más, me has entregado a tu Hijo,
Para salvarme, y mis pecados perdonar,
Para las puertas de tu Cielo abrirme,
Cuando muera, allá mismo recibirme...
¿Qué te daré yo, a cambio de tanto dar?
Si pudiera servirte un día tan sólo...
Si pudiera servirte un año de mi vida...
Porque Tú eres digno de toda honra,
Eres digno de toda alabanza eterna.
No termino por acabar de alabarte,
Pero yo sé que mucho me falta,
En eso, te ruego que Tú me lo suplas.
En mi sueño nunca se acababa
Mi ansia, y el deseo por tener a Dios,
En mi alma, su suavísima consolación.
El pecho lo sentía muy oprimido,
Y respirar no podía cien por ciento,
Era que mi sueño se estaba muriendo,
Pero mi cuerpo se negaba a aceptarlo.
Lo acepté y desperté a pesar de mi negación,
Vuelvo a despertar al mundo conocido.
Otra vez mi realidad y veo mi mundo,
Que sólo me ofrece ocasiones de pecado,

Retirándome rotundamente de todo,
Lo que en mi repetitivo sueño obtengo,
Me doy cuenta cuando al balancear,
Los sueños con mi propia realidad,
Estando en el mundo, lo que encuentro,
No estando en el sueño, lo que pierdo,
Y por lo que pierdo y acá no encuentro,
Quiero regresarme a seguir soñando,
Mas no se me vuelve a dar la visión.
Después veo que con esa situación,
A veces encuentro, cuando por tenerla,
Por días no peco, y me pongo piadoso,
Me porto medroso, y me hago devoto,
Rogándole a Dios, su gracia pidiendo,
Todo deleite carnal despreciando.
Me entero que la libertad se alcanza
Luchando de corazón por su amor.
¡Oh agradable y alegre servidumbre
Con la cual se hace el hombre libre!
¡Oh esclavitud digna de ser abrazada
Para adquirir el gozo que tanto dura!
Ese hermoso sueño me ha enseñado,
Que en despreciando a este mundo
Es una dulce cosa, por servir a Dios.
¿Y qué decir del sueño que me visita,
Presente en mis noches serenas,
Que recuerdo en las mañanas...?
A veces, en las mañanas, mi luz,
Se transforma en plena oscuridad...
Prefiero volver a quedarme dormido,
Y pretender volver a soñar...
Sé que allá lo volveré a encontrar.

Sueño 11 En un jacal

Este es un sueño, como el otro y los otros…
Llegan a mi cabeza cuando menos espero,
Pero siempre al estar medio aletargado,
Depende cómo me haya ido en la jornada,
Es el color y el peso del sueño que aparece.

En el sueño que esta vez yo soñaba,
Tenía la necesidad de estar con mujer,
Ya hacía días que ni de una me acordaba,
Eso era donde mi tristeza continuaba…

Al fin me resolví a ya no estar tan triste,
Acerté la manera de salir de mi pereza,
Esa manera fue tan sencilla y natural
Que no encontré superior mejora que ésa.

Solitas ellas se me empezaron a acercar
Sin tenerlas que buscar venían a pedirme
Que en la dolencia les pusiera ungüento,
Y mientras tanto les contara algún cuento.

Ya ven, las mujeres tantas cosas inventan,
Una y mil, para lograr todo lo que anhelan.
Yo pa'socorrer gente no me puedo negar,
Pues así ha sido mi vida desde el comienzo.

Pos ai me tienen poniéndoles el ungüento,
Contándoles un cuento de libros que leía.
En ponerles ungüento y contarles cuento,
Cosa poderosa yo siento, y tanto lo siento,
Que siento que reviento, y si no reviento,
Seguro el pantalón sí que se me revienta,
O reventamos los dos al mismo tiempo.

Al ver ellas tal presión en la observación,
Y en su desesperación, y en mi inocencia,
Me quitan la camisa para relajar mi tensión,

Ellas quieren sentir palpitar mi corazón,
Para que me dé buen aire, no vaya a ser,
Luego, que de repente me dé un retortijón,
Entonces sí, ¿cuál va a ser la explicación?
Con su cara y oreja prensadas a mi pecho,
Con mayor razón la emoción se me sube
Yo me dejo caer en el lecho, donde ya allí,
Oyendo lo que tan fuerte está palpitando
Que casi del pecho se me está saliendo,
Viendo lo que ellas están fijamente viendo,
Suavecito tocando lo que está creciendo,
No se dejan esperar y empiezan a hacer
Cosas que ni sé que hacer, ni que pensar.
La mera verdad no sabía cómo reaccionar
Sólo una cosa yo veía y claramente sentía,
Era que, la cosa que uno tiene bien tapada
No puedo decir qué, ni tampoco enseñar,
Por no querer ofender, ni comprometer,
Sentía que crecía, sin al menos controlar,
No vayan a creer que esto era cosa mía.
Algún demonio o algún ser del Averno,
En ese tiempo por el jacal suelto andaría,
¿Pero cómo controlar a una arpía como tal,
Que yo veía en el rostro de aquella mujer
Con un cuerpo de ave de rapiña...?
Curioso es que de repente se me borraba
La efigie diabólica, y una cara bella surgía.
Absorto me quedaba y sin saber qué pensar
Ni proceder, con los brazos bien estirados,
Como si fuera condenado, ojos cerrados,
La cara bien tapada con una almohada,
No quería ver lo que podía suceder...
Yo creo que era el mismito diablito,
Porque de repente tengo amigos diablitos,

Echándome a mí la brujería de ver eso,
Lo que veía, y después dejaba de ver.
Como era de nochecita, los ojos bien cerré.
No, si no crean... También se me fruncía,
Como que sentía que me iba a ahogar,
O que acaso me iba a desangrar, no sé.
Lo que sí pude observar es que ella
No paraba de actuar ni de maniobrar
En lo que estaba a punto de explotar.
Como yo pensaba que me iba a matar,
No fue así, no tenía esas intenciones,
Sino que parece que intentaba curarme,
¿De qué? No lo sé, quizás de ese mal
Que me estaba reventando ese asunto
Pues en la maniobra mi mismo ungüento
Todo completito juro que me lo untaron.
Vaya que funcionó el linimento condenado,
Tan pronto el sol saliera y el día alumbrara
Perdió presión aquello tan desesperado.
Muy convencido me dijeron que el bálsamo
Sus funciones había bien realizado.
Oculto y sin ver nada de lo que pasaba
Sólo sentía paz y una eterna relajación
Luego de aquel momento de exaltación,
Y como parecía que casi me dormía,
A todas pedí que se salieran del jacal,
Y que ya no me vinieran con el cuento
De contarles cuentos y poner ungüentos.
Mas, caso omiso de esta orden hicieron
Pues desde que empezaron a visitarme,
Yo a ellas ungüento les aplicaba y ahora
Ellas vienen seguido a curarme de mi mal
Que les digo que creí que iba a matarme,
Poco a poco me hice muy buen paciente,

Ellas también tan buenas pa'atenderme,
Que muy pronto agarramos confidencias
Tal que empezaron a gustarme sus terapias.
Todo aquello que en el jacal sucedió
Creo que se lo contaron a mucha gente,
Porque sus amigas, vecinas y sus primas
Inclusive sus tías, y hasta sus hermanas,
O quién sabe qué parentesco serán d'ellas,
Si no van en las noches, van en las mañanas
A cuidarme y verme para mi mal tratarme
Al mismo tiempo están siempre muy al tanto.
Las quiero tanto, que me dan mis sobaditas,
Todas y cada una su calorcito me transmite,
Ellas dicen que con eso el mal no se repite,
Que no me vuelve a dar, pero se repite,
De que el corazón y lo otro se revientan,
Dicen ellas que de eso se van a encargar.
Desde entonces, como que he encontrado
Un gusto a eso del ratito que dura la cura,
A eso poco a poco me he puesto a pensar.
He descubierto, a pesar de mi poca cordura,
Que lo de la cura que me dan las mujeres
Me vuelve loco y me saca de mis cabales.
Hasta me he vuelto celoso y selectivo...
Y de las mujeres que curan mis males,
Unas entran y otras no quiero ni recibo.
Quizá hay una cosa en la que no me fijo,
Pues la diferencia no resuelve el acertijo,
Es la ocupación a la que ella se dedica,
Pues he entendido que el remedio no radica,
En lo que ella practica, ya siendo verdulera,
Cocinera, barrendera, no importa lo que fuera,
Tienen buena mano en el secreto de la cura,
Sólo me fijo que lleve faldas y la dejo entrar

Con premura, cuando la cosa a mí me apura.
Porque cuando no llega ni una enfermera,
Y si se pasan más de cuatro o cinco horas,
Ando como si el mal me estuviera matando
Debo echar el motivo que me está ahogando.
Es por eso que quiero que me entiendan,
Así se fue dando el orden de mi proceder.
La verdad no sé cómo queden las ecuaciones,
Ella mujer pa'curar, yo hombre pa'ser curado,
Resultando que pa'pronto todo queda saldado.
Tal que el resultado fue algo muy bien logrado,
Sin cuentas mochas, correcto, exacto, cerrado,
Sin fracciones, ni un tanto por ciento sobrado.

Sueño 12 Sueño erótico

Yo quisiera tener un sueño
Donde pudiera bañarte y mojarte,
Con todo mi amor deleitarte…

Donde la ternura la espuma fuera;
Donde mi mano el cariño que acariciara
Tu cuerpo húmedo y palpable

Que frente a mí, remoje mi agonía,
Ésa que me deshace de alegría
Que me renace día a día…

Es mi deseo un antojo ferviente
De robarte, de raptarte, de poseerte,
Luego desesperadamente violarte.

Contigo fugarme, enloquecer y correr,
De la mano quizás, sin rumbo fijo,

Hacia el lugar menos adecuado...

Allí, aunque no me quieras tener,
Tenerte y traspasarte con mi esencia,
Con mi etéreo cuerpo, con mi amor...

Bajo el resplandor de mi temor,
Que me tiene ante ti anonadado,
Codiciando un sueño no realizado...

¡Mas, me quedé con esta melancolía!

Por éste, mi gran sentido amor,
De sentir cómo en cada instante,
Besas mi cuerpo sin pudor...

Pruebas sabores de salivas reinantes,
Me desvistes en sólo instantes,
Tú que con tus leves quejidos insistes...

En mi masculinidad acurrucarte,
Con un sentimiento que no se medita
Ni se instala, porque no se necesita.

Llameante te haces sentir flotar
Como el más elevado amor,
Que por amar, te sientes delirante.

Amada mía, relájate conmigo,
En mi regocijo déjame bañarte,
Permíteme sentirte diariamente...

Que tu cuerpo sea fuente reluciente
Del agua que cae así... Con deleite
Con la dulzura que por ti en sueños

Siempre amor mío, siempre yo sentí

Sueño 13 Pesadilla

Atrapado en las redes de lo oscuro,
Un terror se apoderó de mis temores,
Me sentía solo a pesar de estar contigo.

Yo mismo me alejaba de tu estampa.
Parece que los demonios me rodeaban,
El silencio capturó todos los espacios.

Te llamaba, no oías, sólo te alejabas,
De mí, sólo ansias y vacío exhalabas,
No había ni un cántico a mi alrededor.

Empezaban a bufar todos los diablos,
Mis oídos pretendían inflamarse,
Me sentía atrapado como en telarañas.

Olvidé que sabía entonar Salmos,
Pero ni una oración podía exclamar,
No sabía qué pasaba, pero me movía.

Alguien me estiraba hacia adelante,
Era una fuerza sin manos ni mecates,
Eras tú que cargabas un estandarte.

Parecía que yo estaba muerto, y no,
Yo creía que tú eras un ángel, y no,
Que esa luz venía del Cielo, y no…

Todos los diablillos se diseminaron
Ya no había para dónde encaminarse,
Se abrieron caminos, se cerraron ataúdes.

Te encontrabas en un camino diferente,
Sólo el Ego de cada uno se interpuso.
La comunicación se eliminó de repente.

Se apoderó de los muertos el mutismo
El tumulto quedó ahogado en abismo,
Sobre el aliento de un dragón demente.

Nada podría tener una razón de ser,
Un despiadado dolor me despertó,
Aroma exquisito de café me remedió.

Pero con el remedio que el café me dio
Empecé a ver gatos negros en la barda
Disputándoselos halcones de rapiña.

Sueño 14 ¿Será amor?

Os contaré un sueño que me ha pasado…
Yo, doncella ilusionada por un amor…
Él, un amor en un sueño apresurado:
No sé qué sortilegio me habréis echado,
Pero he andando por los Bosques del Norte,
Donde abundan los gigantes de gran porte,
Hadas, y uno que otro enano regordete…
En la búsqueda de algo sin saber qué,
Por días y noches os he seguido.
En seguiros he sentido la necesidad,
De teneros en mis brazos y besaros,
De sentiros, de apretaros y abrazaros,
Cosa que de por sí nunca había sentido.
Pero al veros frente a mí, en penco caminante,
Vos tan galante y dominante,
Mi vista se llena de luz vibrante,
Mi cuerpo de energía opresora,
Mi pensamiento se embrutece,
Cuando todo mi cuerpo se retuerce…

Me sugiere que os tumbe en el camino,
Que os aborde con todo tino,
Que os quite la armadura,
Que os desnude y os dé tortura,
A besos y abrazos con premura...
Entonces, mi piel ardiente y obediente,
Accede a tales fascinaciones...
Cuales he preguntado a encantadores,
Que son los mejores adivinadores,
Que resuelvan este raro jeroglífico,
Que a mis sueños hacen abrumadores.
Decidme por piedad señores:
¿Qué es ese embrujo que yo siento,
Con el que inmensamente me regocijo
Por querer a él tomar, desnudar,
Despedazar, besar y todo amar,
Que acaba conmigo en un momento
De locura y pasión incontrolable?
No encuentro quien me dé el remedio,
Que me deja acongojada, en medio del fastidio,
Sin saber cómo salir adelante, ni porqué medio...
Decidme Caballero, ¿será esto el amor?
Describidme cómo es su color...
Cuál es su forma y cuál su fulgor...
Por piedad, decidme qué es eso del amor...
¿Es eso acaso lo que a mí me pasa?
¿Es eso lo que me enloquece y embaraza?
Decidme que lo que siento no es una locura...
¿Que si acaso es locura lo que siento,
Será un mal del corazón por desventura...?
Pero si me decís que es el amor...
Que es amor lo que siento...
¿Entonces ya habéis sentido igual candor...?
A vos os lo he dicho y no os miento

Que de todo eso que yo siento,
Si vos asentís y decís que es cierto,
Entonces ahora todo lo comprendo...
En ciertas ocasiones cosas raras he sentido,
En mi pecho y en mi cabeza,
Que quiero aquietar, pero no cesa...
Un fuego que me quema y me derrite,
Que luego quiero que se quite,
Que a la vez se repita, y se repite...
Yo me vuelvo a deleitar con el envite.
Siento un deseo sin saberlo describir,
Que en momentos es un martirio,
Luego se transforma en un delirio,
Pero a veces, en ratos, es un sufrir...
Igual siento una pena que me aqueja,
Busco el origen y no lo logro encontrar,
Pero al recordar nuestro viejo poema,
Entonces esta pena me hace cantar.
Siento muy profundo en mi alma,
Una sed inmensa de perenne oración,
Pero al pensar en vos la sed se torna
En vergonzosa, desesperante pasión...
De verdad ya no sé qué es lo que siento,
Pero sin duda, cierto que lo siento...
En que lo siento y yo lo consiento,
Siento vuestro recuerdo adentro,
Muy dentro de mi corazón...
Preguntadme si ahora lo puedo sacar,
Que por sacarlo me quiero matar,
Pero me rajo, decido allí dejarlo reposar
Para sentir siempre el tal pesar...
Mas según lo que quiero encontrar,
Mi cerebro vacío ha de quedar,
Sin saber razones, ni cómos, ni porqués

De tanto sufrir y de tanto llorar...
Los brujos que resuelven el acertijo
Responden que la clave es amar,
Amar, amar y siempre amar,
Amar al comenzar y amar al terminar...
Por difícil que haya sido la lección,
La búsqueda, el enredo y la conclusión,
Si la respuesta es amar, amar y amar,
Entonces sólo amando quiero estar:
Amar al recostarme, Amar al dormirme,
Y volver a Amar al despertarme...

Teatro para adultos

La amaba más que a su propia vida,
Pero desde aquel triste y nublado día
Su alma no era más que melancolía.

A solas sufría por su ausente amor
A solas lloraba por aquella estrella perdida
A solas buscaba lo que ya no podía encontrar.

¿Cuánto tiempo pasaría en esa soledad?
En un intento se lo encontraron yerto,
No estaba muerto, pero eso él lo deseaba.

Carmelino era un hombre muy peculiar,
Nada decía, no comunicaba, nada demostraba,
La tristeza que arrastraba, su cara la plasmaba.

En las reuniones ya más no participaba,
Se encerraba adentro de su camerino,
Sólo se le veía que salía y que entraba.

Desde que su esposa desapareciera

Pues para su mal un día con otro se fue,
Desde entonces y para siempre cambió su vida.

¿Para qué vivir, se le oía que decía...
Si ya la paloma había abandonado el nido?
Día tras día se le escuchaba que lloraba.

Había que empezar, era la tercera llamada,
El teatro para adultos, lleno a reventar,
Ni un lugar vacío, ni un asiento sobraba.

La gente enloquecida aplaudía y gritaba
Antes de que la primera escena comenzara,
Pedían al payaso que por fin se presentara.

¡Carmelino... Carmelino... Carmelino...!
Ellos sólo exigían que se presentara en escena
¡Qué sabían aquellos insensatos de su pena!

Éste, finalmente en el escenario aparecía
Con sus brazos abiertos mostrando cortesía,
El público más le quería y le aplaudía.

¡Bravo... Bravo... Carmelino...!
Todos comenzaron a sentarse y a callarse,
Mientras que el payaso comenzaba su acto.

Había qué hacerlos reír hasta morir
Había qué hacerlos reír, aunque mucho doliera.
Y lo hacía mejor que todos, a pesar de su sufrir.

Que se rieran hasta que el alma les sangrara,
Igual que como le sangraba a él.
¡Cuánto deseaba morir...!

"Tómame..."

Comenzaba su monólogo,
Que siempre era erótico y cómico a la vez,
Porque actuaba con mímica soez
Con morbosos movimientos,

Que a todos gustaban y disfrutaban.

"Que no ves que aquí estoy…"

Se tocaba sus partes más íntimas,
Mientras el público reía sin parar.

"Abrázame, que dentro de ti estoy…"

Se tocaba haciendo círculos en su vientre.

"Muérdeme y mátame con tu boquita feroz,
Que más que mordida y matada,
Siento tus ataques como lamida o chupada,
Dulce ecuación de encrucijada,
Que tomarlo como mordida o como chupada
El éxtasis siento en esta cosa alborotada".

Se volvía a tocar sus partes traseras y delanteras,
Todos reían extasiados por los desfiguros
De aquel payaso de cara tan triste
Pero con actos muy insanos, ciertamente.

"La cual, siendo tan enamorada
De esa tu boquita feroz,
No hace más que buscar la posición
Para no salirse de tu…"

Al cuadro miró y calló por unos momentos,
Mientras al público dejó en pensamientos…

"No puedo más, ya no puedo aguantar…"

En el mismo acto comenzó a llorar
Tan claro y real que a todos pudo confundir.
Mientras que el público callado se mantenía
Pues no era la costumbre del payaso
Mezclar erotismo con una triste agonía…

"¿Por qué ya no estás, mi amada…?

¿A dónde has ido malagradecida?
Para mi desventura te has ido, desgraciada…
A mi alma has dejado en esta encrucijada".

Tomó el retrato que alguien allí colgara,
Que era justo el retrato de su amada…
De un golpe en la mesa lo quebraba
Los pedazos del cristal se esparcían.

Mientras la gente estaba encantada
Con un acto tan real y bien actuado,
Aunque diferente a todo lo acostumbrado,
Ni un ruido se escuchaba, nadie hablaba…

La gente se puso de pie muy angustiada
Al ver que el payaso un cristal agudo tomaba,
Y sin aviso y sin decir ya más nada,
En el pescuezo el cristal se ensartaba…

Todos gritaban: ¡¡¡Payaso, payaso, nooooo!!!
Cuando Carmelino al piso se desplomaba
Un ruido fuerte se escuchó cuando cayó,
En un instante el pobre payaso se desangró.

La gente aterrorizada quedó petrificada
Sin saber qué pensar ante el acto funesto,
Que por ser tan real, bien actuado parecía,
Nadie sabía lo que el payaso pretendía…

Uno a uno en silencio fueron saliendo
De aquel teatro que para reír era su sustento,
Mientras que el payaso tendido en el escenario,
Al fin su deseo había cumplido,

En el desenlace de su último acto…

Testimonio de un pueblo

Hacia el sur y hacia el norte,
Marcadas las huellas del sendero,
Gente pasó y dejó su simiente,
Así al oriente como al poniente.

En mi centro ubicado el paradero,
Atento, complaciente y diligente,
Tras los árboles se besan los amantes,
Y en las bancas ceden los semblantes.

Hay regocijo en el merendero,
Irónicos chismes con el peluquero,
Para patrones igual que mandaderos.
Allá la silueta de un niño con babero.

Al café irán los charlantes,
A las plazas irán los paseantes,
A las camas los durmientes,
Y en la esquina los picantes.

De uno y del otro polo,
Unos vienen y otros van,
Uno que otro acompañado,
Y el otro caminando solo.

Muchos con algo que decir,
Otros sedientos de escuchar;
Algunos gozosos de un placer;
Otros, en su alma un pesar.

Viejos amigos del corazón,
Libros guardados abiertos,
Sin nada extraño que ocultar,
Ningún secreto por atesorar.

Monotonía de gritos y lamentos,
El Padre escucha con atención,
Pronunciando letanía tras letanía,
De penitencia les dejaba el Ave María.

Parientes cercanos y distantes,
Compañeros y amigos constantes,
Jóvenes y no tan jóvenes amantes,
Danzado en la vida, anhelantes...

Cartas de cortesanos amores,
Miradas de ilusiones disfrazadas,
Hambre de caricias insinuadas,
Ansiedades de besos seductores.

Dulces, vírgenes y castos amores,
Inocencias en alboradas,
Juventudes apresuradas,
Destellos de ojos encantadores.

El pasado sembró sus raíces,
Profundas como las costumbres,
El porvenir abrió sus caminos,
Frenético y sin dilaciones.

Tristes almas contendientes,
Pendientes de cruentos ayeres,
Sedientas de cumplir destinos,
Apurando confusas sus pesares.

Caminos que marcados quedaron,
Ya lo sucedido, está perdido,
Ya lo salvado, está ganado,
Amargura de corazones desolados,
Consuelo de amores bien logrados.

Unos pasaron y se esfumaron,
Otros se los llevó la tristeza,
Otros más, sus velas extinguieron,

En igual tibieza que presteza.

Costumbres extrañas llegaron,
Con caricias ávidas de pasión,
Sus miradas con ímpetus de odio,
Amores en rencores transformaron.

Insistentes pretensiones del pasado,
Ansiedad de culminar con aprehensión,
Los suplicios de un futuro inesperado,
De anhelos ahogados por la ambición.

Destinos que el pasado hubo marcado,
Caminos que en abismos se tornaron,
¡Cuántos procederes prohibidos,
En pos de corazones abrumados!

Por mí ya pasaron muchos,
Igualmente así pasarán los demás,
Y de los que han pasado y pasarán
Nadie vivirá un segundo más.

Así los vi y los veré pasar...
El polvo los habrá de sepultar,
Entonces, allí se les acabará todo,
Sin nada más que implorar.

Implacable el tiempo pasa
Todo se lleva y nada se queda.
¿Dónde quedó el orgullo y el coraje?
¿Dónde el fuego, y dónde la brasa?

La condena del hombre es el olvido,
Mas ya complacido mi acometido,
Sólo me resta por decir,
Que hoy como ayer, el Porvenir
Ha sembrado nuevamente,
Sus semillas en el Presente...

Una apuesta en una justa

¡Ése es el ganador...!
Ése es al que he apostado.
¡Ése es el que quiero...!
Que aunque a veces pierda,
Por mucho se equivoque,
Nunca ha de renegar...

Ni se ha de fatigar,
Ni se ha de fregar,
Ni se ha de dormir,
Ni se ha de acongojar,
Ni tampoco nunca,
Nunca se ha de apenar...

Además que de Caballería es la Norma,
Que dice: "Siempre en pugna en batalla,
Ya que siempre con fuerza e intención,
Espada o lanza nunca el tino falla..."

Mas ahora siento que el que va a fallar
Soy yo, a según lo poco que prometéis,
Ni hablar, ya tengo la apuesta echada.

Persignaos por si fuera equivocada,
Que el ganador decidirá mi fortuna,
Ya no hay manera de que retroceda.

Mas, si el ganador no es el apostado,
Pues mala suerte, gallardo Caballero,
Que en la picazón está la apuesta...

Mas las ganas nunca han de acabar,
Del que por apostador y perdedor,
Un ciento de veces se ha arriesgado.

Por ya más no creer en su guerrero,

Que es en lo que debió pensar primero,
Otro ciento de veces perdió su dinero…

Por eso mejor calladito me he quedado,
Sin chistar y sin poner un solo pero,
Pensando que dinero apostado es como

Pensar en dinero ya perdido…

Una historia de infelicidad

¿Qué es la vida y para qué sirve,
Si nos la es dada o nos la es quitada,
Cuando el que la da o la quita,
Simplemente decide darla o quitarla?

Aquí en un par de paréntesis,
Habrás de perdonarme Padre y Señor
Que eres dador y quitador de vidas,
Que estas preguntas yo me las haga.

Seguro que también Tú las harías
Si estuvieras en la situación
De cualquiera de los que vida tienen
Lo mismo que yo, desean saber.

Me quema el alma como el corazón,
Por entender que al que la vida se le da
O se le quita, ¿o pierde o gana?
¿Pero qué se pierde y qué se gana?

Si en medio del perder o del ganar,
Queda justo el propio sufrimiento,
No del que la vida le quitan o le dan,
Sino del que sin estar en esta marejada,

Es el que viene a sufrir o a gozar
Por esta facultad adoptada...

Entonces viene a suceder,
Que unos nacen y otros mueren,
Y los que vienen a sufrir o a alegrarse,
Por lo que a aquéllos les sucede,
No son éstos, sino los que viven.

Luego aquéllos ni se enteran de que nacen,
Tampoco se enteran de que mueren,
Sino los que están al lado d'ellos.
Éstos serán los que vienen a cargar,
O con las alegrías o con el sufrimiento,
Que otros mueran o vayan a vivir.

El muerto y el por nacer no tienen vida,
Sin vida no pueden nada pensar,
Sin pensar no pueden nada preguntar,
Sin preguntar no pueden nada saber,
Sin saber no hay nada qué conocer.

Total que sin haber nada por conocer,
No hay nada más que vacío en la nada,
En el vacío debe haber sólo oscuridad,
En la oscuridad no hay nada que ver,
Ni oír, ni sentir, ni nada que hablar.

Los muertos no tienen ni un sentido,
Ni alma comunicable, ni corazón disponible,
Para gozo o sufrimiento, sólo el vivo,
Que llora cuando los otros mueren,
Se alegra y goza cuando los otros nacen.

Ahora sí que está buena esta situación,
Que según vemos lo hasta aquí aclarado,
Hay que vivir para llorar lo que a otros pasa,
Y de paso, que para olvidar el sufrimiento

Mientras uno vive, se la ha de pasar buscando.

Buscar lo que sirva al sustento del contento,
Que mitigue lo que a uno lo hace sufrir.
Resulta que lo que uno busca para no sufrir,
Sino para todo lo contrario, o sea para gozar,
Viene a tornarse bien difícil de conseguir.
Resulta que no a cualquiera se lo han de dar.

Así como la cosa parece, hay que batallar;
Le hay que trabajar para que se le pueda dar.
Entre buscar y buscar, y rascar y rascar,
Te sorprendes que lo que puede hacerte feliz
Dicen que no está en lo que los ojos ven.

Ni tampoco donde las bocas comen o besan,
Ni las narices huelen, ni las pieles sienten,
Ni en los susurros que a las orejas llegan,
Ni en la música que escuchan, ni las voces,
Sino donde los cinco sentidos no tienen acomodo.

Entonces ¿dónde encontrar lo que escondido está
Para llegar a ser feliz, o lograrlo de algún modo?,
Porque igual uno no lo ha de saber, y al no saber,
Es muy fácil que se te pueda el caso confundir.
Es bueno dialogar, para saber lo que no se sabe.

Algo que lo pudiera a uno hacer feliz,
Que esté fuera de lo que dicen que está adentro,
Pues igual dicen que no vale, y hay que aceptar,
Dicen que sólo es un calmante momentáneo,
O, un relajante del diario que se esfuma,
Cuando tiene la oportunidad de estar en libertad.

O sea que viene a ser como una cosa parcial,
De lo que puede ser el completo, o felicidad total,
Que en todo caso hay que buscar, como cantar,

Es sólo una felicidad parcial, como comer,
Que también es parcial, si fornicar,
Aquí, esto es un poquito menos que parcial,
Porque dicen que eso está prohibido
Cuando no se hace dentro de lo normal.

Dime ¿qué es lo normal?, vaya usted a saber,
Que puede ser motivo de desdoblamiento mental,
O si acaso, de discernimientos y elocuencias
Para llegar a las justas y sabias respuestas.

Así en todo, si felicidad tratas de encontrar,
De esa forma se puede decir que todo es relativo,
Pues en cuántos líos la vida viene a meter al vivo:
Nacer pa'crecer, crecer pa'sufrir, y sufrir pa'llorar,
Para luego y sin más remedio un día irse a morir.

Pero en medio del crecer, sufrir y llorar,
Buscar algo para que ese sufrimiento sea llevadero,
Que en el transcurso no derrame tanto lagrimero,
Y de pasadita, luego no puedes encontrarlo
Porque dicen que está bien difícil hallarlo,
Total, que la cosa nos la viene a poner difícil
Aquél que la vida reparte, quita y da.

Sin embargo, todo esto sus propósitos tendrá,
Que en esto, por más vueltas que se le dé,
Pues la respuesta no se habrá de encontrar,
Entonces habrá qué sufrir y habrá qué llorar,
Pero dentro de eso, buscar la vida disfrutar.

Como a mí esas cosas ya me vinieron a pasar,
Sobre todo lo de los sufrimientos, unas tres veces,
En alguna de las veces te vienes a cuartear,
Era tanto el dolor, que me vine a arrisquear.

Por estos motivo yo hago esas preguntas
Aunque tampoco me llevan a ningún lado,

Porque ya lo que ha pasado, pues es pasado,
Pero ha sido tanto el dolor por lo perdido
Que no me puedo reponer y quién sabe si podré.

Haber vivido veintitantos años para encontrar
Ese algo con lo que viví desde que nací,
Que al fin descubrí, y de repente se me da,
Lo disfruto al grado de pensar que es felicidad.
Luego de que se me da, después se me quita,
Como si fuera una cosa de dar y quitar,
Quedando yo como el tonto monigote
Que la vida ha movido con un garrote,
Separándolo a su antojo de su propiedad,
De su identidad, mi realidad, mi felicidad,
Mi ansiedad, y mi vida, y mi muerte,
Mi cúmulo de sueños, mi verdadero empeño,
Mi alegoría, mi noche y mi día, mi ansiedad...

Habiéndome el destino movido como ha querido;
Habiéndome separado de cuanto más he amado,
He quedado muy dolido y desquebrajado,
Por no decir muy amolado y apachurrado...

Dicho sentimiento lo tengo desde el momento,
Que recuerdo que en mis brazos la llevaba,
A la casa de su madre, de donde un día salió,
Simplemente no podía con el dolor que sentía,
Por el sufrimiento que su muerte me acarreaba,
Pues mi alma estaba destrozada y más ya no podía,
A toda costa necesitaba compartir ese dolor,
Pues para mí solo, era mucho estupor.

Éramos tan felices y nuestra esperanza se fundaba,
En los gemelos que ella embarazada esperaba,
Pero el doctor había dicho que eran tan grandes,
Que su matriz no podría sostener el tamaño creciente

Que a los tres meses parecían ya los nueve.

Pronto murieron, envenenándole a ella la sangre,
Llevándosela a la tumba junto con ellos.
No tuve nada qué decir, ni nada qué hablar,
La vida me secó las lágrimas, ya no podía llorar,
Ya todo estaba hecho y frente a su tumba,
No había nadie a quién reclamar...

Muchas veces y por mucho tiempo he intentado,
Comprender el porqué de este desengaño,
Y la respuesta nadie me la ha podido dar.
Puerta por puerta, a toda la gente del pueblo,
Al padrecito, a los sabios, a los adivinadores,
Ya en estas lides, a todos los conocedores,
De uno en uno, día tras día, por mucho tiempo
Les iba a preguntar me dijeran qué hice mal...

Yo no lograba comprender por qué mi felicidad,
En tan breve tiempo se tenía que acabar,
La verdad es que nadie me supo contestar...
Todos agachaban la cabeza sin responder,
Se ponían a llorar, acompañando mi dolor.

Ni el propio padrecito la respuesta sabía,
Sólo me contestaba con lágrimas como las mías,
Todos sentían el dolor que yo les transmitía,
Todos lloraban conmigo mi pesar.

¿Cómo es posible que se vino a terminar
Una felicidad que tanto estuve buscando,
Cuando apenas la estaba disfrutando,
Me la arrancan con tanta frialdad,
Sin escatimar y tan sólo con suponer,
Hasta dónde un alma pueda ser capaz
De aguantar en pie el dolor, sin reparar,
Sin reclamar, y sin nada decir?

¿Qué puedo hacer?
¿Morir yo también?

¿Quién puede darme el permiso de hacer
Esto que yo ya decidí? Y si no es así,
Díganme entonces cómo hacerle para vivir,
Si ya para mí vivir o morir, es lo mismo...

Así mis tristezas y sequedades se pasaron
En semanas, muchos meses y muchos años,
Sin ver claramente cómo mi vida rehacer,
Mis fuerzas recuperar, mi alma renovar,
Otros caminos apuntar para de nuevo buscar,
Esa felicidad que yo ya había probado,
Pero cuya sopa no me terminó de alimentar.

¿Qué habrá de pasar?
¿Hasta cuándo así he de vivir?
¿Existirá de verdad una felicidad?

¡Pero a mí me parece que todo es falsedad!

Una historia de pueblo

Aunque ya estaba grandecito,
Cincuenta y uno, y era soltero,
No tenía una familia formal.
Sólo que guardaba un secreto:
Que tenía un hijo no natural
Con su amante que le daba regocijo,
Le daba placeres ya de viejo.
Él era un hombre bien portado,
Pero un defecto habría de tener,
Gustaba mucho de jugar a los dados.

Nunca pudo algo de dinero hacer,
Porque lo que tenía lo apostaba.
Ese mal gusto al cabo del tiempo
En una droga se fue convirtiendo
Que no se lo pudo quitar jamás
De su alma y de su corazón.
A veces ganaba, y a veces perdía,
Pero lo que se ganaba, en dos días
A tanto apostar lo volvía a perder.
En este vicio se le iban las horas.
Cuando no jugaba, se ponía a leer,
Pues era tan docto como el que más.
Los negocios que dejara su hermano
Los administraba de buena gana.
Después de la cena, cafecito tomaba,
Una, dos o tres copitas de buen coñac,
De vez en cuando también se fumaba,
Un cigarrito de fresca marihuana,
Que a veces de su realidad lo sacaba.

Manuelito era todo un tipazo,
Un hombre muy apuesto y galante,
De mediana estatura y algo rellenito,
Que lucía bien la ropa que usara,
Siendo acaso un poquito nalgoncito,
Revelaba una figura muy masculina,
Gustando de menearlas al caminar
De una forma graciosa y motivadora.
Era el motivo de miradillas de reojo
De damiselas que ocultas lo espiaban
En los lugares por donde él pasaba.
Su rostro era redondo y colorado,
Bien formado, y la papadita pequeña
Bien le marcaba y adornaba la cara,
De ojos negros con mirada profunda,

Con un par de cejas muy pobladas,
Patillas armadas grandes y espesas
Que tenía pegadas a sus bigotes,
Pues era de barba muy cerrada.
Un oso tendría tanto pelo como él.
El pelo de su cabeza lo usaba corto,
Pero de tan espeso, se le veía alborotado,
Le tapaba sus pequeñas orejitas;
Se dejaba deslizar un copetillo coqueto
Que le caía a un lado de su frente.
Era muy buen mozo en general,
Muy liviano y de sangre tan ligera
Que le daba atractivo con las mujeres.

Cuando visitaba la Casa Grande,
Que era un domingo de cada dos,
Eran los días en que se bañaba.
Verdaderamente mucho le pensaba:
Sacar cubetas de agua de la noria,
Luego, por lo helada, calentarla,
Había que prender algo de leña,
Sobre todo durante los inviernos.
Aparte de que era un lío bañarse,
Porque se hacía adentro de la casa,
En un baño que usado como receptor,
Parado adentro se echaba el agua
Cayendo mitad adentro y mitad afuera,
Había que barrer y trapear al acabar.
Pero una vez ya bañadito y limpiecito,
A ponerse ropa limpia y bien planchada.
Su traje azul y sus zapatos de charol,
Bien encorbatado y con reloj de bolsillo,
Con un par de jazmines en el ojal;
Su sombrero de bombín y su bastón,

Su pipa sosteniéndola con los dientes,
Sin tabaco, sólo para lucir su estampa.
Así comenzaba del domingo el recorrido,
No sin rociarse media botella de colonia
Para hacer notar que se había bañado.
Se iba a caminar por las dos placitas,
Daba un par de vueltas para presumir,
Dejándose ver por muchachas y señoras
Como andaba de tan pulcro y elegante...
Luego de cansarse, iba a la Casa Grande.

Quería casarse con su sobrina
Para desviar el secreto que tenía,
Pero Vidalita tenía otro secreto
Que ni sus hermanas conocían,
Sólo las páginas del diario personal
Que tenía con llave en su recámara.
Ella amaba a otro hombre,
Con el que cartas intercambiaba,
Él no era de familias conocidas,
Ni de finos linajes descendía,
Por lo que: No era el hombre adecuado,
Según usanzas, para el amor robarle a ella.
Pero como ella ya no tenía padres
El que debía autorizarle sus amoríos
Era el hermano de su padre,
O sea su tío Manuelito, que era
Quien la quería matrimoniar.
Pero él en realidad no la quería,
Sólo quería disimular su secreto.
Mas desde cuando ella le dijo que no,
Ya más no le volvió a insistir.
Pero él de todos modos le coqueteaba.
Cuando a la Casa Grande llegaba
Como él era tan caballero y galante

Un ramo de jazmines le llevaba,
"Para el último de mis amores",
Así siempre lo expresaba, y se reía,
Ella como broma también lo tomaba.
Con algún piropo muy propicio,
O unos versos alusivos a su llegada
Halagaba a sus penosas sobrinas,
Que al escucharlo su rostro cubrían.
Él, como era hermano de su padre,
En custodia sus herencias mantenía:
La Casa Grande, el Rancho y los animales.

Sus sobrinos consentían, y le confiaban,
Sin saber que él jugaba y apostaba,
En cuantioso peligro su fortuna estaba.
Un mal día en una grande jugada,
Pareciera que le iba bien con el siete,
Pero como esto es muy engañoso,
Al cabo de un rato de aventar los dados,
Desesperado por un poco recuperarse,
Apostó de una vez todo lo que tenía,
Hasta la fortuna que no le pertenecía,
Apostó, hasta que todo lo perdió...

Al ser actor de acto desafortunado,
Además de que su amante muriera,
En el siguiente día buscó suicidarse,
Pero la cuerda de donde se colgara,
Se reventó y cayó, lastimando su cabeza.
Del susto que se llevó, corrió y se escondió.
Luego pasado un tiempo se recuperó,
Se armó de valor para decirles la verdad.
Se fue con sus sobrinos a hablar,
Para contarles lo que había ocurrido...
Pues lo ya hecho, hecho ya estaba,

Consintieron todos en comenzar de nuevo.

Una nueva vida se veía por comenzar,
Así que todos se pusieron a trabajar
Para tratar de recuperar lo perdido.
Dos de las muchachas, a bordar y a tejer,
Dos, a cantar en las fiestas familiares,
Eran parte de la orquesta de señoritas;
El muchacho: caballos comprar y vender,
Manuelito se enfermó y no hacía nada.
Sin haberse acordado Manuelito que,
En su jacal unas jícaras enterradas tenía,
Llenas con oro del que antes ganaba,
Con lo que al menos la Casa Grande
De todo lo perdido, quedó recuperada.

Esta situación dio comienzo al final,
De esta historia breve, pero singular,
Vidalita al fin se casó con su amante,
Pero mucha mala suerte tuvo, tal que
Como él era de otro continente,
Al viajar juntos por vez primera,
Raramente sucede que en el accidente,
Él al instante en sus brazos muriera…
Y de nuevo, ella quedó viuda y sola.
Sus hermanas las cuatro se casaron,
Todas a vivir muy lejos se fueron.
Su hermano de mojado al otro lado pasó,
Donde encontró un trabajo muy bueno.
Después dijeron que por allá se casó,
Pero ni avisó, y tampoco invitación envió.
Manuelito todas sus pertenencias vendió,
Se fue a vivir con su sobrina Vidalita,
Que con su aprobación desposó finalmente,
¿Y ya pa'qué? Decía toda la gente.
Solos en la Casa Grande se quedaron

Lo que querían era estar acompañados,
Al menos por lo que de vida les restaba.

Aún vivían entre los muros y paredes
Fantasmas de sus abuelos y bisabuelos,
Los que le dejaron la casona a Lorenzo,
El que fuera hermano de Manuelito,
El padre de Vidalita y sus hermanos.
En aquella casona húmeda y vieja,
En silencio los dos se comunicaban,
Sólo se escuchaban pajarillos y ratones,
Que confiados, se escondían en rincones.
Pero en las noches oscuras y tétricas,
Las risas de los fantasmas retumbaban
En los oídos de Manuelito y Vidalita,
Que aparte de que no dejaban dormir,
A Manuelito ya no lo dejaron vivir...
Vinieron por él cuando menos lo pensó.
Pero la verdad es que de viejo se murió.
Vidalita, aunque veinte años menor,
También se fue haciendo ancianita.
Algunos años después, ya muy viejita,
Sentada en la mecedora murió, pobrecita.
Su cuerpo sentadito allí se quedó,
Hasta que en poco tiempo se secó,
Sólo se veía allí su calavera sentada.
En el pueblo decían que era un castigo,
De los fantasmas de los abuelos, que,
A los dos se llevaron por haberse casado
Siendo familiares directos y naturales.
Desde entonces la casa abandonada quedó,
Nadie quería ni siquiera acercarse,
No fuera a ser que los fantasmas furiosos,
Se les aparecieran y sus vidas se llevaran,

Exactamente como a ellos dos les pasó.

Un hechizo de amor

Hincado en un confesionario
Un penitente llorando,
Al Padre confiesa mil penas
Que lo condenan a diario.

El desdichado está enamorado
De una mujer que no lo ama,
Mas su alma ha profundizado
En una hoguera que lo quema.

Sin saber cómo sanar su pena
Busca inquieto una solución,
Él quiere aliviar su condena
Con un elíxir, o una poción.

Pero no para que no duela
Ese amor que no le da fruto,
Mas para convencer a la damisela
Para que lo ame, al pobre bruto.

Y si no por su tosco cascarón
De alguna forma tendrá que ser,
Que en esta vida tan singular
Parece que pa'todo hay solución.

"Padre, si pudiera ayudarme
A salir de esta opresión
Que me quema alma y corazón
Por no querer ella amarme...

"Un ungüento, elíxir o poción,
Que pueda yo tranquilizarme,

Un encanto, hechizo o ilusión
Que le haga a ella quererme.

"Es tan bella y tan hermosa,
Tan radiante y luminosa,
Como diamante, como rosa
Que si más veo, más me place".

Ella era la muchacha de pueblo
Ésa de la que todos se enamoran,
Que al saberse ella tan hermosa
Le sobran hombres que la esperan.

Mas su necesidad no es amar,
Sino desear de su pobreza salir,
Y entre todos busca un valiente
Que opulencia le pueda ofrecer.

Jacinto, más pobre que un perro,
Cree que un día será tan rico,
Que pueda ofrecerle a su amada,
Dinero, casa y hasta un carro.

Compra un cachito de lotería
Cada semana con esa esperanza,
Y va y se lo deja al Padrecito
Que lo bendice y le da confianza.

"Un día he de ser rico", lloraba,
"Y me he de casar con aquélla,
Que amarme por lo que soy se niega,
Ya veré cómo resolver la querella".

Llegó al pueblo un día de suerte,
Un experto vendedor ambulante,
Que todo vendía y todo ofrecía,
Y si no lo traía, lo conseguía.

Pero de todo, lo mejor que ofrecía

Eran frasquitos con remedios,
Que curan males que la gente tiene,
Sólo con tomarse un frasco al día.

"No es caro", esto él les decía:
"Cura cualquier tipo de enfermedad:
Desde dolores hasta la apoplejía,
Reumas, cólicos y males de la edad.

"Desde síncopes hasta cuádruples,
Malarias, viruela y sarampión;
Diarreas, tos y males del corazón,
Celulitis, además de la falta de razón.

"Desencanta magias y los hechizos,
Ayuda a perder esos kilitos de más
Que al agacharte no te dejan respirar,
Además de curar colitis y empachos.

"Cura sordera y hasta gonorrea,
Impotencias, jactancias y rubores;
Catarros, asmas y sinsabores,
Sin olvidar el mal de amores".

"No crea que mucho le va a costar,
El precio no es ni de cinco pesos,
Ni de cuatro, ni de tres para sanar,
El frasco tan sólo le cuesta dos".

El parlanchín les siguió hablando,
A quienes lo estaban escuchando,
Y entre los que estaban atentos,
Jacinto tejía sueños entre tanto.

Pensando en solucionar su dilema
Que aquel elíxir pudiera resolver,
Daba por terminado su problema,
Soñando que con ella se iba a casar.

"Véndame un elíxir, Señor Doctor...
Para conquistar a quien no me ama.
He de hacer que ella me quiera,
Que yo le guste y de mí se enamore..."

Al verle el rostro el vendedor dijo:
"Cosa que va a estar un poco difícil,
Pero con un poco de fe y entusiasmo,
Unos frasquitos ahuyentan espantos.

"Tómate uno diario por diez días,
En la fresca del alba sin respiro,
En breve verás que ese mal y ese suspiro,
Pronto acabarán siendo amoríos..."

Cada día un frasquito se tomaba,
Con mucha fe el décimo día esperaba,
Sabía que ella irremediablemente
Después del último, ella lo amaría...

A pocos días el Padre sorprendido,
En la tienda del pueblo a todos decía:
"Jacinto el bruto, se ganó la lotería,
Jacinto el tonto, se sacó la lotería..."

Revisando en las listas los ganadores,
Vio que el número de Jacinto le pegó,
Al premio más grande, al más gordo,
Más de cuatro millones se ganó...

Amelia, la hermosa, todo escuchaba,
Y sin pensarlo dos veces apresuró,
La búsqueda de Jacinto, el bruto,
Para mostrarle que ella ya cambió...

Tonta como Jacinto tanto no era,
Pero sí que era convenenciera,
Al saber que él ya era millonario

Su corazón reaccionó en contrario.

Le dijo que pensando bien las cosas,
Y después de su tanta insistencia,
Ella resolvía que él le convenía,
Que hasta una oportunidad le daría.

No lo hubiera escuchado el tonto
Pues no le cabía su gran alegría,
No sabía si correr, saltar o volar,
Con tal de al vendedor irle a contar.

Escuche Usted bien, Señor Doctor,
Que el brebaje que me dio a tomar,
Ya sus hechizos hizo funcionar,
Al décimo día después de esperar.

Ella solita vino, me vio y me besó,
Me dijo que me iba a probar,
Que una oportunidad me iba a dar,
Y al acabar, con ella me he de casar.

Las botellas del brebaje mágico,
Al vendedor ambulante se le acababan,
Con tan sólo contarles esta historia,
Todas, todititas se las compraban.

Pues, aquí se acabaron los versos
De aquel bruto que se hizo guapo,
Con el poder de todos los pesos
Creyendo él que fueron hechizos.

Un vano conjuro

Hace como mil años, en montañas nevadas,
Vivieron en un reino muy pero muy olvidado,

Dos príncipes de una princesa encadenados,
Y en medio de ellos, ira y odio encontrados.

Uno de ellos la quería hasta la muerte,
El otro, sólo le deseaba otro tipo de suerte,
Pues había vendido su alma al Diablo,
Quería poseerla y luego a Satán entregarla.

Satanás muchos favores le había prodigado,
Y en pretender favorecer a tal amistad,
A la princesa ultrajada debía a Él entregar,
De esa forma el pacto se planeó en realizar.

Después de todo juicio y todo parlamento,
El hechicero y sus brujas en tal momento,
Se reunieron bajo la luz de la luna plateada,
Para ofrecer a Satán aquella oscura promesa.

El hechicero enamorado de la Princesa
A la que el Príncipe dedicaba todo su amor,
Favoreció equitativo al Diablo en tal proeza,
Con tal de poder apagar del fuego ese ardor.

Creía que la deseaba y al no poder tenerla,
Para efecto ofrece al Diablo su delicado cuerpo,
Después de poder amarla, usarla y poseerla,
Y una vez de gozarla, a Él entregarla.

En medio de aquella fogata nocturna,
Bailando alrededor de ella como animales,
Brujas exhalando magias por droga interna,
Incitan al hechicero a hablar de esta manera:

"Magnífico Señor de toda Oscuridad;
Majestad y Portento de todo Infierno;
Dueño de toda ferviente alma nuestra;
Amo y Rey de toda profunda vertiente:

"He aquí que este siervo y esclavo Vuestro,

Ante Vos se inclina y Os reverencia,
Mostrándoos cuánto mi alma Os aprecia,
Con regalos que merece Vuestra Clemencia.

"Una necesidad tengo, Excelentísima Señoría,
Príncipe de todo cuanto sea Bajeza:
Este corazón que late por Vuestra presencia
Inquieto está por resolver una empresa:

"Dos corazones por la misma mente unidos,
Deben ser muy pronto destruidos,
Forman parte del motivo de mi Porfía…
Mi propósito es acabar con esa armonía.

"Oh, Señor y Caballero de todo abismo
Dadle fe y certeza a ésta mi cabeza,
Dadle y confiadle el poder destructor,
Dadme fuerza en mi magia y destreza.

"Poned en mi corazón Maldad y Rencor,
Poned procedimiento en mi cabeza,
Con el que esta empresa se realice,
Acabar con quien mi alma maldice.

"Ella ha de ser mía y sólo mía,
Él deberá morir en medio del desprecio,
Y a Ella, después de haber sido mía,
Os la entrego como sempiterno sacrificio.

"Sea pues mi petición, Vuestra ayuda,
Y en la acción sea pues el beneficio,
Victoriosa se mantenga la Maldad,
Para que en mi porfía entre el Maleficio".

Desde el centro de la pira ardiente,
Aparece Satanás en forma de serpiente,
Balbucea eructos apestando a azufre.
Habla de esta manera al insensato buitre:

"Sea pues fiel y sirviente Hechicero,
El deseo de vuestra alma, cumplido,
Resolved pues vuestro Maleficio,
Actuando siempre como es debido.

"Ya sabéis de mis leyes los caminos:
Matar, Quitar, Destruir y Dar,
Cuando veáis que es necesario dar,
En efecto, con esos dos corazones acabar.

"Esperad consejo a sus momentos,
Habréis de actuar con fe y prudencia,
Tendréis presente siempre mi influencia,
En todo acto amparando negligencia.

"Sea pues Mi Voluntad asentada,
En vuestra cabeza ufanada y enamorada,
Mas, con el afable afán de la destrucción,
Habréis de acabar con ese corazón...

"En cuanto a la princesa doncella,
Quitadle lo virgen, golpeadla y humilladla,
Y cuando de ella te hayas ya hartado,
Ante mi majestuosa presencia, sacrificadla..."

El día se llegó en que el brujo se la robó.
Justo al momento de querer hacerla suya,
La cosa no funcionó, su herramienta no reaccionó,
Ni una sola erección tuvo y ante ella se apenó.

Quiso correr, esconderse, sin saber qué hacer,
Ella riendo a carcajadas de él se burló,
El hechicero, en intento suicida desapareció,
Dejando solita a la Princesa que virgen se quedó.

Mas el Príncipe que era su verdadero amor,
Al rescate llegó y al verla hermosa y desnuda,
Enloqueció de amor y toda esa noche la poseyó.

Quitándole lo virgen que el otro no aprovechó.

Es de esta forma que el cuento aquí acaba,
Princesa y Príncipe por siempre felices fueron,
El Diablo sin que lo invocaran ya no apareció,
Y del aquel hechicero ya nunca se supo nada.

El aprendizaje de esta historia contada,
Es saber que de la Magia y los Hechizos todos,
El Amor es un sortilegio que siempre triunfa,
Dejando a la Maldad de su luz impregnada.

Vejez

Una historia que aquí da comienzo
Justo antes de que la vida termine,
De aquél que a narrarla se atreve.

Hace muchos años perdí mi mocedad,
Aunque busqué maneras que no pude encontrar
Para recobrarla y volverla a mi realidad.

Más de mil veces me puse a pensar,
¿Pero cómo es que este tiempo pudiera,
Tan veloz haberse para siempre pasado?

Aún así, a pesar de todo lo que se ha ido,
Sigo siendo el mismo, sólo que el cuerpo
Parece que se me pudo haberse achicado.

De antemano sé que así de anciano,
Podría verme en un espejo y reconocer,
Los atributos que siempre he tenido.

Aunque ando un poco de vista falto,
En realidad un poco falto de todo,
Que reluce mi carta de presentación.

De aquello que servía, quedó sin moción,
Mas sólo sirve para lo que ahora sirve,
Pero es bueno que aún para eso se use.

Aunque sin tiento y atine entre tanto,
Me paro y rocío en el árbol equivocado
Como un perrito en territorio desconocido.

Todo lo demás sirve, mas con dificultad,
Ya hasta es poco difícil dar un paso,
Sin que quiebres una taza o un vaso.

Que si al caminar te dan los temblores,
Y te apoyas de una mesa tambaleante,
Lógico es caerte, y de dolores colmarte.

Empiezan los quiebres y requiebres,
Por eso casi todo el tiempo me la paso
Unas veces sentado, y otras acostado...

Leyendo por ahí un libro amontonado,
Que en mis cumpleaños me han regalado,
Tantos que ni sé dónde están guardados.

Digo leer libros por tener algo que decir,
Porque apenas alguno lo empiezo a hojear,
En diez segundos me empiezo a dormir.

¿Si porque tengo todo el tiempo del mundo
Me pongo nuevos objetivos sin terminar,
Digo, ahora sí con esto hay que acabar?

Bastante tiempo también me la paso,
Recordando momentos, y nunca acabo,
De mi niñez con mi madre, en su regazo.

Del amor que en mi vida existió,
Una parte se acabó cuando mamá se murió,
El resto, cuando mi esposa desapareció.

Mis hijos me instaban a volver a amar,
Pero de amores para mí ya fue suficiente,
Con un amor tuve y aún recuerdo su sabor.

Del dicho "Que si por viejo no me enamoro,
O que por enamorarme no me hago viejo",
Es un hecho que es un muy viejo dicho.

Me preguntas que cómo he sobrevivido,
Yo te digo: A rastras, pero bien dispuesto,
Bien puesto para cualquier buen gesto.

Aunque malo de esto y malo de aquello,
Y de otras cosas más, todavía más malo,
Pero siempre buscando lo que he buscado.

Que ya en la quietud de mis atardeceres,
Es posible que lo encuentre si he de insistir
Un poco más, para llegar a donde he de ir.

Siempre quise ser buen esposo y buen padre,
Y ahora de viejo quise ser buen abuelo,
Pero en olvidos e intentos se me va el vuelo.

De repente llegas a donde nunca pensaste,
Sin haber logrado lo que te propusiste,
Luego te encuentras con que ya lo olvidaste.

Siempre queriendo de esta vida sacar,
Aún más de lo que la vida podía dar,
Sin pensar que nunca lo iba a necesitar.

Ahora aquí estoy sin nada poder hacer,
¿De qué me sirvió todo lo que pude tener,
Si ni aquí siquiera lo puedo disfrutar?

Lo que sí puedo hacer es al menos pensar,
Pues eso fue lo que nunca me detuve a hacer,
Sé que si pensar es positivo, es como orar.

Ahora de alguna forma he encontrado

Que si esto antes lo hubiera practicado,
A Dios desde entonces lo hubiera palpado.

Pues equivocadamente, cuando lo buscaba,
En las cosas fuera de su sublime morada,
Simplemente gozaba, pero no lo encontraba.

Ya viejo, después de tanto buscarle afuera,
Me doy cuenta que allí siempre ha estado:
Su morada fue siempre mi propia morada.

Esta historia de mi vida breve termina,
Alegrándome por lo que llevo aquí dentro.
Y de todo lo demás, ya nada me importa.

F I N

Acerca del Autor

Ingeniero Químico por estudios,
Y por gusto decidí ser escritor,
De novelas, e inventor de poemas.
Con dieciséis libros en mi colección,
Más de mil poemas cantados,
Preñados en el fondo de mi alma,
Adoptados por este corazón.
Aclaro que de Dios es la inspiración,
Cuyo encantamiento me ha dado,
La satisfacción de vivir a su lado,
Escribiendo, y al tiempo de escribir,
De la vida seguir disfrutando,
Donde mi esposa y musa a la vez,
Para motivarme, me ha inculcado,
A sobrellevar este círculo vicioso,
Que transforma mi vida en embeleso.
Mexicano norteño de nacimiento,
Pero cosmopolita por querencia,
Con sesenta y siete años de vida,
Pero con toda una eternidad
En mi corazón y en mi pensamiento,
Que me permiten seguir escribiendo.

Fecha nacimiento: 11 de marzo de 1954.
San Nicolás de los Garza, Nuevo León, México.
Tel: +52-(81-1245-4894) y -(81-8376-0718)
felicianocantu54@gmail.com y elfeloso54@hotmail.com

Otras Obras del Autor

01. CORAZÓN DE ROCA. – Novela. Fecha de Terminación: Agosto 2 del 2009. Resumen: Un pueblito del norte de México hace su propia narración, en la que describe las vicisitudes de sus personajes a través de un periodo de su historia. Se mezclan los odios, angustias, desesperaciones, los mitos y leyendas que se envuelven en la trama desarrollada en una misteriosa casa escogida por el propio pueblo y alrededor de la cual, aparecen todos los personajes que tienen que ver con la historia. El pueblo busca dentro de su gente a la persona adecuada que haya de escribir la historia que él por adelantado ha estado narrando. Al asegurarse de que ha encontrado a la persona adecuada y su historia va a ser escrita, deja de preocuparse por su gente al darse cuenta que todas las manifestaciones del comportamiento de ellos no eran más que los latidos de su propio corazón, y deja entonces la historia así, que hasta ese momento, la escritora plasmará en papel, sin continuar lo que podría ser, a sabiendas que cuando mueran estos personajes, aparecerán otros que se comportarán de la misma manera que los anteriores, por lo que el pueblito decide no hacer tanto caso a los latidos de su corazón y busca compaginarse con el Padre Tiempo, que es el único que lo comprende, bailando una danza que se transformaría en un idilio entre los dos por toda la eternidad. Libro escrito en una combinación de prosa y verso. Registro Federal de Autor en México: 03-2010-021511421600-01.

02. PÍCARA HISTORIA DE LAS MEMORIAS DE DON HILARIO, HOMBRE CON TALENTO POCO, MENOS INGENIO Y SIN MÁS DESIGNIO QUE SUS SUEÑOS Y SU FE POR ENCONTRAR LA FELICIDAD – PRIMERA PARTE. Novela. Fecha de Terminación: Septiembre 16 del 2010. Resumen: Esta novela picaresca, pero dramática está fundamentada en una Felicidad que buscaba a través de su vida, Don Hilario, cuyas memorias narradas por él mismo se ajustan a un muy vulgar, pero florido lenguaje norteño auténtico y lleno de vocablos populares actualmente ya desaparecidos, contrastando con un castellano fino y clásico hablado por Don Andrés, hombre muy acaudalado pero exiliado de España que viene a refugiarse en el pueblo donde Don Hilario vivía, de quien se hace amigo y a quien convence para recorrer juntos el mundo con el afán de buscar esa Felicidad misteriosa que ambos nunca logran encontrar y que finalmente descubren que jamás la encontrarían en el exterior, sino en el interior de sí mismos, donde nunca se imaginaron, y que finalmente vienen encontrando antes de morir este par nacidos ambos a la misma hora del mismo día del mismo año, uno en México y el otro en España. Una novela escrita en prosa rimada que sin duda ofrecerá a los lectores una remembranza al lenguaje de los tiempos literarios del Romanticismo, como si fuera una escritura para ser cantada. Registro Federal de Autor en México: 03-2010-111212490600-01.

03. PÍCARA HISTORIA DE LAS MEMORIAS DE DON HILARIO, HOMBRE CON TALENTO POCO, MENOS INGENIO Y SIN MÁS DESIGNIO QUE SUS SUEÑOS Y SU FE POR ENCONTRAR LA FELICIDAD – SEGUNDA PARTE. Novela. Fecha de Terminación: Septiembre 16 del 2011. Resumen: Esencial para los amantes de la felicidad, para los fanáticos de las órdenes de caballería, para los que están muy cerca de Dios y para los que no lo están pero lo intentan, para los que no saben cómo empezar, para los que cultivan la amistad, para los que aman o han amado. En esta Segunda Parte, los protagonistas encuentran la Felicidad que buscaban por medio de un juego que el Padrecito les sugiere jugar, que es la formación de una Orden de Caballería, donde encuentran realmente lo que buscaban. Está escrita en un lenguaje casi cantado, por estar en combinación prosa y verso, llenará el corazón del

aventurero en los caminos del alma. Dramática, emotiva y al mismo tiempo picaresca, esta novela querrá el lector leerla en un solo intento. Registro Federal de Autor en México: 03-2011-071311331900-01.

04. POEMAS DE UN CORAZÓN. – Poemario. Fecha de Terminación: Agosto 15 del 2011. Recopilación de poemas escritos por el Autor desde su adolescencia hasta sus 57 años. Libro dividido en cuatro ciclos: I. Espiritual, II. Para todo Lector; III. Cuentos, Leyendas y IV. Para Adultos. En un ameno tamaño de letra de 14 puntos, 400 páginas de puro placer de leer poemas. Registro Federal de Autor.

05. JULIÁN, EL AGUERRIDO – Romance de un domador de dragones. Novela. Fecha de Terminación: Marzo 11 del 2012. Resumen: Epopeya en la que un caballero, protagonista de una antigua profecía es descubierto por un mago arcano de una orden mística, al que le solicitan realizar una misión para regresar la paz que les ha arrebatado un cruel y despiadado rey sustentado y apoyado por otro mago del lado oscuro de la magia, contra los que luchan constantemente, y en medio de estas aventuras, no puede faltar el romance del caballero con su dama, que es su mismo escudero, y bajo la influencia y el influjo del corazón de un dragón, que el propio caballero tiene bajo su dominio, la profecía se va cumpliendo paso a paso, para dar lugar a la conclusión esperada. Registro Federal de Autor en México: 03-2012-031210293400-01.

06. MURMULLOS ETERNOS – Poemario. Fecha de Terminación: Agosto 22 del 2012. Resumen: Un libro de poemas en cinco ciclos: Poemas espirituales, Poemas para todo público,

Cuentos y leyendas, Poemas de amor y para adultos, y Poemas para niños. Registro Federal de Autor en México: 03-2012-082412170900-14.

07. DESDE LO PROFUNDO – Poemario. *Fecha de Terminación: Marzo 11 del 2013. Resumen: Al igual que los dos anteriores, este libro de poemas se subdivide en cinco ciclos de nivel poético: Poemas espirituales, Poemas para todo público, Cuentos y leyendas, Poemas de amor y para adultos, y Poemas para niños. Registro Federal de Autor en México: 03-2013-090211014800-14.*

08. POEMAS, MEDITACIONES Y ORACIONES – *Poemario. Fecha de terminación: Septiembre 23 del 2013. Resumen: Como su nombre lo dice, son puros poemas, en su mayoría de meditación y muchos en forma de oración, aunque uno que otro de amor, para los místicos y para los que desean una vida de paz. Registro Federal del Autor en México: 03-2014-012811510300-14.*

9. DIARIO DE COCINA DE MI ABUELITA – Recetas *de cocina. Fecha de terminación: Mayo 10 del 2014. Resumen: Completa recopilación de recetas antiguas, tradicionales del norte de México, transmitidas con el tiempo de boca a boca, desde que vivían mis bisabuelas, hasta las fechas actuales en que finalmente se editaron y se publicaron. Registro Federal del Autor en México: 03-2014-071513293000-01.*

10. MIL – *ANTOLOGÍA POÉTICA.* Una colección de los *mejores poemas de mis otros cuatro libros de poemas, más 150 nuevos e inéditos incluidos en esta gran obra, que a la vez, se publicó para conmemorar la producción de mis primeros mil poemas. Fecha de terminación y publicación: Junio 3 del 2015. Aún no tiene registro federal en México, sólo en la Biblioteca General de los Estados Unidos.*

11 y 12. UN ÁLBUM FAMILIAR EN LA HISTORIA DE UN PUEBLO, TOMOS I y II. – En un total de 922 páginas, se escribió en dos tomos, una historia cronológica de un pueblo del Norte de México, San Nicolás de los Garza, en el que se ponen como marco, alrededor de 1300 fotografías que tratan de representar la narración mezclada con el orden del recorrer de fechas en este pueblo en el transcurso de unos 200 años de historia, en donde se aprecian, las costumbres de las familias, de la gente en general y principalmente las tradiciones que en este pueblo se desarrollaban a lo largo de los siglos pasados, de dos familias que se escogieron para el desarrollo de todo esta magnífica autobiografía. Se aclara que estas dos familias corresponden al árbol genealógico del autor, por lo que lleva en su progreso un encanto muy especial. Fecha de edición: Tomo I y II: Mayo 21 del 2018. Aún no tienen registro federal en México, sólo en la Biblioteca General de los Estados Unidos.

13. PIEDAD, CAFÉ, AMISTADES, SEXO, AMORES, CUENTOS Y OTROS MENESTERES... DENTRO DE UN POEMA – Poemario. Fecha de Terminación: Marzo 11 del 2019. Resumen: Este libro de poemas se subdivide en dos ciclos de nivel poético: Uno es poemas generales, espirituales, para todo público, poemas de amor y para adultos; y el Otro es Cuentos. Aún no tienen registro federal en México, sólo en la Biblioteca General de los Estados Unidos.

14. MI AMIGO MIGUELITO – *Motivo de mi locura. Novela. Fecha de terminación: Septiembre 16 del 2019. Resumen. Narra el drama de un esquizofrénico, que desde el manicomio cuenta su vida y los motivos por los que se encuentra en tal estado de locura. Cruel, despiadado y realista, este libro no es apto para todo público, sino solamente para los de criterios muy amplios y preparados para este tipo de frívolas sorpresas. Número de control de la Biblioteca del Congreso de los Estados Unidos: 2019916309.*

15. MIS APRECIACIONES SOBRE DIOS Y EL COSMOS. – *Artificiosas e ingeniosas pretensiones sobre una relación entre Dios y el Cosmos. Novela. Fecha de terminación Marzo 24 del 2020. No es un documento científico, pero la Ciencia ha servido en una generosa parte para entender las ideas que se suscitaron durante los análisis de las partes para poder escribirlo; no es un documento religioso, pero la Religión ha ayudado a establecer ciertas bases para facilitar muchos conceptos relacionados con los que aquí se pretenden explicar; no es un documento filosófico, pero la Filosofía ha ayudado con la Lógica para poder reflexionar y explicar algunas bases involucradas con la Ciencia y la Religión que aquí se abordan y se hacen relacionar; no es una guía espiritual, por lo tanto, este libro no será tomado en cuenta para ser considerado seriamente para regir los pensamientos y las vidas de nadie, sólo son escritos resultantes de deducciones caprichosas y ficticias, de pensamientos forzados y de intuición artificiosa nacida, quizás de la pereza o del descanso en demasía, y del esfuerzo de insistir en ciertos pensamientos, escudriñando un poco más para ir descubriendo cosas, aplicando la intuición, hasta un poco más allá de lo acostumbrado, y nada más. No es un manual para cambiar las ideas y los pensamientos de las personas. Independientemente de qué tipo de Religión profesen, no es la base de ninguna ideología. Los conceptos que se dan de Dios aquí, son conceptos generales y por ningún motivo se pretende fijarlos en la mente de nadie, ni cambiar la idea de lo que ya está escrito en los libros que ampara la Iglesia y la Fe Católica.*

El que lea este libro, puede elegir si darle importancia o no para su diario vivir y su propio modo de pensar. Tampoco es un manual de Astronomía ni de las Ciencias de los Astros. No es un libro de protesta ni es un libro de crítica, es simplemente una novela. Aún no tienen registro federal en México, sólo en la Biblioteca General de los Estados Unidos.

16. *ESPÍRITUS DEL MUNDO. Poemario. – Libro recién terminado y publicado en Julio 22 del 2021. Fascinantes poemas de fascinantes temas que envuelven el pensamiento del lector, comenzando con la sección de Los espíritus del café, que en cada poema se evoca la magia de vivir las mañanitas clásicas al lado de la familia, de los papás, de los abuelos, y las tardecitas de merendero, junto a los amigos íntimos del alma. Incluye la sección Espíritus de Piedad, que son poemas piadosos, Espíritus del mundo, que son poemas generales, y Espíritu de los amantes, para complementar esta sinfonía de placer de la lectura en un solo libro. Aún no tienen registro federal en México, sólo en la Biblioteca General de los Estados Unidos.*

Mi México querido...

Ay, Ay, mi México querido...
Ay, Ay, patria de mis amores,
Mira cómo te han maltratado,
Mira cómo te han humillado.

Pensar que tus campos moldeaste,
Como tus praderas embelleciste.
Tus sembradíos siempre nutriste,
Para darle el pan a toda tu gente.

Tus montañas las engalanaste,
Con esa música de los cielos,
De animales que en ti forjaron,
Todo el paraíso que nos regalaste.

Cómo me ha dolido tu maltrato,
Cómo lloro por tu situación.
Si pudiera ofrecerte mi corazón,
Para poder darte la salvación.

Ay, Ay, mi México querido...
Ay, mi Cuerno de la Abundancia,
¿Dónde ha quedado tu encanto?
¿Dónde de tus flores la fragancia?

¿Quién mexicano se atrevería,
A arrancarte tu vida y tus raíces,
Cuales forjaron todos tus hijos,
Entre suspiros, esfuerzos y pesares?

Campos que amparaban tus campiñas,
Se han cambiado por batallas y riñas,
Y tus tierras muy fértiles en el pasado,
Como recintos de armas han quedado.

¿Dónde está la paz que en ti se respiraba?
¿Dónde el aliento que tus pueblos regalaban?
¿Dónde la savia que tú nos inyectabas?
¿Dónde quedó todo lo que de ti yo amaba?

Ay, Ay, mi México querido...
Esos que abusaron de arrogancia,
Que sacaron de ti toda sustancia,
¡En qué bajo aprecio te han tenido!

No parece que amaron a su Patria,
Acabaron con la gloria de tus culturas,
Ya no hay gente en los poblados,
No hay inditos, ni raíces, ni nada.

Cambiaste la felicidad de tus gentes,
Por miedos, que sembraron los asaltantes;
Cambiaste la libertad de tus caminantes,
Por secuestros y crímenes constantes.

México... Ay de mi México tan amado...
Los amos del poder te han devorado,
Y vacío, muy vacío te han dejado,
¡Mira nada más cómo has quedado!

El Autor

Por:
Félix Cantú Ortiz

Printed in the United States
by Baker & Taylor Publisher Services

Printed in the United States
by Baker & Taylor Publisher Services